鼎新北科外语学者丛书

汉语照应省略的类型逻辑研究

Type-Logical Studies on Anaphora and Ellipsis in Mandarin Chinese

满海霞 著

对外经济贸易大学出版社
中国 · 北京

图书在版编目（CIP）数据

汉语照应省略的类型逻辑研究/满海霞著．—北京：对外经济贸易大学出版社，2014
（鼎新北科外语学者丛书）
ISBN 978-7-5663-1018-7

Ⅰ．①汉… Ⅱ．①满… Ⅲ．①汉语－形式语义学－研究 Ⅳ．①H13

中国版本图书馆 CIP 数据核字（2014）第093853号

汉语照应省略的类型逻辑研究

Type-Logical Studies on Anaphora and Ellipsis in Mandarin Chinese

满海霞 **著**

责任编辑：李 丽 史伟明 岳思奇

对外经济贸易大学出版社
北京市朝阳区惠新东街10号 邮政编码：100029
邮购电话：010－64492338 发行部电话：010－64492342
网址：http://www.uibep.com E-mail：uibep@126.com

北京市山华苑印刷有限责任公司印装 新华书店北京发行所发行
成品尺寸：170mm×230mm 12.25印张 207千字
2014年7月北京第1版 2014年7月第1次印刷

ISBN 978-7-5663-1018-7
定价：42.00元

中央高校基本科研业务费“鼎新北科外语学者系列著作”项目（编号：FRF-BR-13-024）资助

国家社科基金重大项目“自然语言信息处理的逻辑语义研究”（10&ZD073）资助

绪 论

对语义的研究在语言学研究中出现较晚。这是因为，不管是语音、还是句法，都有具体的表现形式，我们听得到、抑或看得到，它们有据可依；但是语义天生无形，它看不见、摸不着，不易检验，有如一只“看不见的手”。但是，正因为有了语义，语言的使用才有意义，人们才得以交流。同时，这只看不见的手也操纵着语言使用者，告诉他们如何使用语言，表达他们想要表达的意思。

语义是什么？不同的研究传统持有不同看法。传统语言学所说的语义是指：语言符号串的意义是什么？词义是最基本的研究单位。现代理论语言学采用义素分析和语义场等方法研究语义，词义决定短语和句子的意义。而形式语义学中的语义，是指与句法形成相对应的语义对象，是基于外部世界的一种模型论语义解释，研究重点在于语义的组合规律。本书对汉语照应省略的类型逻辑研究属于形式语义学范畴。

形式语义学（又称逻辑语义学）是逻辑学和语言学的交叉学科。它利用现代逻辑为其研究工具，探索自然语言中复合表达式的意义，如何由其组成部分的意义组合而来。这一核心思想，被称为**组合性原则**（Principle of Compositionality）。形式语义学还认为，语义不是孤立的，语义与句法之间具有同构关系，语义上由小到大的组合，可以看做是对句法上从小到大的组合过程的一个投射。换言之，自然语言表达式的语义的确立，离不开其句法的构造，同时，自然语言的句法构造，也受制于语义。第一个真正意义上使用逻辑手段研究自然语言语义的，是美国逻辑学家蒙太格（Montague）。他在20世纪60年代末70年代初建立的PTQ系统[①]中，将句法和语义的同构关系表现为一条句法规则匹配一条语义规则，也被称为**规则对规则假设**（Rule-to-rule Hypothesis，或，**一一对应原则**）。以下是

---

① 该系统是蒙太格在“The Proper Treatment of Quantification in Ordinary English”一文中提出的，后用PTQ来代表他在此文中所构造的部分英语语句系统。

其中一组对应：

句法：若α是名词短语且β是动词短语，则 $F(\alpha, \beta)$（即$\alpha\beta$）是句子。

语义：若α'是α的语义，且β'是β的语义，则 $G(\alpha', \beta')$（即$\alpha'(\beta')$）是公式，也是$\alpha\beta$的语义。

举个例子：令α = John，β = walk，$\alpha' = \lambda P.P(j)$，β' = WALK

那么，

句法上：John 是名词短语，walk 是动词短语，则 F(John, walk)（即 John walks）是句子；

语义上：$\lambda P.P(j)$是 John 的语义，WALK 是 walk 的语义，则

$G(\lambda P.P(j), WALK) = [\lambda P.P(j)]WALK = WALK(j)$是公式，也是 John walks 的语义。

（李可胜，邹崇理 2012：3）

蒙太格语法（Montague Grammar）是探索句法和语义对应方式的典范，它所表现的**组合性原则和规则对规则假设**作为形式语义学的两条黄金法则，始终是形式语义研究的核心课题。蒙太格语法之后，几代逻辑学家和语义学家经过近半个世纪的努力，提出了一大批较为成熟且极具影响力的理论框架，如广义量词理论 GQT（Barwise & Cooper 1981）、话语表现理论 DRT（Kamp 1981；Heim 1982，1983）、范畴类型逻辑 CTL（Moortgat 1988，1996; Carpenter 1997; Jäger 2005）、自然语言的加标演绎系统（Gabbay 1996）等。几十年来，形式语义学所使用的逻辑手段更加多元化，所能刻画的语言内容也愈加精细。同时，它所采纳的句法框架也更加丰富，除了逐条构造句法规则的蒙太格式做法，（Partee 1976）很多学者开始利用语言学研究中已经成熟的句法理论，直接构造同构的语义部分。（Heim & Kratzer 1998）

说到句法理论，毫无疑问20世纪影响力最大的，是乔姆斯基（Chomsky）的**转换生成语法**（Transformational Generative Grammar）。因此，根据是否采用转换生成框架，大致可以将形式语义学研究分为两派。

- 一部分学者借助转换生成语法已有的研究成果，以生成语法的二分树为句法蓝本，在此基础上做语义的逐步生成，如 Heim & Kratzer（1998）和 von Fintel & Heim（2011）在生成语法框架下尝试构建的外延和内涵语义学。
- 另有一部分学者则认为，转换生成语法不一定是唯一可能的普遍语

法（Universal Grammar），转换也不一定是构建句法理论的最佳选择。真相可能更简单，自然语言的语义或许就是表层句法结构的直接投射，务须抵达深层的转换分析树，如基于范畴语法的一系列理论。（邹崇理 2008）

本书为第二种做法。类型逻辑语法的句法系统—**范畴语法**［本书专指兰贝克演算（Lambek Calculus）[①]］—把自然语言更近似地看做另一种计算机语言、一种编码系统，它与转换语法不同，所加工的对象不是组成语句的语词，而是语词背后被编码的句法信息和句法特征。以及物动词“likes”为例，短语结构语法对它所进行的句法描述是（2）中的三条结构改写规则，但是在范畴语法中，它所对应的句法范畴“$(np\backslash s)/np$”［如（1）］，含义是：如果一个自然语言语词范畴为“$(np\backslash s)/np$”，那么它需要分别向右和向左结合一个名词短语（范畴为 np）做其论元，最后得到一个完整的语句（范畴为 s）。范畴语法只对这些范畴进行运算。

（1）likes $\vdash (np\backslash s)/np$

（2）$S \rightarrow NP\ VP$

$VP \rightarrow TV\ NP$

$TV \rightarrow \{likes, \ldots\}$

荷兰逻辑学家范·本瑟姆（van Benthem 1983）为范畴演算系统构造了用λ-词项做成的语义解释，并证明了相关的可靠性和完全性，标志着类型逻辑语法的诞生。类型逻辑语法借助 Gabby（1996）的加标演绎方法，实现了句法和语义的并行推演。代表语义的λ-项之间依据λ-演算进行贴合，代表句法的范畴之间依据兰贝克演算进行毗连，这种运算机制的理论研究有利于以λ-演算和范畴层级思想为基础理论的自然语言信息处理。

但是，类型逻辑语法还没有完成对自然语言的句法构造和语义生成的任务，其中最核心的一个难点就是不连续现象，如照应回指、广义合取、非成分并列等等。原因有两点：

其一，类型逻辑语法以兰贝克演算为句法系统，而兰贝克演算的联结词集只包含三个算子：左斜线算子“\”，右斜线算子“/”和积算子“•”，这三个算子只能对相邻范畴进行操作。比如“likes”和它的宾语“John”

① 见第一章第二节对类型逻辑语法的广义和狭义区分。狭义的类型逻辑语法，专门指以兰贝克演算为句法运算系统的类型逻辑语法。

毗连，句法上它们的范畴毗连方式为：$((np\backslash s)/np)\bullet np$，所得短语“likes John”对应范畴 $np\backslash s$。这步运算中积算子毗连的是两个相邻的范畴。然而，自然语言中还存在大量句法上不相邻、语义上合一的结构，比如代词“他”。“他”本身没有具体指称，需要向外寻找到合适的名词作为其先行词，以先行词的语义所指作为自己的指称，但先行词往往不在照应词的相邻位置上，从而构成了一个类似“先行词……照应词”形式的不连续结构。显然，兰贝克演算对此不能予以刻画。

其二，类型逻辑语法理论有三个最基本假设：① 自然语言具有单层结构；② 词项的句法行为直接编码在它的词汇范畴中；③ 语义的生成和句法上的范畴推演都在表层直接进行。这样做虽然既避免了生成语法中所使用的移位、转换等具有破坏性的操作，理论的词汇化特征也更适合信息处理的要求，① 但是也对理论本身提出了更大的挑战。只有在单层结构的假设下也可以对不连续结构做出合适的句法推演和语义生成，类型逻辑语法才称得上是一套较为完备的理论，才有更强的理论和实践价值。

所以，如何更好地处理以照应回指为代表的不连续现象，一直是类型逻辑语法的一个重要研究课题。在过去的二三十年间，许多学者都做过这方面尝试，代表人物有 Moortgat，Morrill，Hepple，Jacobson，Jäger 等。他们的工作是本书立足的巨人之肩。由于对于照应省略现象的类型逻辑语法讨论一般以英语为对象语言，本书希望能在找到合适的逻辑工具的同时，针对汉语照应省略问题的特点构造一个适宜计算汉语相关现象的语义的系统。本书主要研究思路为：

（1）以照应为代表考察不连续现象的类型逻辑处理方法，对比选择最有效的一种；

（2）利用被选定方法扩展处理汉语中的照应及更多相关现象；

（3）发现并指出所选方法本身及应用上的问题，在此基础上构建新系统，提出新方法；

（4）考察新方法处理汉语照应省略现象的实战能力。

① Moortgat 用三个等式概括出范畴类型逻辑序列的核心思想：语言认知 = 数学计算，语法系统 = 逻辑系统，分析过程 = 演绎过程。（邹崇理 2006b：115）如果自然语言可以在类型逻辑语法中得到合适的生成，就可以为自然语言的信息处理提供元理论指导。

本书共分为三部分，六个章节：

第一章与第二章为第一部分，属于对类型逻辑语法的总观和介绍。第一章总观类型逻辑语法的发展历史，回顾了范畴理论从 *AB* 语法到类型逻辑语法的发展过程。第二章详细讨论了类型逻辑语法的逻辑性质，包括其句法系统兰贝克演算特有的四种表述，这些表述相互等价，各有其用，缺一不可：公理表述适于讨论系统的可靠性、完全性等元逻辑性质，根岑表述适于判断系统的可判定性，ND 表述便于人们关联自然语言进行推演，而加标树模式表述使我们对非连续现象的描述显得更为直观。

第三章和第四章为第二部分。第三章介绍了类型逻辑语法对非连续现象具有代表性的几种处理方式。总的来说，目前主要有两种解决办法：一种认为照应词由特定的语词激发，照应词条的语义表达包含一个λ算子，约束一个变元的多次出现，如 Anna Szabolsci，Moortgat，Morrill 等人的尝试，但是这种方法往往要求不同位置上的代词配以不同的刻画，导致代词对应词条的过度复杂化；一种方法认为照应操作在句法中进行，需在演算的句法系统中增加算子或规则，允许语词资源的重复使用，如 Hepple，Jacobson，Jäger 等。这种方法用句法上的操作减轻了词库的负担。在所有以上提及的方法中，我们认为 Jäger 提出的含有受限缩并规则的兰贝克演算系统（LLC）在处理照应现象上最有优势。第四章使用 LLC 系统推广处理了汉语中几种主要的照应现象。在处理中我们发现，竖线算子在寻找先行词时，通常要为先行词进行编码，类似于逻辑中变元的下标，但是又不完全相同。因为这里的编码在照应运算结束之后是冗余的，需要被消去。从逻辑的角度看，这种操作需要有对应规则作为操作依据。此外，LLC 不能处理含有语义资源重复使用、但在词汇表层没有对应词条的照应，对于汉语中大量存在的空代词现象无能为力，限制了其理论在处理汉语照应现象时的推广使用。

于是，在第五、六两章里面，我们在系统 LLC 基础上构造了系统 LLCW′，即在 LLC 上增加了关于方框下标的引入和消去规则，以及可以补出被省略代词的受限版本的强缩并结构规则 *W*′。第五章给出了 LLCW′系统的公理表述、根岑表述和 ND 表述，证明几种表述的等价，LLCW′相对给定框架语义是可靠并完全的，也是可判定的。此外，还给出了加标树模式表述，以便刻画不连续现象。在整个研究的过程中，我们反复推敲、打磨 LLCW′系统，几次推翻之前的方案重新进行逻辑上的构造，力争弥补 LLC 系统的缺憾，使其能够更好地处理汉语的照应省略现象。在第五章结尾和第六章，我们更深入地考察了新系统的使用范围，尝试对各种同时涉及语义资源重复使用和空照应词的现象做更确切的类型逻辑分析，包括空代词、重动句、兼语句、非成分并列等语言现象。书中各章虽密切相关，但在某种程度上也是自足的。读者可根据个人需要进行选择性的阅读。比如，对语言学处理更感兴趣的读者可略过第五章中形式系统的构造，对逻辑感兴趣的读者可略读第四章的语言分析。

本书主体是我的博士论文。最初选择做这个题目，理由很简单。当时跟随导师邹崇理先生完成国家社科基金项目“面向自然语言信息处理的类型逻辑研究”，在此之前，我一直都在接触基于转换语法的形式语义构造思想，类型逻辑语法简洁而直观的句法运算思路一下子把我吸引住了，我在想，这样一套优秀的理论，其现有机制能否也适于生成汉语的不连续现象？如果能，效果如何？如果不能，又存在什么样的不足呢？就是这样一个想法，导引我在形式语义学的世界里，开始了第一次超过百页的奇妙旅程。在这段旅程中，感谢先生孜孜不倦的教诲、不厌其烦的启发和始终如一的鼓励，让我在一次次几近放弃时，坚持再坚持，最终尝到苦尽甘来的治学之乐。

完稿至今，两年有余，此刻拿来与读者分享，心中忐忑。由于在写作过程中主要精力都放在构造更合适、更严格的逻辑系统，以及证明系统的元逻辑性质上面，对语言现象的描述基本上基于以往学者的研究和讨论，所以语言学方面的工作整体来看稍显粗糙，此为憾。

形式语义学在欧美国家已经成为与语音学、生成语法并列的三大主流语言学方向之一。但在我国，这股声音仍然十分微弱，有领域影响力的专家学者屈指可数：老一代有中国社会科学院的邹崇理研究员、北京语言大学外国语学院已故院长方立教授，中年一代有台湾交通大学的林若望教授、香港理工大学蒋严教授、香港城市大学的潘海华教授，以及北京语言大学的吴平教授等。青年一代正在成长。我希望本研究对形式语义学的初步尝试，能够对那些对语言学感兴趣、但仍在形式语义大门外徘徊的逻辑专业研究生有所助益，对那些因逻辑的高度形式化而远远止步的语言学学者有所启发。

在书稿即将付梓之际，我百感交集。我想我应该感谢所有在我治学之路上直接，以及间接帮助过我的人。今日重读两年前的致谢，求学点滴历历在目。彼时所有感激，今日仍依旧珍藏心间，我愿保留当时所有的感激于文末，为那一段青葱岁月留念。

我还要感谢北京科技大学给予青年教师的培养与支持，尤其在我工作刚满一年之际，允许并资助我远赴美国麻省大学，在学术之路上继续深造。感谢麻省大学阿姆赫斯特分校语言学系的各位教授和同学，是你们，让我在这个和谐温暖的学术大家庭里，纵情地汲取营养、醉心于学术的魅力。我更要感谢北京科技大学外国语学院，鼓励并支持年轻教师从事科研，感谢张敬源院长和彭漪书记接纳我到这个大家庭中，感谢何伟老师在我入校第一年做我的师傅，带我熟悉这里的一切，感谢陈红薇老师于我精神极度紧张的时候帮我解压、排忧解难，感谢杨英军老师对新人的呵护，他对工作的执着和对学生的关爱，是我将一直学习的楷模。还有每一位视我如家人的同事，感谢你们对我的包容和鼓励，你们永远是我工作和生活中一道最美丽的风景。最后，感谢为本书出版付出辛勤工作的李丽编辑以及对外经贸大学出版社的其他工作人员。

我深知此为万里长征第一步，诸多不足与遗憾，将在未来工作和研究中改进。

满海霞

2014 年 2 月

目 录

第一章

类型逻辑语法

第一节　范畴思想概述

弗雷格（Frege）关于函项的讨论和胡塞尔（Husserl）关于人类思维的范畴结构的思考，是**范畴语法**（包括**类型逻辑语法**）的思想源泉。这种想法认为，自然语言表达式可以分为“完全”与“不完全”两种。对于一个句子来说，句法组合的过程，就是将不完全表达式完全化的过程。比如简单句（1）：

（1）小李跑步。

专名“小李”是**完全**的表达式，它指示某个叫做小李的个体“小李”，且表达的含义不因与它同时使用的其他语词成分的改变而改变；同样，语句“小李跑步”也是**完全**的表达式，它指示一个语义上非真即假的命题，命题的“真”和“假”，跟这个语句与哪种表达式一起使用没有关系，只与它的成真条件与所描述的场景是否一致有关，比如，在图 1.1 所描述的模型下，该句为真，如若换一个模型，可能就为假。相反，动词“跑步”是**不完全**的表达式，相当于一个从完全表达式“小李”到命题“小李跑步”的一元函项 $\mathrm{F}_{跑步}(x)$，$\mathrm{F}_{跑步}(x)$的含义（即它的值）与 x 的赋值有关。在模型 1.1 中，若 $x=$“小李”，则得到的是真命题；若 $x=$“小王”，得到的就是假命题。所以，“跑步”是不完全的，只有当它带一个实际的主语论元，才能表达完整的命题含义。一般认为，语句和名词属于“完全”的表达式[①]，动

---

① 当然，完全表达式不局限于名词短语和语句两种，还有可能更多。如，Steedman（1996）还区分了普通语句和作为从句的语句。

词、副词等需要与语句、名词或其他一类或几类语词结合才能构成“完全”的表达式的，属于“不完全”的表达式。

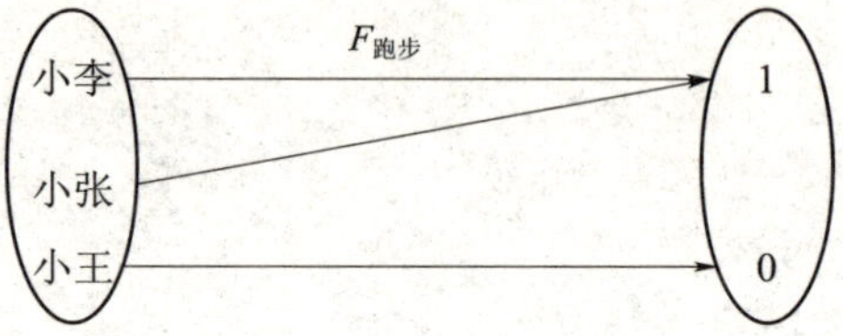

图 1.1　函数 $F_{跑步}$的赋值模型

将（1）中各个成分所对应的句法信息抽象化，两个完全的表达式“小李”、“小李跑步”分别用 *np*（名词短语）和 *s*（语句）表示，不完全的表达式“跑步”则可以表示为从 *np* 到 *s* 的一个**函项**。巴–希勒尔（Bar-Hillel 1953）把抽象化的这种句法组合的信息称之为**范畴**（Category）。他认为，为给定的语言符号串赋以一个或多个范畴，代表它在上下文中的句法特征，然后通过范畴之间的运算，可以检验或者生成合法的语句。兰贝克演算（Lambek 1957）规定，不完全范畴由以下两条规则生成：

（i）如果它需要向左贴合论元范畴 *A* 得到范畴 *B*，则它具有范畴“$A\backslash B$”，读作 *A* 在 *B* 下（*A* under *B*）；

（ii）如果它需要向右贴合论元范畴 *A* 得到范畴 *B*，则它具有范畴“B/A”，读作 *B* 在 *A* 上（*B* over *A*）。

根据规则（i），“跑步”之类的不及物动词需要向左贴合范畴 *np* 得到范畴 *s*，所以它具有范畴 $np\backslash s$。（1）句将不完全表达式完全化的过程就可以表示为（2）。（$X \vdash A$ 表示语词 *X* 具有范畴 *A*）

（2）小李 $\vdash np$　　跑步$\vdash np\backslash s$　$\Rightarrow$　(小李∘跑步) $\vdash s$

若将以上词库扩大，使之包括：

小李，小赵：*np*
跑步：$np\backslash s$

喜欢：$(np\backslash s)/np$

还可以类似地得到语句（3）的句法推演（4）：

（3）小李喜欢小赵。

（4）小李 $\vdash np$　　喜欢 $\vdash (np\backslash s)/np$　　小赵 $\vdash np$

$\Rightarrow$小李 $\vdash np$　　(喜欢$\circ$小赵) $\vdash np/s$

$\Rightarrow$ (小李$\circ$(喜欢$\circ$小赵)) $\vdash s$

整体来看，**范畴语法在理论上具有以下三大特点**：

① **函项-论元特征**。范畴语法把自然语言语词看作函项和论元结构，句法和语义运算都在词汇表层（或依据逻辑运算规则、或依据组合规则）进行，既保证了自然语言能够在范畴框架下做形式化分析这一前提，区别了范畴理论与短语结构语法等直接成分分析法，也是将范畴运算与逻辑系统的推演做平行类比的先决条件。

② **单层结构**。为构造作为人脑语言习得机制的**普遍语法**，**转换生成语法**假设自然语言具有表层和深层**两个**结构层次：深层结构是利用短语结构语法得到的**基本形式**（Base），对基本形式做转换、移位等操作，得到合语法的**表层结构**，尤其可以完成对不连续结构的生成，以及句型之间的转换。**范畴语法**只把自然语言当做**单层结构**，直接对表层成分进行运算。比之转换生成语法，范畴语法或者通过丰富词条所承载的信息、或者通过使用更精细的逻辑工具，来实现对各种结构（包括语义上连续、句法上不连续的结构）的生成和处理。范畴语法的单层探索，为普遍语法提供了另一种重要的更简单的可能性，同时，也更符合机器翻译的需求。

③ **激进的词汇主义倾向**。范畴语法的运算机制是，在词库中为自然语言词汇赋以相应范畴，通过范畴之间的逻辑运算，进行语词毗连，语句的分析过程就相当于逻辑系统的演绎。这是基于词库词条的一个运算过程，突出了范畴语法的词汇主义倾向。

为经典范畴语法配以可以表示语义的机制，即加类型的λ–演算，则句法组合与语义毗连可以同步进行，得到的就得本书的框架理论—**类型逻辑语法**（Type Logical Grammar，简称 TLG）。

第二节　类型逻辑语法

类型逻辑语法是在经典范畴语法基础上发展起来的一个现代版本，是范畴语法与类型逻辑语义学联姻的产物。它有广义和狭义之分，前者泛指任何范畴语法（如组合范畴语法[①]、兰贝克演算等）与类型逻辑语义学的接口理论，后者特指兰贝克演算与类型逻辑语义学的接口理论。（王欣 2009：i）本书将在后一种意义上使用类型逻辑语法。其中，兰贝克演算为类型逻辑语法提供句法演绎依据[②]，类型逻辑语义学为类型逻辑语法提供与兰贝克演算同步的语义运算工具。因此，在对自然语言语句进行刻画和形式分析的过程中，类型逻辑语法能够展示句法和语义的并行推演，如语句“小李跑步”的类型逻辑语法推演为：

（5）小李 |- 小李′：np　跑步|- 跑步′：$np\backslash s$
　　⇒　(小李°跑步) |- 跑步′(小李′)：s

（5）中赋值符“|-”左侧是自然语言中的语词，右侧为该词条对应的λ–项与句法范畴组成的有序对<λ–项：范畴>，此信息赋值过程在词库中完成。表达式之间的句法范畴依据兰贝克演算规则进行贴合，代表了语词的句法生成信息，可以判断语句是否为合适公式；λ–项之间遵循λ–演算进行函项贴合，展示了语句的语义组合过程，生成语句所对应的语义表达式。（孔繁清，满海霞 2011：98）（3）句配有语义演算的推演过程为：

（6）小李 |-小李′：np　喜欢 |-喜欢′：$(np\backslash s)/np$　小赵 |-小赵′：np
　　⇒小李 |- 小李′：np　(喜欢°小赵) |- 喜欢′(小赵′)：np/s
　　⇒ (小李°(喜欢°小赵)) |- 喜欢′(小赵′)(小李′)：s

在与类型逻辑语义学联姻之后以得到的类型逻辑语法还具有以下两个特点：

---

① 对组合范畴语法（Combinatory Categorial Grammar）感兴趣的读者，可以参考邹崇理（2011）、满海霞（2013）。

② 参见本章第三节关于兰贝克演算的讨论部分。

④ **实现了句法和语义的并行推演**。（Wood 1993：3）这一特点得益于多夫·嘉贝（Dov Gabbay）提出的**加标演绎表述**，即每一个词条在词库中都带有两方面的信息：该词条所对应的代表语义运算的**哈里–霍华德项**（Curry-Howard term）和相应的句法范畴，[①]使得自然语言的语义组合和句法毗连从词条出发之后，可以并行完成。

⑤ **组合性解释**。在形式理论中，一旦出现“解释”一词，必定与语义有关。组合性解释也不例外，范·本瑟姆为范畴理论提供的语义系统遵循弗雷格的组合性原则，表达式的意义由其组成部分的意义及组成方式所决定。

以下小节将对范畴语法的产生和成长做一个历时的梳理，交代类型逻辑语法出现的背景以及必要的形式化工具，并在第四节进一步介绍范畴理论与类型逻辑语法之间更深层次的渊源。在提到之处会简略给出基本范畴语法的句法系统和语义思想。完整的类型逻辑语法理论框架将在下一章给出。

第三节　范畴语法的历时发展

一、范畴语法早期

（一）基于规则的探索——*AB* 语法

范畴语法的最早形式是列斯尼耶夫斯基（Leśniewski）于 1929 年提出的**语义范畴理论**。1935 年，波兰哲学家、逻辑学家爱裘凯维茨（Adjukiewicz）为范畴语法确立了**三个方面的基本内容**：① **弗雷格的函项–论元思想**— 把语言表达式看作函项运算的产物，通过函项的运算来描述表达式的生成过程；② **罗素–列斯尼耶夫斯基的范畴分层思想**—不同句法作用的表达式对应不同层次的范畴，不完全范畴的写法表明论元范畴和值范畴分别是什么；③ **胡塞尔的互相置换思想**—即范畴只是一种类型标记，标记那些在语句中可以互相置换的同类表达式，所以具有相同范畴的表达式在语句中能够互相置换。（邹崇理 2006a：3-4）爱裘凯维茨史上第一次采用分数形式[②]记述

---

① 关于哈里-霍华德项，参见第二章第四节的介绍。

② 如 $\frac{A}{B}$。

不完全表达式的句法范畴，此举为范畴语法奠定了思想基础。

1953 年，巴–希勒尔（Bar-Hillel）提出，为语言成分赋以一个或多个范畴，只通过简单的、类似乘法中的分母消去规则，就可以计算给定语言符号串在上下文中的句法特征。他认为，这种做法对刚刚兴起的机器翻译可能会有一定价值。在其理论中，巴–希勒尔尤其强调了以下几点：① 句子范畴、名称范畴和通名的范畴是基本范畴，它们在任何语境中都只能做论元范畴，不能做函子范畴；② 一个语言符号可以对应多个范畴，在实际操作中选择哪种范畴，要看哪个范畴在运算中能生成合适的句法成分；③ 一个语句组成成分在一句话中可能是**合适成分**（Proper Elements）[①]，但在另一句中可能就不是合适成分，如“John sleeps”在语句“John sleeps”中是合适成分，但在“poor John sleeps”中，就不是合适成分，因为“John”这个时候先被“poor”修饰，才能和“sleep”组成更大的合适成分；④ 利用重要的直接成分概念，将语句的组成成分分成不同等级（Order），从而避免不同结构分析造成“伪歧义”（Spurious Ambiguity）[②]。如“Poor John sleeps”只能分析为图 1.3，而非图 1.2，即“poor John”和“sleeps”是第一层的直接成分，“poor”和“John”是第二层的直接成分。

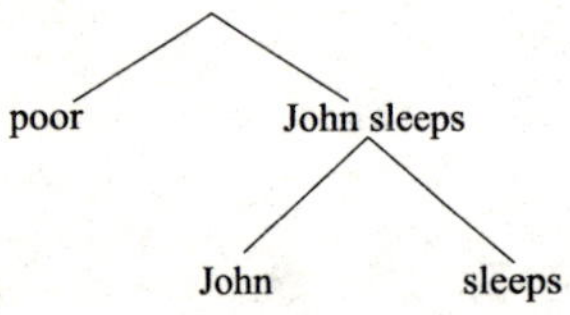

图 1.2

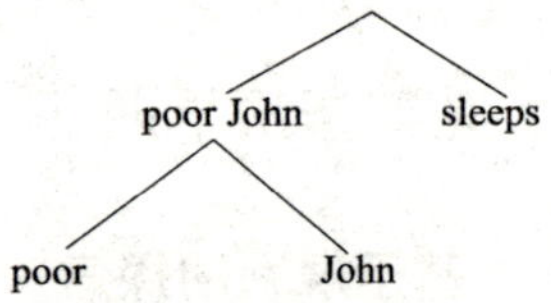

图 1.3

① “合适成分”指成分内部的范畴之间可以做类似分数消去的操作、生成更大表达式的表达式成分。“John sleeps”在“Poor John sleeps”中不是合适成分，因为“John sleep”的范畴 s 不能与“poor”的范畴 n/n 继续进行分数消去。

② 所谓“伪歧义”，顾名思义，并非真正的歧义，文献中也有“有名无实的歧义”的说法。在对同一语句进行范畴分析时可能有不止一种分析方法，比如说，简单句“John loves Mary”既可以按照[John[loves Mary]]的结合方式进行范畴运算，也可按照[[John loves] Mary]的方式进行范畴运算，对于通常的自然语言语法，不同的结构分析一般被视为结构上的歧义，但是因为范畴语法承认结合律，两种结合方式具有等同效果，得到的运算结果相同。因此，大部分范畴语法说这种在分析结构过程中出现的顺序差异，并非真正的歧义。但是也有部分范畴语法分支（组合范畴语法）认为伪歧义体现了一种信息结构（Information Structure）差异，比如上面两个结构表达不同的主位-述位结构，[John[loves Mary]]的主位信息是“John”，回答的是问题“Who loves Mary”；而[[John loves] Mary]的主位信息是“John loves”，回答的问题是“John loves whom?”。参见 Steedman（2000）第五章的讨论。

巴–希勒尔的范畴理论虽受到爱裘凯维茨的范畴化思想的启发，但也展现一定突破—他**区分了论元的结合方向**—用方括号括在分母范畴外面，表示该函项范畴向右寻找论元范畴；用圆括号括在分母范畴外面，则表示向左寻找论元范畴，如“poor”的范畴记为 $\frac{np}{[np]}$，“sleeps”的范畴记为 $\frac{s}{(np)}$。如此一来，爱裘凯维茨的单向范畴语法被扩展成为可双向进行的范畴语法。由于爱裘凯维茨的分数记法在记述复杂范畴时需要占用大量空间，为书写方便，巴–希勒尔用向右倾斜的斜线代替上下平分的分数线，因此，“poor”和“sleep”的范畴分别记为 $n/[n]$和 $s/(n)$。

因为爱裘凯维茨和巴–希勒尔都看到了用范畴化方法对自然语言做句法运算的可能性，人们以二人名字的首字母来命名他们提出的范畴理论—***AB* 语法**，一般认为，***AB* 语法**是范畴语法的开端。但是，相对于精细繁杂的自然语言现象，***AB* 语法**仍显粗糙，仅处在基于简单规则和经验归纳的阶段。尤其在 20 世纪 50 年代末 60 年代初，Chomsky（1956，1957，1959，1964）对英语句法结构展开细致地讨论和考察，证明以短语结构语法为代表的上下文自由文法不足以生成全部自然语言现象，同时，巴–希勒尔等（Bar-Hillel, Gaifman, Shamir 1961）证明了 ***AB* 语法**弱等价于上下文自由文法，使从 ***AB* 语法**发展出来的范畴语法在此后一段时间逐渐失去了吸引力。（Bar-Hillel 1964）

（二）逻辑演绎系统—兰贝克演算的诞生

在范畴理论的历史纵轴上，除了基于经验归纳的 *AB* 语法思路，另外一个重要的传统，是使用演绎方法构造逻辑演算系统。如果说**范畴语法**开始于 ***AB* 语法**，那么本书的理论框架类型逻辑语法则起源于加拿大数学家、逻辑学家兰贝克（Joachim Lambek）在 *AB* 语法基础上提出的**兰贝克演算**。（Lambek 1958）

兰贝克暂时剥离了句法范畴与自然语言词条之间的联系，专注于范畴之间的运算规则，构造出一个代数系统，即著名的兰贝克演算 L（Lambek Calculus）。L 继承并深化了 ***AB* 语法**，把范畴之间的运算当做逻辑推演，用逻辑系统的定理来展示范畴运算的句法规则。（邹崇理 2008：23）

兰贝克首先改进了巴–希勒尔对范畴论元结合方向的记述方式，用左斜线“\”和右斜线“/”两个连结词符号分别表示向左和向右结合论元范畴的算子，并给出一个积算子“•”，表示两个相邻范畴的直接毗连，如 $A \bullet B$

读作 A 与 B 的积（A times B）。兰贝克发现，句法范畴“A/B”、“$B\backslash A$”的活动方式类似逻辑蕴含，因为从范畴 A/B 和 B 或 B 和 $B\backslash A$ 可以得到范畴 A，类似命题逻辑中从 B 和 $B\rightarrow A$ 推得 A 的 MP 推理，而表示两个相邻范畴毗连的乘积类型 $A \cdot B$ 则与合取相似，启发了他构建范畴演算系统的想法。[①]

兰贝克演算旨在利用句法范畴的算术化方法，为形式语言和自然语言提供一套行之有效的、区别语句和非语句的方法。主要想法是：给定一个范畴列表，为每个英语词语或词串赋以相应的范畴，然后对范畴进行计算。与第一节给出的范畴语法例子相似，L 的句法系统包含两个基本范畴（代表语句范畴的 s 和代表名称范畴的 n），三个连结词“/”、“\”和“•”，以及一个关系符“→”。这里的关系符“→”区别于表示逻辑蕴含的蕴含连接词“→”，关系符“→”表示范畴之间的推出关系，前后连接范畴，比如从 A 推出 B，记作 $A \rightarrow B$，含义是：如果一个表达式具有范畴 A，那么它也具有范畴 B。$A \cdot B$ 也可以简记作 AB，以下介绍兰贝克演算 L 的公理和规则时，将按照兰贝克的习惯采用省略积算子的简略记法。

L 保留了早期范畴语法的复合范畴赋值原则：

（1）x 对应范畴 A，y 对应范畴 B，当且仅当表达式 xy 的范畴为 AB；

（2）表达式 x 对应范畴 C/B，当且仅当对于任意范畴为 B 的 y，xy 的范畴为 C；

（3）表达式 y 对应范畴 $A\backslash C$，当且仅当对于任意范畴为 A 的 x，xy 的范畴为 C。

定义 1　L 的公理和规则

L 包括以下三条公理（a、b、e）和五条推理规则：[②]

---

①“范畴”一词在英语中有两个拼写十分相近的形容词形式：“Categorical”和“Categorial”，“Categorical”仅指 Eilenberg 和 MacLane 在早期文章中所提到的范畴概念，“Categorial”则专指与类型论意义上的类型相对应的范畴。由于范畴语法是在后一种意义上使用“范畴”一词，而 Eilenberg 本人也承认他对“Categorical”一词的使用完全没有受到后一种传统的影响，所以范畴语法的正确拼写为“Categorial Grammar”，而兰贝克本人为避免“范畴”（Category）一词在使用上可能造成的混淆，在讨论中直接用“句法类型”（Syntactic Types）代替“范畴“（Categories）。见（Lambek 1988）。

② 此处直接使用兰贝克（Lambek 1958）的公理系统记法。同理，本小节介绍范·本瑟姆的语义系统时，也暂时以范·本瑟姆（Van Benthem 1983）当时的记法为准。我们将在第二章第二节正式介绍类型逻辑语法 TLG 演算系统之后，统一记法。

（a）$A \to A$　　（同一律）

（b）$(AB)C \to A(BC)$　　（结合律）

（b′）$A(BC) \to (AB)C$　　（结合律）

（c）如果 $AB \to C$，则 $A \to C/B$

（c′）如果 $AB \to C$，则 $B \to A\backslash C$

（d）如果 $A \to C/B$，则 $AB \to C$

（d′）如果 $B \to A\backslash C$，则 $AB \to C$

（e）如果 $A \to B$ 且 $B \to C$，则 $A \to C$。（传递规则）

其中结合律（b）和（b′）保证范畴结合方向的自由，保证所谓的伪歧义不是真正的歧义。两组推理规则（c）、（c′）和（d）、（d′）提供了斜线算子与积算子之间的转换依据，规则（e）为范畴推演的传递规则。规则（a）、（b）、（b′）、（e）显然成立，（c′）和（d′）分别从规则（c）、（d）推得，所以只需证明（c）、（d）成立即可。

证明（c）：假设 $AB \to C$。令 x 对应范畴 A。

根据赋值原则（1），对于任何范畴为 B 的 y，xy 对应范畴 AB；

根据假设和"$\to$"的定义，xy 对应范畴 C；

根据赋值原则（2），A 对应范畴 C/B；

据"$\to$"的定义，有 $A \to C/B$。

证明（d）：假设 $A \to C/B$。令 xy 对应范畴 AB。

根据赋值原则（1），x 对应范畴 A，y 对应范畴 B；

根据"$\to$"和假设，x 对应范畴 C/B；

根据赋值原则（2），xy 对应范畴 C；

根据"$\to$"的意味，$AB \to C$。

利用（a）—（e）可以推得一系列结果，如：

（f）$A \to (AB)/B$

（g）$(C/B)B \to C$

（h）$B \to (C/B)\backslash C$

（i）$(C/B)(B/A) \to C/A$

（j）$C/B \to (C/A)/(B/A)$

（k）$(A\backslash B)/C \leftrightarrow A\backslash(B/C)$

（l）$(A/B)/C \leftrightarrow A/(CB)$

（m）如果 $A \to A'$ 且 $B \to B'$，则 $AB \to A'B'$

（n）如果 $A \to A'$ 且 $B \to B'$，则 $A/B' \to A'/B$c

（f）—（l）易得，只证（m）和（n）。

证明（m）：如果 $A \to A'$ 且 $B \to B'$，则 $AB \to A'B'$

$$\dfrac{\dfrac{\dfrac{A \to A' \quad \dfrac{A'B \to A'B \quad (a)}{A' \to (A'B)/B}(c)}{A \to A'B/B}(e)}{AB \to A'B}(d) \qquad \dfrac{\dfrac{B \to B' \quad \dfrac{A'B' \to A'B' \quad (a)}{B' \to A'\backslash(A'B')}(c')}{B \to A'\backslash(A'B')}(e)}{A'B \to A'B'}(d')}{AB \to A'B'}(e)$$

证明（n）：如果 $A \to A'$ 且 $B \to B'$，则 $A/B' \to A'/$B

$$\dfrac{\dfrac{\dfrac{\dfrac{B \to B' \quad \dfrac{\dfrac{A/B' \to A/B' \quad (a)}{(A/B')B' \to A}(d)}{B' \to (A/B')\backslash A}(c')}{B \to (A/B')\backslash A}(e)}{(A/B')B \to A}(d')}{A/B' \to A/B}(c) \qquad \dfrac{\dfrac{\dfrac{A/B \to A/B \quad (a)}{(A/B)B \to A}(d) \quad A \to A'}{(A/B)B \to A'}(e)}{A/B \to A'/B}(d)}{A/B' \to A'/B}(e) \blacksquare$$

但是，由于 L 的**公理表述**（Axiomatic Presentation）包含传递规则（e）：如果 $A \to B$，且 $B \to C$，则 $A \to C$，（e）在结论中被消去的中间项 B 可以有无穷多种可能性，**导致兰贝克演算的公理表述具有不可判定性**。换言之，给定一个 $A \to B$ 的句法演算，无法判断 $A \to B$ 是否可以从规则（a）—（e）推出。为此，兰贝克构造了与公理表述等价的**根岑表述**（Gentzen Presentation）。这种矢列表述最初由根岑（Gentzen）给出，用以解决**直觉主义命题逻辑系统**（Intuitionistic Propositional Calculus）的判定问题。

在根岑表述中，**切割规则**（*Cut* Rule）相当于公理表述中的传递规则（e），且可以证明，任意一个含有**切割公式**（*Cut* Formula）的推演矢列都可以化归成一个不含切割公式的推演矢列，即切割规则在根岑表述中可以被消去。而不含有切割公式的矢列具有**子公式性质**（Subformula Property），通过施归纳于公式的深度进行自下向上的追溯，就可以获知 L 的根岑表述是可以判定的。由于根岑表述与公理表述可以互相推出，兰贝克演算的公理系统也就是可判定的。详细证明将在第二章第三节给出。

兰贝克演算的出现，在范畴语法的发展史上无疑是一件惊天大事，它是范畴类型序列上**第一个正式且较为完备的逻辑系统**，在逻辑学领域为范畴语法赢得了一个正式的身份，预示着一个新理论—类型逻辑语法—的诞生。

值得一提的是，20 世纪七八十年代，在用形式方法处理语言现象的尝试中，出现了许多重要的范畴转换规则，如处理非成分并列的**吉奇规则**（Geach Rule）①，从蒙太格处理专名类型的做法推广出来的**提升规则**（Type Raising Rule）②以及类似传递性的组合规则（Composition Rule）③，都可以在 L 系统中推出，其中吉奇规则和提升规则甚至分别等同于 L 公理系统的推论（j）和（h）。[①]（Geach 1970；Thomason 1974）

① 吉奇规则：$A/B \to (A/C)/(B/C)$
② 提升规则：$A \to B/(A\backslash B)$
③ 组合规则：$(A/B)(B/C) \to A/C$

以下给出三条规则在 L 中的证明过程（7）–（9）。由于吉奇规则在公理系统中的证明过程极为复杂，这里借用左斜线的**引入规则**/*I*（I 代表 Introduction）和**消去规则**/*E*（E 代表 Elimination），用最直观的**树模式表述**（Tree Presentation）推出①–③。[②]第二章第三节将证明 L 的树模式表述与 **ND 表述**（Natural Deduction presentation）等价，ND 表述与根岑表述等价。[③]

（7）若有 A/B，则有$(A/C)/(B/C)$。
（8）若有 A，则有 $B/(A\backslash B)$。

$$\cfrac{\cfrac{\cfrac{A/B \qquad \cfrac{\overline{B/C}^{\,1} \qquad \overline{C}^{\,2}}{B}\,/E}{A}\,/E}{A/C}\,/I,2}{(A/C)/(B/C)}\,/I,1$$

$$\cfrac{\cfrac{\cfrac{B/A \to B/A}{(B/A)A \to B}\,d}{A \to (B/A)\backslash B}\,c' \qquad \cfrac{(B/A)\backslash B}{B/(A\backslash B)}\,k}{A \to B/(A\backslash B)}\,e$$

---

① 提升规则又叫**蒙太格规则**（Montague Rule）。但严格地说，蒙太格并没有正式提出蒙太格规则，只是在处理专名和量词短语时将 e 类型提升为<<e, t>, t>类型，体现出类型提升的操作思想，从而启发了后来学者对提升规则的总结和升华。另外，也有讨论认为，现在所谓的吉奇规则与吉奇的系统是不相容的，参见 Humberstone（2005）。这一争论与本书讨论关系不大，在此忽略。

② 关于树模式表述和引入、消去规则，参见第二章第五节。

③ 更详细讨论，参见 Barker（2003）。

③ 可从吉奇规则使用公理（d）得到：

（9）若有$(A/B)(B/C)$，则有A/C。

$$\frac{A/B\to(A/C)/(B/C)}{(A/B)(B/C)\to A/C}d$$

三条规则在L中均可推出绝非巧合。相反，这充分证明了L系统在做自然语言句法分析上的优势和可行性。

从本节以上讨论可知，L表现的是范畴之间抽象的运算规则，所以它作为生成自然语言语法的规则，仅是一个关于句法规律的逻辑系统，无法处理语词的语义信息。根据蒙太格（Montague）的语法思想，自然语言与逻辑语言在深层构造上遵循共同的结构规则，可以用类似构造逻辑系统的方式构造自然语言的部分语句系统。（满海霞 2010：61）换言之，既然逻辑系统的句法和语义系统是同构的代数结构，那么我们不但可以用形式系统来构造自然语言的句法系统，还可以构造它的语义系统，所得的句法和语义系统也是同构的。在蒙太格的理论的指引下，范·本瑟姆为L构造出第一套较为成熟的语义系统，亦为类型逻辑语法的雏形。

二、句法邂逅语义

（一）蒙太格语法

20世纪60年代末、70年代初，**蒙太格语法**（Montague Grammar）诞生，成就范畴理论的一个特殊阶段。在此之前，范畴语法仅作为一种关于自然语言句法特征的演算工具，其核心任务是利用句法范畴的形式特征，为“句法操作”提供原则化的理论。20世纪60年代末，蒙太格看到涉及自然语言句法层面的范畴演算和涉及自然语言语义的逻辑类型论在结构上惊人的相似，从而提出，自然语言与逻辑语言在本质上是相通的。基于**范畴语法与逻辑类型论**（Theory of Types）之间的对应，蒙太格为自然语言的句法生成找到了遵循组合原则的语义解释。

蒙太格的英语部分语句PTQ系统一共包括15条句法规则，如及物动词与名词毗连形成不及物动词的规则、量词与名词的组合规则、第三人称单数主语与不及物动词的结合规则、名词的并列规则、及物动词的并列规则、不及物动词的并列规则，等等。（Thomason 1974）依据这些规则，可以在所给基本表达式基础上生成自然语言语句。而且依据词库中词条组合成句的实际情况，还可以向系统继续添加规则。很多语言学家都做了后续尝试，如 Partee（1973），Dowty（1979）等。

范畴语法的运算对象是自然语言语词所对应的句法范畴，蒙太格语法把句法范畴转为对语词参加运算时的准入要求，展现出来的是自然语言语句本身的毗连，**更贴近自然语言自身的生成过程**。如不及物动词与专名的句法毗连规则（10）（即绪论中列举的 PTQ 片段）：

（10）若$\alpha \in P_{np}$，$\delta \in P_{np\backslash s}$，则 $F(\alpha, \delta) \in P_s$，且 $F(\alpha, \delta) = \alpha\delta$。

P_x 表示范畴为 x 的自然语言表达式的集合，F 是自然语言句法结构的毗连算子，对α和δ的句法运算结果是毗连表达式$\alpha\delta$，对应语句范畴 s。

事实上，（10）直接对应 L 的范畴赋值规则（3）：（以下重复为（11））

（11）表达式δ对应范畴 $A\backslash B$，当且仅当对于任意范畴为α的 x，$\delta\alpha$对应范畴 B。δ和α所对应的范畴按照 $A\ A\backslash B \rightarrow B$ 进行。

若论元范畴 A 为 np，值范畴 B 为 s，（11）就与蒙太格语法中不及物动词与专名毗连的句法规则对应起来了。（邹崇理 2008：31）不同的是，在蒙太格语法中，我们看到的是直接对自然语言语词进行运算，范畴的匹配工作相当于语词在进入句法运算之前所要接受的资格审核，或者说是通行证。只有范畴合适，表达式才有资格按照系统的规则参与句法毗连运算；而在 L 中，我们直观看到的，就是那些匹配给自然语言表达式的范畴之间的运算。

蒙太格以一个逻辑学家的卓越视野，看到了句法范畴和语义类型之间的对应，令一条句法规则与一条语义规则相对应，开创了用形式化方法研究自然语言语义的先河。（10）所对应的语义生成规则为：

（12）若$\alpha \in P_{np}$，$\delta \in P_{np\backslash s}$，且$\alpha$的语义翻译是$\alpha'$，$\delta$的语义翻译是$\delta'$，则 $F(\alpha, \delta)$ 可以翻译成$\alpha'({}^\wedge\delta')$。[1]

---

① 蒙太格语法属于内涵条件语义学，它为了处理“想”、“认为”等内涵词汇，将动词δ的语义取其内涵${}^\wedge\delta'$参与运算。（12）中 A(B)表示函项 A 带 B 为论元的结果，$F(\alpha, \delta)$的翻译结果$\alpha'({}^\wedge\delta')$是一个可以判断真值的、饱和的表达式。

对语义的形式计算是蒙太格语法最突出的特点，也是它对范畴语法日后发展影响最大的一个方面。在蒙太格语法中，句法和语义运算展示的是类似自然语言句法和高阶谓词函项的操作。有了自然语言句法的形式构造，就可以通过对应句法的语义规则，得到相应的语义解释。有关类型和范畴的对应关系参见第二章定义 15。

蒙太格作为第一位将自然语言的句法和语义在形式系统中结合考虑的学者，奠定了形式语义学的理论基础，也拓展了范畴理论的研究思路。

（二）句法语义对应的雏形–L_{vb} 演算

1983 年，范·本瑟姆在加拿大西蒙弗雷泽大学做了题为“The Semantics of Variety in Categorial Grammar”的讲座，将蒙太格语法中的类型范畴思想实现于范畴语法当中。换言之，范·本瑟姆受蒙太格的范畴–类型对应思想的启发，打破了范畴语法在蒙太格语法中作为“句法佣仆”的传统，为范畴语法框架建立了语义解释机制— λ–词项间基于类型（定义 2）的运算。

定义 2　类型

（a）e 为指示个体的表达式的类型，t 为指称为真值的表达式的类型；

（b）如果 a 是类型，b 是类型，那么 $<a, b>$ 也是类型。

其中，函项类型 $<a, b>$ 表示，它能结合一个类型为 a 的表达式，得到的复合表达式具有类型 b，$<a, b>$ 对论元的结合方向没有具体要求。加类型的λ–项之间按照以下规则进行运算：

（i）如果 t_1 是类型为 $<a, b>$ 的项，t_2 是类型为 a 的项，则 $t_1(t_2)$ 是类型为 b 的项；

（ii）如果 t 是类型为 b 的项，x 是类型为 a 的变元，则 $\lambda x.t$ 的类型为 $<a, b>$。

细心的读者可能已经发现，这两条规则与范畴赋值规则（重复为（iii）–（v））极其相似。由于句法范畴和语义类型之间有投射关系（定义 3），（iv）和（v）对应（i），（iii）对应（ii）。

（iii）x 对应范畴 A，y 对应范畴 B，当且仅当表达式 xy 的范畴为 AB；

（iv）表达式 x 对应范畴 C/B，当且仅当对于任意范畴为 B 的 y，xy 的范畴为 C；

（v）表达式 y 对应范畴 $A\backslash C$，当且仅当对于任意范畴为 A 的 x，xy 的范畴为 C。

定义 3　范畴到类型的对应

给定基本范畴集 **B**，τ是从 **CAT**（**B**）到类型集 **TYPE** 的一个函数。τ是范畴到类型的**对应函数** 当且仅当

$$\tau(A\backslash B) = \tau(B/A) = \langle\tau(A), \tau(B)\rangle$$

定义 3 说明，虽然类型到范畴具有对应关系，但并非一一对应，而是一多对应，因为类型的构造不能体现范畴毗连的实际方向。比如，函项类型<*a*, *b*>既可以在左侧、也可以在其右侧结合 a 类型表达式，即，类型<*a*, *b*>对应 a/b 和 b\a 两种范畴形式。再如定义 4 中 G 所规定的类型<<*c*, *a*>, <*c*, *b*>>，至少可以对应以下四种范畴：(c\a)\(c\b)，(b/c)/(a/c)，(a/c)\(b/c)，(c\b)/(c\a)。

定义 4　类型论版本的 G 和 M

G: 如果一个表达式的类型为<*a*, *b*>，那么它也可以表示为类型<<*c*, *a*>, <*c*, *b*>>。

M：如果一个表达式的类型是 *a*，那么它的类型也可以是<<*a*, *c*>, *c*>。（*c* 为任意类型）

范・本瑟姆版本的范畴语法 $\mathbf{L_{vb}}$ 由 L 加上涉及类型转换的吉奇规则 G 和类型提升规则 M 组成。由于范畴到类型的对应关系，句法规则可以直接投射为语义规则，如定义 4 中 G 和 M 的类型论版本。定义 5 是用语义类型表示的 L_{vb} 矢列表述，小写字母代表单个类型，大写字母代表类型序列。

定义 5　$\mathbf{L_{vb}}$ 的矢列表述

L_{vb} 的矢列表述包含以下公理和规则：

（1）$a \Rightarrow a$　　同一规则

（2）$a \quad <a, b> \Rightarrow b \qquad <a, b>\ a \Rightarrow b$（函项消去- function elimination）

（3）$\frac{A \quad a \Rightarrow b}{A \Rightarrow (a,b)} \quad \frac{a \quad A \Rightarrow b}{A \Rightarrow (a,b)}$ 其中 A 不为空（函项引入-function introduction）

（4）$\frac{A \Rightarrow b}{B \quad A \quad C \Rightarrow BbC}$ 置换规则

（5）$\frac{A \Rightarrow B \quad B \Rightarrow C}{A \Rightarrow C}$ 传递规则

（1）－（5）中，$A \Rightarrow b$ 或 $A \Rightarrow B$ 表示类型矢列 $A(= a_1, \ldots, a_n)$ 可以化简为单一类型 b、或类型的序列 $B(= b_1, .., b_m)$。类型转换规则 G，M 以及结合律$(a \rightarrow (b \rightarrow c)) \Rightarrow (b \rightarrow (a \rightarrow c))$都可以在 L_{vb} 系统中生成。在矢列 $A \Rightarrow b$ 的 L_{vb} 推演中，每一步衍生都有一个明显的语义动机—以语义类型为载体的λ–项之间的λ–运算，这个衍生的“意义”用逻辑的类型论语言来表示，就是上面的规则（i）和（ii）。当然，为了使所得的类型论语言不至于太过丰富，（i）、（ii）中的转换还要遵循一些限制，如λ–项不能做“空抽象”，同一变元不能在某个子项中自由地重复使用等。

于是我们看到，把类型作为λ–项间的运算依据，如果两个类型之间依据定义 5 中的规则（2）做函项消去运算，那么它们对应的λ–项之间就依据（i）做贴合运算，若两个类型之间有规则（3）所示的函项引入关系，那么它们对应的λ–项之间就依据（ii）做λ–抽象。把两条规则中的“语义类型”投射给“句法范畴”，就得到了代表句法运算的范畴演绎与代表语义解释的λ–项间运算的对应。由此，L_{vb}–演算就与λ–语义联系起来了，为类型逻辑语法提供了一个非常自然的句法–语义接口。

三、后继发展

20 世纪 80 年代中期到 90 年代末是范畴语法繁荣发展、走向成熟的时期。在此期间，国际上多次召开了以范畴语法为主题的研讨会，众多逻辑学家、形式语言学家开始关注范畴语法，表现出极大的热情。主要成果有论文集（Oehrle，Bach，Weeler 1988；Buszkowski，Marciszewski，van Benthem 1988）、专著（Moortgat 1988；Morrill 1994；Carpenter 1997）、博士论文（Hepple 1990），以及 Jacobson、Moortgat 等人发表的一系列相关论文。

范畴理论由此迎来了井喷发展期。Steedman 等人使用基于规则的方法提出了**组合范畴语法 CCG**（Combinatory Categorial Grammar），（Ades & Steedman 1982；Steedman 1987；1988；1996；2000；Baldridge & Kruijff 2003）Capenter（1997）等人在 L_{vb} 基础上发展起**类型逻辑语义学**（Type Logical Semantics），Došen（1992）将范畴构造算子当做模态算子，使范畴类型逻辑变为一种模态系统，给出了 L 系统的**框架语义学**，Morrill（1994）和 Moortgat（1996a）沿着这一思路，不但丰富了 L 的构成算子，区分来自不同逻辑系统（如满足结合公理的系统 L，不满足结合公理的系统 NL 等）的算子以体现不同的范畴推演思想，还引入了一元模态算子（如 Morrill 给出的一元模态算子“□”，可以表示内涵型的语义论域），提出了范畴语法的多模态系统，Moortgat 称之为**范畴类型逻辑**（Categorial Type Logics）。借助 Dov Gabbay（1996）为子结构逻辑的证明过程所提供的**加标演绎模式**（Labelled Deduction），范畴语法利用加标树模式的 ND 表述，表现出句法推演和语义生成的并行推进。依据我们开篇为类型逻辑语法所做的区分，狭义的类型逻辑语法指兰贝克演算与类型逻辑语义学接口的理论，所以大致说来，这些在范·本瑟姆版本的范畴语法出现之后发展的、基于兰贝克演算的范畴理论，都属于类型逻辑语法范畴（具体划分参见图 1.4）。

此间还涌现出大量针对语言现象的应用性研究，尤其是对非成分并列和不连续结构的处理。以照应省略现象为例，有 Moortgat（1996b），Morrill（2000）等在词库中增加回指词词条的做法，有 Hepple（1990），Jacobson（1992），Jäger（2005）等在句法上增加算子或规则、允许语词重复使用的做法；也有 Steedman（Ades & Steedman 1982；Steedman 1987；1988）等添加组合原则直接处理的做法。第三章中将详细介绍这些方法。

总的来说，经过以上三个阶段的发展，范畴语法作为一种逻辑与语言的交叉理论，已经发展得较为成熟，类型逻辑语法也在这个大环境下成长成熟起来。以下第四节将进一步总结类型逻辑语法与范畴语法之间的渊源关系。

第四节　范畴语法与类型逻辑语法

图 1.4 显示了范畴理论发展的大体脉络，是对本章讨论的概括。从图中可以看出，范畴理论源于弗雷格和胡塞尔的函项–论元思想，从列斯尼耶夫斯基的语义范畴理论开始，整个方框内框入的都是范畴理论各个阶段具

有代表性的子理论。方框中央的虚线隔开范畴语法的两个发展方向，虚线上方为**词汇化倾向的范畴语法理论**，如 *AB* 语法传统、包含吉奇规则的吉奇的系统，以及 Steedman 等人给出的组合范畴语法；虚线下方为**句法化倾向的范畴语法**，其中兰贝克演算受到了 *AB* 语法范畴思想的启发，但其讨论则完全从逻辑的角度出发，开辟了一条倾向逻辑的发展思路。在类型逻辑语义学与兰贝克演算联姻之后，诞生了**类型逻辑语法**，之后发展起来的范畴类型逻辑（包括多模态范畴语法）[①]、加标演绎系统[②]虽然没有直接促成类型逻辑语法的产生，但都推动了它的成熟与发展，我们用虚线表示二者对类型逻辑语法的辅助和促进。

虚线下方除蒙太格语法之外，每一种子理论都有箭头指向类型逻辑语法，表示他们促使类型逻辑语法成为范畴语法框架内理论最完备、却仍未停止接受各种扩充的开理论典范（因为蒙太格语法是范畴语法的一个特殊阶段，它更直接地影响了类型逻辑语义学，所以我们认为蒙太格语法对类型逻辑语法的影响是间接的，是靠类型逻辑语义学传递的，所以没有做关系连线）：在逻辑方面，不但有基本的公理系统—L—可以探讨逻辑系统的元逻辑性质、有根岑风格的矢列表述可以讨论判定性问题，有加标树模式的自然演绎表述可以直观地展示句法推演和语义解释的并行前进，还有可能世界的框架语义解释，与相应的典范模型保证了系统的可靠性和完全性；而在语言学方面，不管是相邻成分的毗连、还是不连续结构的处理，也都已取得诸多令人兴奋的研究成果。

鉴于本书将使用类型逻辑语法作为自然语言分析的基本工具，而类型逻辑语法的开端是兰贝克演算的句法系统，其主要特点就是将自然语言语词的毗连抽象为范畴句法系统，利用逻辑系统的公理推演加以判断，所以我们划分整个范畴语法发展史的视角首先落在了子理论本身是基于句法理论还是基于词汇规则。如果出于不同讨论目的，可能会有不同结论。如邹崇理教授（2008）称范畴语法的整个发展历程为“范畴类型序列”，包括五个阶段：古典范畴语法、兰贝克句法演算、蒙太格语法、类型逻辑语义学和语法逻辑。这种划分出于介绍理论发展进程的目的，使整套理论显得尤为齐整实用。其中，第一个阶段类似于图 1.4 中

---

① 也有学者不区分范畴类型逻辑与类型逻辑语法，认为二者等同，如邹崇理（2008：1）。

② 加标演绎不是范畴语法的子理论，它是嘉贝为子结构逻辑的证明提供的一种演绎模式，所以用方框将其框住以示区分。

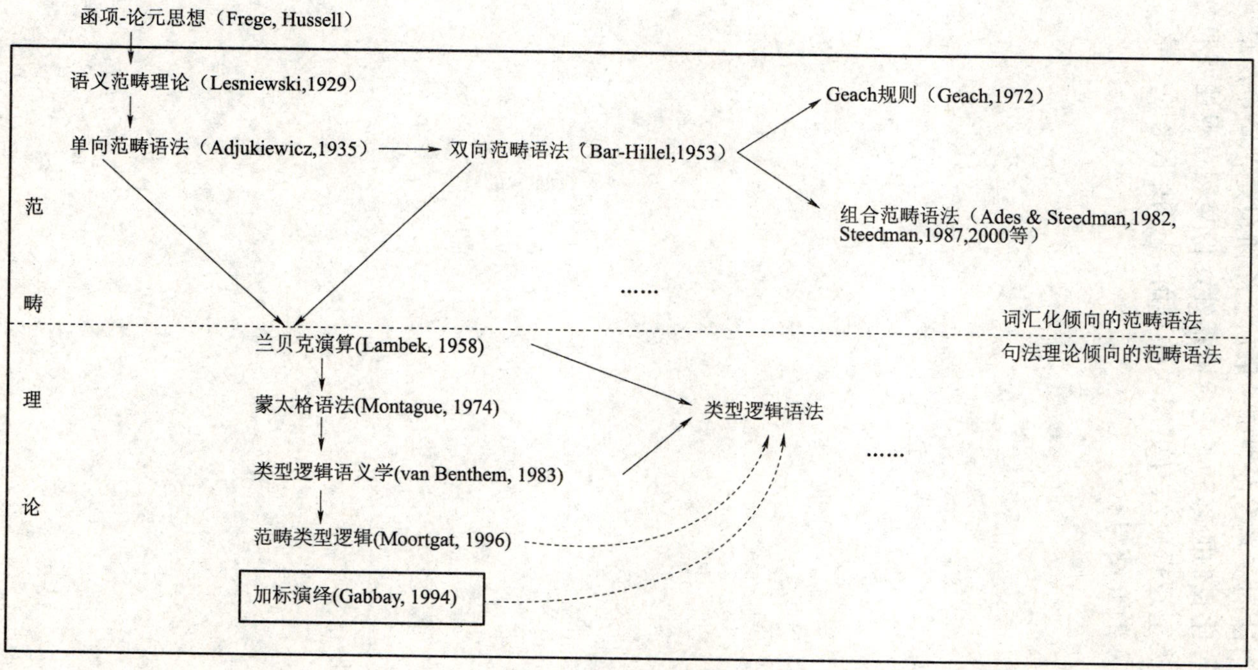
函项-论元思想（Frege, Hussell）
语义范畴理论（Lesniewski,1929）
单向范畴语法（Adjukiewicz,1935）
双向范畴语法（Bar-Hillel,1953）
Geach规则（Geach,1972）
组合范畴语法（Ades & Steedman,1982, Steedman,1987,2000等）
……
范
畴
理
论
词汇化倾向的范畴语法
句法理论倾向的范畴语法
兰贝克演算(Lambek, 1958)
蒙太格语法(Montague, 1974)
类型逻辑语义学(van Benthem, 1983)
范畴类型逻辑(Moortgat, 1996)
加标演绎(Gabbay, 1994)
类型逻辑语法
……

图 1.4 范畴理论家谱

虚线上面的部分，包括了爱裘凯维茨与巴-希勒尔的早期范畴思想，以及古典范畴语法的变异吉奇规则；最后一个阶段是范畴语法最近十几年的成果概称，比我们的划分要更具概括性，但显然直观性要弱一些。

为了对类型逻辑语法有更深入的理解，在接下来的一章，我们将对其做更深入的介绍与解析。

第二章 类型逻辑系统

第一节　类型、逻辑与语法

类型逻辑语法 TLG 区别于传统范畴语法的最突出特征，是通过使用加标演绎的表述方式，实现了句法推演和语义组合的并行推理，弥补了传统范畴语法在语义解释方面的缺陷。如果从名称“类型逻辑语法”入手分别考察“类型”、“逻辑”和“语法”三个词，可以获得三个方面更直观的信息。[①]

其一，**“类型”是证明的载体和基本单位**。类型逻辑语法采用了加标的演绎方式，即在实际操作上为带类型的语义λ–项和范畴证明建立了一一对应关系，这种一一对应关系一般称之为**哈里–霍华德同构**（Curry-Howard Correspondence）。有了哈里–霍华德同构，就能够将数理逻辑中两个不相联系的分支—证明论和函项理论—联系起来。这在程序语言中表示为：命题 = 类型，证明 = 程序（Proposition as types, Proofs as programs）。更形象地说，若把类型逻辑语法看做一种程序语言，那么它就与命题逻辑之间具有同构关系。最简单的例子，就是上一章提到的算子之间的对应：TLG 中的斜线算子类似于命题逻辑中的蕴涵符，积算子“·”类似于命题合取符。不同的是，TLG 以类型为基本运算单位，而命题逻辑以命题为基本运算单位。

从另外一个角度看，我们也可以说，“类型逻辑语法”中的“类型”是一种本质上的掌握，或为广义理解。它用来统一称呼在句法和语义运

① 本章第一节参考了作者 2010 年在《哲学动态》10 月刊发表的文章《类型逻辑语法》。

算中可以区分为函项–论元作用的逻辑对象。这是因为，TLG 系统不单有语义运算，还有句法运算，二者分别以类型和范畴为基本单位，范畴与类型之间有对应关系。也可以说，此处实际忽略了“句法范畴”和“语义类型”之间的差别，将二者统称为“类型”，是一种广义的做法。

其二，“逻辑”是一种途径。莫特盖特（Moortgat 1996）指出，类型逻辑方法的核心任务，就是为自然语言中意义和形式的组合给出一致的演绎解释。达到这一目的所采用的途径，就是把形式语法表示为一个逻辑系统，一个带有一定结构、与语言资源有关的推理系统。换言之，语法分析和语义运算都是逻辑演绎。

其三，“语法”表明了类型逻辑语法的身份。它如蒙太格语法、短语结构语法、转换生成语法一样，有别于一般的逻辑理论，是一种处理自然语言句法构造和语义刻画的理论。

将此思路推而广之，有助于我们更准确地把握类型逻辑语法与范畴类型序列内其他理论的承袭与相通关系。如“范畴语法”，作为类型逻辑序列的灵魂，名称中之所以只有“范畴”，是因最初范畴语法只处理自然语言表达式间的句法推演关系；而莫特盖特在《逻辑和语言手册》中介绍的“范畴类型逻辑”，则由于侧重对范畴语法进行逻辑系统的抽象，并构造可能世界的框架语义解释，所以不但没有使用“语法”一词，还采用了“类型”的狭义解读，更突出了对句法系统和语义系统的区分和对二者同等重要性的强调。

下面，我们将给出基于兰贝克演算的整个类型逻辑语法系统，介绍其四种表述方式：公理表述、根岑表述、ND 表述和加标树模式表述。这四种表述方式相互等价，但各自具有不同的作用。

第一章主要从非形式的角度回顾了范畴语法的发展过程，帮助我们从历时的角度了解了类型逻辑语法产生的背景。本章以下部分将从共时的角度给出类型逻辑语法的完整框架。首先是其句法系统的公理表述。

第二节 公理表述

一、句法系统与公理表述

类型逻辑语法源自于兰贝克演算的逻辑系统，它的句法系统可以看作

L 的复制版本：句法系统的基本单位是**范畴**（定义 6），联结词集为{/, \, •}，关系符集为{→}。

定义 6　TLG 范畴

给定基本范畴集 **B**，**CAT(B)**是满足以下条件的最小集合：

1. **B** ⊆ **CAT(B)**
2. 如果 A，B ∈ **CAT(B)**，则 A/B ∈ **CAT(B)**
3. 如果 A，B ∈ **CAT(B)**，则 $A\backslash B$ ∈ **CAT(B)**

一般范畴演算的基本范畴集为{s, np}，s 为语句的范畴，np 为名称的范畴。

与任何逻辑系统的语法一样，类型逻辑语法的句法系统包含词汇和句法两部分。若不考虑语义，它的词库就是一个映射，将有穷多个范畴赋给某个有穷字符串集中的每个成分。对于任意自然语言，一个语词可能具有多种句法功能，所以，可能对应多于一个范畴。

定义 7　L–词库①

给定字母表Σ和基本范畴集 **B**，一个 L–词库是Σ的非空子集与 **CAT(B)** 之间的有穷关系。

或者说，L–词库是由字符串和范畴组成的序对的集合，可以表示为{<T, A>}，T 代表自然语言的字符串，A 表示 T 的范畴。

以 L 为句法系统的 TLG 是由以下三条公理和五条规则构成的推演系统：

定义 8　TLG 的公理表述

公理：a. 同一律：$A \to A$

b. 结合律：$(A \bullet B) \bullet C \to A \bullet (B \bullet C)$

$A \bullet (B \bullet C) \to (A \bullet B) \bullet C$

---

① 注意，这里定义的是 L—词库，不是 TLG—词库。因为 TLG 词库中还包含语义λ-项的信息，这个定义只是其句法部分，所以是兰贝克演算 L 的词库。TLG 词库的定义参见定义 **19**。

规则：

c. $\dfrac{A \bullet B \to C}{A \to C/B}$　　d. $\dfrac{A \bullet B \to C}{B \to A \backslash C}$

e. $\dfrac{A \to C/B}{A \bullet B \to C}$　　f. $\dfrac{B \to A \backslash C}{A \bullet B \to C}$

g. $\dfrac{A \to B \quad B \to C}{A \to C}$

在这个演绎图示中，横线上面是前提，下面是结论。同一律和结合律是系统的三条公理，前者保证同一范畴可以从其自身推出，后者则保证范畴之间的贴合结果不受贴合的顺序影响。规则中的（c）–（f）规定了积算子和两个斜线算子之间的转换依据，最后一条（g）则说明范畴之间的推出关系具有传递性。

从定义 8 给出的 TLG 公理和推论出发，可以获得一系列定理，比如斜线算子的消去规则（h）、（i）和结合性（j）等等：

h. $(A/B) \bullet B \to A$　　i. $A \bullet (A\backslash B) \to B$

j. $(A\backslash B)/C \leftrightarrow A\backslash(B/C)$　　k. $A \to (A \bullet B)/B$

l. $(A/B)/C \leftrightarrow A/(C \bullet B)$

m. $\dfrac{A \to A_1 \quad B \to B_1}{A \bullet B \to A_1 \bullet B_1}$　　n. $\dfrac{A \to A_1 \quad B \to B_1}{A/B_1 \to A_1/B}$

o. $A \to (B/A)\backslash B$　　p. $(A/B) \bullet (B/C) \to A/C$

q. $A/B \to (A/C)/(B/C)$

如果把范畴构造算子（斜线算子和积算子）看做作用在自然语言符号串上的三元关系，就可以利用关系语义学为 TLG 构建一个可能世界的语义框架。DoŠen（1992）为兰贝克演算的二元模态算子（/、\、• ）构造了三元框架类，证明了兰贝克演算及其各类变体在三元框架类上完全。

二、框架语义

类型逻辑演算的语义模型，研究句法范畴与按照句法范畴所划分的每一类对象之间的关系。在模态逻辑中，n 元算子对应可能世界之间的 $n+1$ 元关系框架。作为一种特殊的模态逻辑系统，兰贝克演算 L 所包含的三个算子都是二元关系算子，所以，TLG 所对应的语义框架 F 由可能世界集 W 以及 W 上的三元关系 R 组成。

定义 9　TLG 框架

三元框架 $\mathrm{F} = \langle W, R \rangle$，由非空集合 W 与 W 上的三元关系 R 组成，$R \subseteq W^3$。

类型逻辑语法的框架是一类较为特殊的框架—**结合框架**，因为它的公理系统含有结合公理。

定义 10　结合框架

框架 $\mathrm{F} = \langle W, R \rangle$ 是**结合框架**，当且仅当，W 中的元素满足：

$\forall xyzuv[Rxyz \ \& \ Rzuv \Rightarrow \exists w[Rwyu \ \& \ Rxwv]]$

且 $\forall xyzuv[Rxyz \ \& \ Ryuv \Rightarrow \exists w[Rwvz \ \& \ Rxuw]]$

我们可以更直观地把集合 W 看作语词符号的集合，那么 W 中的点（x，y，z，u，v，w）就是一个个语词符号。$Rxyz$ 的含义就是：x 可以分解为 y 和 z。因为类型逻辑语法区分了向左和向右结合的运算，是词序敏感的，所以 y 和 z 的先后顺序是固定的，即 y 在 z 前。用树形图的方式，可将定义 10 所列两个条件描述为图 2.1a 和图 2.1b 两个初等树形式，在每个含有分叉的节点上，分叉点上的是**树根**，两个分支末端的是**树叶**，比如图 2.1a 推出符左侧的分叉树上，y、z 是树根 x 的树叶，而相对于 u 和 v，z 是树根，u 和 v 是树叶：

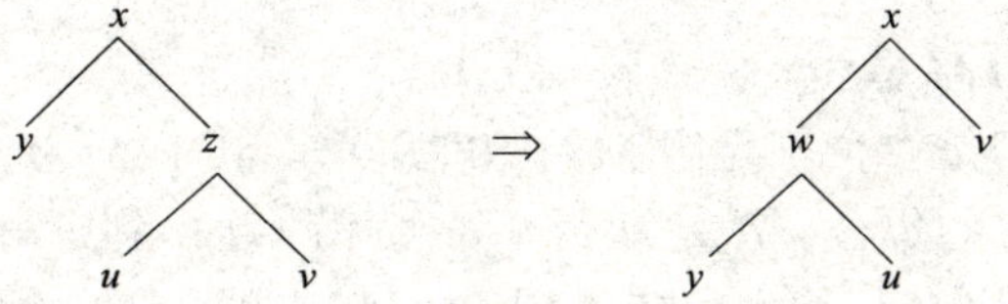

图 2.1a

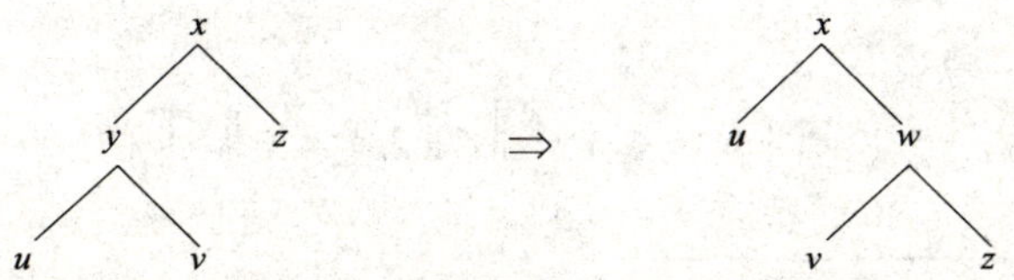

图 2.1b

可以看出，图 2.1a 和图 2.1b 除标号上的差别，实际上一个是自左向右的推出，一个是自右向左的推出，二者是对称图表，合并之后如图 2.2 所示：

图 2.2 2.1a 和 b 所表示的结合关系互推图

从语言生成的角度看，这个框架恰好说明了语句的生成不受语词结合方向的影响，避免了伪歧义的困扰。以主谓句“小李喜欢小赵”①为例，令 x = 小李喜欢小赵，y = 小李，z = 喜欢小赵，u = 喜欢，v = 小赵，w = 小李喜欢，图 2.2 就可以更直观地表现为此句的两种结构分析：[小李[喜欢小赵]]和[[小李喜欢]小赵]。（如图 2.3）这说明，不管“喜欢”与其宾语“小赵”先结合，还是与其主语“小李”先结合，两种结构分析相互等价。

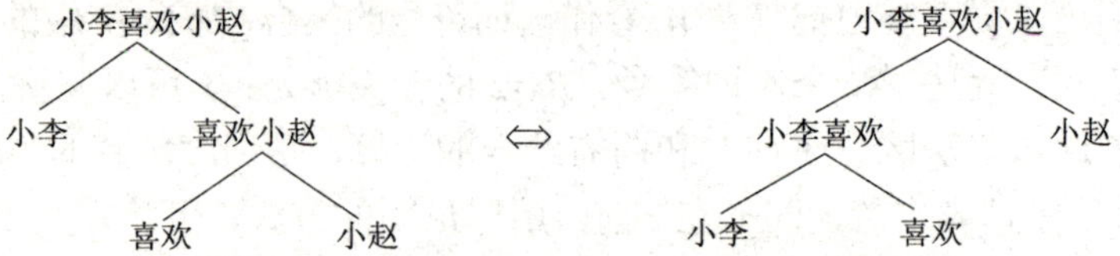

图 2.3 “小李喜欢小赵”的结合框架图

为框架 F 给出一个解释函数 f，便可得到满足 TLG 的一个模型。

定义 11 TLG 模型

TLG 的模型是一个三元组 $M = \langle W, R, f\rangle$，其中，$\langle W, R\rangle$是结合框架，$W$ 是语言符号串的集合，R 是从两个符号串毗连得到第三个符号串的三元关系，$R \subseteq W^3$，f 是从基本范畴集到 W 子集上的函项。原子范畴以及复合范畴的语义解释为：

$$\|p\|_{\mathcal{M}} = f(p) \subseteq W$$

$$\|A \bullet B\|_{\mathcal{M}} = \{x \mid \exists y \exists z[Rxyz \,\&\, y \in \|A\|_{\mathcal{M}} \,\&\, z \in \|B\|_{\mathcal{M}}]\}$$

---

① 本书在使用汉语例句时，均假定分词工作已经完成，语句分析过程中词与词之间的边界是清晰的。

$\|A\backslash B\|_{\mathcal{M}} = \{z|\forall y\forall x[Rxyz \ \& \ y \in \|A\|_{\mathcal{M}} \Rightarrow x \in \|B\|_{\mathcal{M}}]\}$

$\|A/B\|_{\mathcal{M}} = \{y|\forall z\forall x[Rxyz \ \& \ z \in \|B\|_{\mathcal{M}} \Rightarrow x \in \|A\|_{\mathcal{M}}]\}$

有了系统的模型，就可以考虑系统在模型中的可靠性和完全性。对于TLG系统中的推演，如果系统中的公理在模型中有效、且规则**保持有效性**，那么系统就是**可靠的**；反过来，如果模型中有效的公式都是依据系统公理和规则**可推出的**，那么该系统就是**完全的**。下面来证明TLG公理表述的可靠性和完全性。

三、可靠性和完全性

定理1　TLG是可靠并完全的。

可靠性：如果TLG $\vdash A \to B$，则$\|A\|_{\mathcal{M}} \subseteq \|B\|_{\mathcal{M}}$。[①]

证明：

公理a的有效性可以直接从$\|A\|_{\mathcal{M}} \subseteq \|A\|_{\mathcal{M}}$得到。

公理b的有效性：令 $x \in \|(A \cdot B) \cdot C\|_{\mathcal{M}}$，于是得

$\exists yz[Rxyz \ \& \ y \in \|A \cdot B\|_{\mathcal{M}} \ \& \ z \in \|C\|_{\mathcal{M}}]$

取出$y \in \|A \cdot B\|_{\mathcal{M}}$，有

$\exists wu[Rywu \ \& \ w \in \|A\|_{\mathcal{M}} \ \& \ u \in \|B\|_{\mathcal{M}}]$

取出$Rxyz$，$Rywu$，根据结合框架的语义有

$\exists v[Rvuz \ \& \ Rxwv]$

取出$Rvuz$，$u \in \|B\|_{\mathcal{M}}$，$z \in \|C\|_{\mathcal{M}}$，根据积算子的语义定义有

得到$v \in \|B \cdot C\|_{\mathcal{M}}$

因为$w \in \|A\|_{\mathcal{M}}$，$Rxwv$，根据积算子的语义定义有

所以得$x \in \|A \cdot (B \cdot C)\|_{\mathcal{M}}$

反方向证明相同。

规则c保持有效性：令前提有效，即

① $\forall xyz[Rxyz \ \& \ y \in \|A\|_{\mathcal{M}} \ \& \ z \in \|B\|_{\mathcal{M}} \to x \in \|C\|_{\mathcal{M}}]$，

且令结论的前件有效，即有$w \in \|A\|_{\mathcal{M}}$

因为y和w均为语义范畴为A的点，

将①式中的y替换为w，并将条件弱化，得

---

① 以下在不引起混淆的情况下，将TLG $\vdash A \to B$简记为$\vdash A \to B$。

$\forall xwz[Rxwz \ \& \ z \in \|B\|_{\mathcal{M}} \rightarrow x \in \|C\|_{\mathcal{M}}]$

则依据“/”的模型论定义，直接有

$w \in \|C/B\|_{\mathcal{M}}$

同理可证得 d。

规则 e 保持有效性：令前提有效，即

$\forall xyz[Rxyz \ \& \ y \in \|A\|_{\mathcal{M}} \ \& \ z \in \|B\|_{\mathcal{M}} \rightarrow x \in \|C\|_{\mathcal{M}}]$

将其弱化得：

$\forall x \exists yz[Rxyz \ \& \ y \in \|A\|_{\mathcal{M}} \ \& \ z \in \|B\|_{\mathcal{M}} \rightarrow x \in \|C\|_{\mathcal{M}}]$

令结论的前件有效，令 $u \in \|A \bullet B\|_{\mathcal{M}}$，所以有 $\exists vw[Ruvw \ \& \ v \in \|A\|_{\mathcal{M}} \ \& \ w \in \|B\|_{\mathcal{M}}]$，置换变元并做 MP 消去，得到

$u \in \|C\|_{\mathcal{M}}$

同理可以证得 f。

规则 g 保持有效性可通过对箭头使用 MP 规则得到。 ■

完全性：需证明在所有 TLG 模型下的有效式都是 TLG 系统可推出的。

首先构造 TLG 的典范模型 $\mathcal{M} = \langle W, R, f \rangle$，$W$ 是包含所有 TLG 范畴的集合。

对于所有原子范畴：$f(p) = \{A \mid \vdash A \rightarrow p\}$，

关系 R 被定义为：$RABC$ *iff* $\vdash A \rightarrow B \bullet C$

系统的完全性可以通过下面真值引理的证明而获证：

真值引理 1：在典范模型 $\mathcal{M}$ 中，对于所有范畴 A、B，都有

$A \in \|B\|_{\mathcal{M}}$ *iff* $\vdash A \rightarrow B$

证明：施归纳于 B 的结构。

如果 B 是原子范畴，根据前面的典范模型定义，题设成立。

$B = C \bullet D$ 的情况：

令 $A \in \|C \bullet D\|_{\mathcal{M}}$，根据积算子的语义定义得，$A \in \{x \mid \exists yz[Rxyz \ \& \ y \in \|C\|_{\mathcal{M}} \ \& \ z \in \|D\|_{\mathcal{M}}]\}$，即存在 A_1，A_2，使得 $RAA_1A_2 \ \& \ A_1 \in \|C\|_{\mathcal{M}} \ \& \ A_2 \in \|D\|_{\mathcal{M}}$。据归纳假设有 $\vdash A_1 \rightarrow C$ 和 $\vdash A_2 \rightarrow D$。据积算子的单调律得，$\vdash A_1 \bullet A_2 \rightarrow C \bullet D$。据 RAA_1A_2 和 R 在典范模型中的定义有：$\vdash A \rightarrow A_1 \bullet A_2$。传递得 $\vdash A \rightarrow C \bullet D$。

设$\vdash A \to C \cdot D$，在典范模型中有$RACD$。在系统中有$\vdash C \to C$和$\vdash D \to D$，据归纳假设得：$C \in \|C\|_{\mathcal{M}}$，$D \in \|D\|_{\mathcal{M}}$，根据积算子的语义定义得：$A \in \|C \cdot D\|_{\mathcal{M}}$。

$B = C/D$的情况：

令$A \in \|C/D\|_{\mathcal{M}}$，根据"/"的语义定义得：$\forall yz[RzAy \,\&\, y \in \|D\|_{\mathcal{M}} \to z \in \|C\|_{\mathcal{M}}]$。即，若$R(A \cdot D)AD$并且$D \in \|D\|_{\mathcal{M}}$则$A \cdot D \in \|C\|_{\mathcal{M}}$；已知$\vdash A \cdot D \to A \cdot D$和$\vdash D \to D$，据典范模型的定义得：$R(A \cdot D)AD$，据归纳假设得：$\vdash D \to D$；所以有$\vdash A \cdot D \to C$；据L规则得：$\vdash A \to C/D$。

设$\vdash A \to C/D$；据L规则得：$\vdash A \cdot D \to C$；假设$ReAd$且$d \in \|D\|_{\mathcal{M}}$，据典范模型定义得：$\vdash e \to A \cdot d$和$\vdash d \to D$。据单调律得：$\vdash A \cdot d \to A \cdot D$。多次传递：$\vdash e \to C$；据归纳假设得：$e \in \|C\|_{\mathcal{M}}$。最后得：$ReAd$且$d \in \|D\|_{\mathcal{M}} \to e \in \|C\|_{\mathcal{M}}$，根据右斜线算子的语义定义，得$A \in \|C/D\|_{\mathcal{M}}$。

$B = C\backslash D$的证明类似。

真值引理1获证。 ■

最后证明每一个TLG有效式都是TLG可推出的：令$\|A\|_{\mathcal{M}} \subseteq \|B\|_{\mathcal{M}}$。假设$A \to B$不是TLG可推出的，据真值引理1，有$A \notin \|B\|_{\mathcal{M}}$。据公理$A \to A$总有：$A \in \|A\|_{\mathcal{M}}$。因此推出：并非$\|A\|_{\mathcal{M}} \subseteq \|B\|_{\mathcal{M}}$，与题设矛盾。所以每一个TLG有效式都是TLG可推出的。

所以，TLG系统是可靠并完全的。 ■

这种在关系框架下对类型逻辑系统进行解释的方法具有普遍性。许多学者在解决实际语言问题时对类型逻辑框架加以扩充，之后仍可以使用以上方法得到新系统，如Jäger（2005）为其带受限的缩并规则的兰贝克演算系统LLC（Lambek Calculus with Limited Contraction）构建了一个四元框架，并证明了LLC公理表述的可靠和完全。我们在第五章第二节也将利用类似方法，给出带受限的缩并规则和强缩并规则的兰贝克演算系统LLCW′的框架语义，并证明该系统的可靠性和完全性。

公理表述是做模型论探讨的合适工具，但是，它在证明论上存在缺陷：给定一个范畴推演$A \to B$，在TLG的公理系统内部，无法判定它是否是TLG

系统中可推出的。原因在于，TLG 包含传递规则，在从 $A \to B$ 和 $B \to C$ 得到 $A \to C$ 的推理中，词项 B 只是一个中介项，只在推理过程中存在，所以有无数种可能，我们绝不可能给出所有的 B。因此，公理表述无法判断系统是否可判定。若要讨论系统的可判定性，需要借助具有子公式性质的根岑表述完成。

第三节 根 岑 表 述

上一节我们给出了 TLG 的公理表述，本节将给出根岑表述，讨论 TLG 的可判定性问题，并证明 TLG 的公理表述与根岑表述等价。

一、根岑表述

与兰贝克演算有关的一个著名逻辑问题就是它的**判定性**（Decidability）。由于传递规则的缺陷，兰贝克借鉴根岑用来判定直觉主义命题演算的判定性的方法，构造与公理系统等价的**矢列系统**（亦称**根岑系统/根岑风格的矢列系统**）。兰贝克通过证明根岑系统的可判定性来证明兰贝克演算系统的可判定性，我们将这种系统表述称之为**根岑表述**。

首先看矢列的定义：

定义 12 矢列（Sequent）

$C_1, \ldots, C_n \Rightarrow C_0$ 是一个矢列，当且仅当它由一个前件公式序列 $C_1, \ldots, C_n$ 和一个后件公式 C_0 组成，前件和后件之间是推出关系。

可以将前件的公式序列进一步抽象为公式集Γ，将整个矢列表示为 $\Gamma \Rightarrow B$，即由公式集和范畴组成的序对（Γ, B），若公式集Γ中包含公式Δ的出现，则记为Γ[Δ]。TLG 系统的根岑演绎图示如定义 13 所示：

定义 13 TLG 的根岑演绎图示

（1）$\dfrac{}{A \Rightarrow A} Ax$　　（2）$\dfrac{X, A \Rightarrow B}{X \Rightarrow B/A} /R$

（2′）$\dfrac{X \Rightarrow A \quad Y, B, Z \Rightarrow C}{Y, B/A, X, Z \Rightarrow C} /L$　　（3）$\dfrac{A, X \Rightarrow B}{X \Rightarrow A \backslash B} \backslash R$

（3′）$\dfrac{X \Rightarrow A \quad Y, B, Z \Rightarrow C}{Y, X, A \backslash B, Z \Rightarrow C} \backslash L$　　（4）$\dfrac{X \Rightarrow A \quad Y \Rightarrow B}{X, Y \Rightarrow A \bullet B} \bullet R$

（4′）$\dfrac{X,A,B,Y \Rightarrow C}{X,A \bullet B,Y \Rightarrow C} \bullet L$　　（5）$\dfrac{\Delta \Rightarrow A \quad \Gamma,A,\Gamma' \Rightarrow B}{\Gamma,\Delta,\Gamma' \Rightarrow B} Cut$

在每个演绎图示中，横线上面为证明的假设**前提**（Assumption），下面为**结论**（Conclusion），每个前提和结论都由一个或两个矢列组成。定义 13 一共给出 5 组规则。（1）是唯一的公理，刻画了根岑表述的自返性，说明任何范畴都可以不需要任何前提从自身推出。（2）–（4）说明对于每一个连结词，都有一条**使用规则** *L*（Rule of Use）和一条**证明规则** *R*（Rule of Proof），这两种规则能够分别在结论的前件和后件（即推出符左侧和右侧位置）引入相应的连结词，所以又被分别称为**左规则**（Left Rule）和**右规则**（Right Rule）。（5）是根岑表述的特色—**切割规则**（也称 *Cut* 规则），它对应公理表述的传递律，以下将证明，*Cut* 规则在根岑系统中可以被消去，不增加新的系统规则。由此，避免了类似传递律在公理表述做系统可判定性时遇到的障碍。从**切割消去定理**直接可以得到系统具有**子公式性质**的推论，保证证明可以在有限数目里追溯回系统公理。在此基础上，只要再证明 TLG 的公理表述与根岑表述等价，就可以得到 TLG 的可判定性。

定义 13 中（2）–（4）是系统的**衍生推理规则**（Derived Rules），均可以使用连结词的基本逻辑规则从公理[*Ax*]推出。*Cut* 规则与（2）–（4）不同，它是**系统所允许的规则**（Admissible Rule），因为系统的其他规则都可以使用不含切割公式的形式表示出来，它的存在不会增加系统的定理集。如果能够证明切割公式可以在根岑表述的公理集中消去，则保证了所有证明过程均可终结，即可得到系统的可判定性。

二、可判定性

首先证明切割消去定理。

定义 13 给出 *Cut* 规则如下：

（5）$\dfrac{\Delta \Rightarrow A \quad \Gamma,A,\Gamma' \Rightarrow B}{\Gamma,\Delta,\Gamma' \Rightarrow B} Cut$

Cut 规则的主要想法是，如果假设前提中一个前提矢列Φ的**后件** *A* 在另一个前提矢列Φ′的**前件**中出现，则可将Φ的前件插入Φ′中 *A* 的位置，得到的结论不变。切割过程中，（5）中被切割掉的 *A* 之类的公式叫做**切割公**

式（Cut Formula），简称 *Cut*。在 TLG 的根岑表述中，所有逻辑规则°*L* 和°*R* 都会引入一个新连结词，含有这个新连结词的新公式被称为**活动公式**（Active Formula）。由于（1）–（4）的结论中都引入了小于等于一个连结词，自底向顶回溯的过程是连结词逐渐减少的过程，所以证明的步骤数一定是有穷的，如果能够证明 *Cut* 规则是可以消去的，矢列 $X \Rightarrow A$ 就是可判定的。

证明切割消去定理需要借助切割复杂度的概念。

定义 14　切割的复杂度（Degree of the Cut）

切割公式 *X* 的复杂度 $d(X)$等于 *X* 中连结词出现的次数。

如（5）的复杂度 $d(5)$为：$d(\Delta) + d(A) + d(\Gamma) + d(\Gamma') + d(B)$。

由于切割规则本身不含联结词的引入或消去，所以它不能从其他定理推出。要证明它是系统所承认的定理，即在系统中增加或减少它不会改变系统的定理集，可以通过归纳假设，施归纳于活动公式的复杂度，证明 TLG 中的每个推演，都可以用不含 *Cut* 规则的形式表示出来。如果进行自下而上的证明搜索，由于 *Cut* 规则每使用一次，前提减少一个切割公式，矢列前提的复杂度将或者大于、或者等于结论的复杂度。逐层向上，与其他连结词规则一同，最终也可以还原为不含连结词的矢列。

定理 2　切割消去定理

系统中的每个矢列都可以用一个不含 *Cut* 规则的证明形式表示。

只需证明，*Cut* 规则本身可以用不含 *Cut* 规则的证明过程得到。即：*Cut* 规则结论的深度总是或者大于、或者等于前提的深度。仔细观察 *Cut* 规则，除了活动公式之外，结论中其他公式都是在前提中出现过的，不影响公式的深度，所以只需考虑活动公式可能具有的几种子情况。如果不停进行切割操作，最后就可以消去所有的活动公式。

证明：共分三种子情况：

情况 1：***Cut* 公式的两个前提之一为[*Ax*]**，这种情况因为没有使用连结词规则，所以没有引入新的活动公式。

a. $\Delta \Rightarrow A$ 为[*Ax*]，则$\Delta = A$，所以 *Cut* 规则的另一个前提与结论相同：

$$\frac{A \Rightarrow A \quad \Gamma, A, \Gamma' \Rightarrow B}{\Gamma, A, \Gamma' \Rightarrow B}$$

b. $\Gamma, A, \Gamma' \Rightarrow B$ 为[*Ax*]，则$\Gamma = \Gamma' = \varnothing$且 $A = B$。则另一个前提$\Delta \Rightarrow A$ 与结论$\Delta \Rightarrow B$ 等同：

$$\frac{\Delta \Rightarrow A \quad A \Rightarrow A}{\Delta \Rightarrow A}$$

情况 2：**两个前提矢列都是使用了逻辑规则的结果，且在一个前提中，活动公式不是 *Cut* 公式**。对于这种情况，连结词的引入规则与 *Cut* 规则的使用可以替换，并将切割推理向上推了一步。因为在转换形式中，活动公式中的连结词仅出现在结论中，所以使得切割前提的复杂度降低了。需要分别讨论三种连结词，以下以左斜线算子情况为例：

a. 左前提中的活动公式 $A_2\backslash A_1$ 不是 *Cut* 公式，*Cut* 规则与[\L]换了位置，向上移了一步：

$$\frac{\dfrac{\Delta_2 \Rightarrow A_2 \quad \Delta_1, A_1, \Delta_3 \Rightarrow A}{\Delta_1, \Delta_2, A_2 \backslash A_1, \Delta_3 \Rightarrow A}\backslash L \qquad \Gamma, A, \Gamma' \Rightarrow B}{\Gamma, \Delta_1, \Delta_2, A_2 \backslash A_1, \Delta_3, \Gamma' \Rightarrow B}Cut$$

$$\Downarrow$$

$$\frac{\Delta_2 \Rightarrow A_2 \qquad \dfrac{\Delta_1, A_1, \Delta_3 \Rightarrow A \quad \Gamma, A, \Gamma' \Rightarrow B}{\Gamma, \Delta_1, A_1, \Delta_3, \Gamma' \Rightarrow B}Cut}{\Gamma, \Delta_1, \Delta_2, A_2 \backslash A_1, \Delta_3, \Gamma' \Rightarrow B}\backslash L$$

“/*L*”和“ • *L*”情况类似。

b. 右前提中的活动公式 $A_2\backslash A_3$ 不是 *Cut* 公式，切割规则也可以向上移动一步：

$$\frac{\Delta_1 \Rightarrow A_1 \qquad \dfrac{\Delta_2 \Rightarrow A_2 \quad \Gamma, A_1, A_3, \Gamma' \Rightarrow B}{\Gamma, A_1, \Delta_2, A_2 \backslash A_3, \Gamma' \Rightarrow B}\backslash L}{\Gamma, \Delta_1, \Delta_2, A_2 \backslash A_3, \Gamma' \Rightarrow B}Cut$$

$$\Downarrow$$

$$\frac{\Delta_2 \Rightarrow A_2 \qquad \dfrac{\Delta_1 \Rightarrow A_1 \quad \Gamma, A_1, A_3, \Gamma' \Rightarrow B}{\Gamma, \Delta_1, A_3, \Gamma' \Rightarrow B}Cut}{\Gamma, \Delta_1, \Delta_2, A_2 \backslash A_3, \Gamma' \Rightarrow B}\backslash L$$

“/*L*”和“ • *L*”两种情况的证明类似。

情况 3：**两个前提矢列都是使用了逻辑规则的结果，且切割公式在两个前提中都是活动公式**。假设 *Cut* 公式为 $A_1{\circ}A_2$ 形式。因为它在左、右前提中分别是后件和前件，所以 *Cut* 推理的两个前提应分别为使用$\circ R$ 和$\circ L$ 得到的结果，因此 *Cut* 公式的两个子公式 A_1、A_2 可以分别在前提中出现一次，结论中出现一次，最终得到同样的结论。但因为 *Cut* 公式从 $A_1 \circ A_2$ 转换为 A_1，所以复杂度自然降低了。仍设°为左斜线算子“\”：

$$\dfrac{\dfrac{A_2,\Delta_1 \Rightarrow A_1}{\Delta_1 \Rightarrow A_2 \backslash A_1}\backslash R \quad \dfrac{\Delta_2 \Rightarrow A_2 \quad \Gamma, A_1, \Gamma' \Rightarrow B}{\Gamma, \Delta_2, A_2 \backslash A_1, \Gamma' \Rightarrow B}\backslash L}{\Gamma, \Delta_2, \Delta_1, \Gamma' \Rightarrow B} Cut$$

$$\Downarrow$$

$$\dfrac{\dfrac{\Delta_2 \Rightarrow A_2 \quad A_2, \Delta_1 \Rightarrow A_1}{\Delta_2, \Delta_1 \Rightarrow A_1} Cut \quad \Gamma, A_1, \Gamma' \Rightarrow B}{\Gamma, \Delta_2, \Delta_1, \Gamma' \Rightarrow B} Cut$$

“/*L*”和“·*L*”两种情况的证明类似。 ■

因此，在每种情况中，切割推理都可以转换为复杂度更低的推理图示。反复进行此操作，可以将每个证明最终都转换为不含 *Cut* 公式的证明。

从切割消去定理可以直接得到 TLG 的根岑表述具有子公式性质的推论：

推论 1　子公式性质

TLG 的根岑表述具有子公式性质，即除了 *Cut* 规则外，每个根岑规则前提中的每个公式都是结论中某个公式的子公式。

证明：除 *Cut* 规则外，矢列规则包括[*Ax*]，°*L*，°*R*。

[*Ax*]的前提为∅，∅为任何公式的子公式。

°*L* 和°*R* 分别向结论的前件和后件引入了新连结词，得到 $A_1 \circ A_2$，其子公式 A_1、A_2 分别为前提中的公式，所以断言成立。

因此，在根岑推演过程中，每一步的结论都能够用复杂度相同或更低的前提得到，向上回溯，反复操作，最终一定能还原为[*Ax*]。所以，TLG 的根岑表述是可判定的。 ■

以下证明 TLG 的根岑表述与公理表述等价。

三、公理表述与根岑表述等价

首先建立两种表述的对应。在公理表述中，两个范畴矢列 *X* 和 *Y* 之间的直接毗连由积算子实现，即 $X \bullet Y$，公式之间的推出关系由箭头表示为：$A \to B$；而在根岑表述中，两个范畴序列之间由逗号“,”隔开，公式集Γ与公式 *B* 之间的推出关系用双箭头表示为：$\Gamma \Rightarrow B$。给定一个从逗号“,”到积算子“•”

的映射σ（即，两个连续范畴序列到积算子的映射），σ在积算子上封闭：

定义 15 · –封闭（Jäger 2005：55）

1. $\sigma(A)=A$
2. $\sigma(X, A)=\sigma(X)\bullet A$

定理 3　TLG 系统的公理表述与根岑表述等价。

证明：先证根岑表述中的定理都可以在公理表述中推出：

即，如果在根岑表述中有$\Gamma \Rightarrow B$，则在公理表述中可以推出$\sigma(\Gamma)\to B$。

① 当$\Gamma = B$时，$\sigma(B)\to B$，为公理表述的同一律，对应[Ax]；

② *Cut* 规则可以消去；

③ 从（c）可以得到$/R$，从（c′）可以得到$\backslash R$；

④ 从定义 15，可以直接得到$\bullet L$，而由公理表述的推论（m）可直接得到$\bullet R$；

⑤ 只剩$/L$和$\backslash L$两条规则。先证$/L$：

a. 当Γ，Γ'为空时，$\dfrac{\dfrac{A\to C \quad \sigma(\Delta)\to B}{A/B\to C/\sigma(\Delta)}n}{A/B\bullet\sigma(\Delta)\to C}e$；

b. 当Γ为空，Γ'不空时，需证$\dfrac{\sigma(\Delta)\to B \quad A\bullet\sigma(\Gamma')\to C}{A/B\bullet\sigma(\Delta)\bullet\sigma(\Gamma')\to C}$：

$$\dfrac{\dfrac{\dfrac{\dfrac{A\bullet\sigma(\Gamma')\to C}{A\to C/\sigma(\Gamma')}c \quad \sigma(\Delta)\to B}{A/B\to(C/\sigma(\Gamma'))/\sigma(\Delta)}n}{A/B\bullet\sigma(\Delta)\to C/\sigma(\Gamma')}e}{(A/B\bullet\sigma(\Delta))\bullet\sigma(\Gamma')\to C}e\text{；}$$

c. 当Γ不空，Γ'为空时，需证$\dfrac{\sigma(\Delta)\to B \quad \sigma(\Gamma)\bullet A\to C}{\sigma(\Gamma)\bullet(A/B\bullet\sigma(\Delta))\to C}$：

$$\dfrac{\dfrac{\dfrac{\dfrac{\sigma(\Gamma)\bullet A\to C}{A\to\sigma(\Gamma)\backslash C}d \quad \sigma(\Delta)\to B}{A/B\to(\sigma(\Gamma)\backslash C)/\sigma(\Delta)}n}{A/B\bullet\sigma(\Delta)\to\sigma(\Gamma)\backslash C}e}{\sigma(\Gamma)\bullet(A/B\bullet\sigma(\Delta))\to C}f\text{；}$$

d. 当Γ，Γ'均不为空时，需证 $\dfrac{\sigma(\Delta)\to B \qquad \sigma(\Gamma)\bullet A\bullet\sigma(\Gamma')\to C}{\sigma(\Gamma)\bullet(A/B\bullet\sigma(\Delta))\bullet\sigma(\Gamma')\to C}$：

$$\dfrac{\dfrac{\dfrac{\dfrac{\dfrac{\dfrac{\dfrac{\sigma(\Gamma)\bullet A\bullet\sigma(\Gamma')\to C}{A\bullet\sigma(\Gamma')\to\sigma(\Gamma)\backslash C}d}{A\to(\sigma(\Gamma)\backslash C)/\sigma(\Gamma')}c \qquad \sigma(\Delta)\to B}{A/B\to(\sigma(\Gamma)\backslash C)/\sigma(\Gamma')/\sigma(\Delta)}n}{A/B\bullet\sigma(\Delta)\to(\sigma(\Gamma)\backslash C)/\sigma(\Gamma')}e}{(A/B\bullet\sigma(\Delta))\bullet\sigma(\Gamma')\to\sigma(\Gamma)\backslash C}e}{\sigma(\Gamma)\bullet(A/B\bullet\sigma(\Delta))\bullet\sigma(\Gamma')\to C}f}{}$$

$\backslash L$ 的情况证明类似。

因此，可以从公理系统推出根岑系统。

再证公理表述中的定理都可以从根岑表述中推出：

即，如果在公理表述中可以推出σ(Γ)→B，则在根岑表述中可以推出Γ⇒B。

① Γ=B 时，有 B⇒B，对应得到公理系统的同一律。

② 仅使用[Ax]推出可以双向互推的结合律 b. $(A\bullet B)\bullet C\leftrightarrow A\bullet(B\bullet C)$：

自左向右：
$$\dfrac{\dfrac{\dfrac{\overline{A\Rightarrow A}\,Ax \qquad \dfrac{\overline{B\Rightarrow B}\,Ax \qquad \overline{C\Rightarrow C}\,Ax}{B,C\Rightarrow B\bullet C}\bullet R}{A,B,C\Rightarrow A\bullet(B\bullet C)}\bullet R}{A\bullet B,C\Rightarrow A\bullet(B\bullet C)}\bullet L}{(A\bullet B)\bullet C\Rightarrow A\bullet(B\bullet C)}\bullet L$$

自右向左：
$$\dfrac{\dfrac{\dfrac{\dfrac{\overline{A\Rightarrow A}\,Ax \qquad \overline{B\Rightarrow B}\,Ax}{A,B\Rightarrow A\bullet B}\bullet R \qquad \overline{C\Rightarrow C}\,Ax}{A,B,C\Rightarrow(A\bullet B)\bullet C}\bullet R}{A,B\bullet C\Rightarrow(A\bullet B)\bullet C}\bullet L}{A\bullet(B\bullet C)\Rightarrow(A\bullet B)\bullet C}\bullet L$$

③ 使用前提假设和[Ax]推出定理（c）–（f）：

（c）
$$\dfrac{\dfrac{\dfrac{\dfrac{\overline{A\Rightarrow A}\,Ax \qquad \overline{B\Rightarrow B}\,Ax}{A,B\Rightarrow A\bullet B}\bullet R}{A\Rightarrow(A\bullet B)/B}/R \qquad \dfrac{A\bullet B\Rightarrow C \qquad \overline{B\Rightarrow B}\,Ax}{(A\bullet B)/B,B\Rightarrow C}/L}{A,B\Rightarrow C}Cut}{A\Rightarrow C/B}/R$$

（d）的证明过程相似。

$$\text{(e)}\quad \dfrac{\dfrac{A \Rightarrow C/B \quad \dfrac{}{B \Rightarrow B}Ax}{A,B \Rightarrow (C/B)\bullet B}\bullet R \qquad \dfrac{\dfrac{\dfrac{}{B \Rightarrow B}Ax \quad \dfrac{}{C \Rightarrow C}Ax}{C/B,B \Rightarrow C}/L}{(C/B)\bullet B \Rightarrow C}\bullet L}{\dfrac{A,B \Rightarrow C}{A \Rightarrow B\backslash C}\backslash R}Cut$$

（f）的证明过程相似。

④（g）是 *Cut* 规则在Δ为单一范畴，$\Gamma = \Gamma' = \varnothing$时的特例。

因此，**从根岑表述也能推出公理表述**。

将两部分证明合并，进而得到两种表述等价。 ■

于是，可以得到：

定理 4 （Lambek1958）L 是可判定的。

由此，以兰贝克演算为句法基础的 TLG 是可以判定的。

四、根岑表述的结构规则

如果将各种逻辑系统均以矢列形式表示出来，那么**子结构逻辑**（Substructural Logics）就是一组逻辑系统，它们包含经典逻辑中的一些结构规则，兰贝克演算也属于子结构逻辑。笼统地讲，以经典命题逻辑的矢列系统 LK 为例，除 *Cut* 规则之外，LK 还包含以下三条结构规则：（Ono 2003）

缩并规则 C（Contraction Rule）：

$$\dfrac{\Gamma,\ \alpha,\ \alpha,\ \Sigma \Rightarrow \Delta}{\Gamma,\ \alpha,\ \Sigma \Rightarrow \Delta}C$$

弱化规则 WE（Weakening Rule）：[①]

$$\dfrac{\Gamma,\ \Sigma \Rightarrow \Delta}{\Gamma,\ \alpha,\ \Sigma \Rightarrow \Delta}WE$$

置换规则 P（Permmutative Rule）：

---

① Ono 用 *W* 表示弱化规则，这里为区分即将介绍的强缩并规则 *W*，将弱化规则标为 *WE*，也叫单调规则。

$$\frac{\Gamma,\alpha,\beta,\Sigma\Rightarrow\Delta}{\Gamma,\beta,\alpha,\Sigma\Rightarrow\Delta}P$$

缩并规则 C 允许重复使用前提中的假设条件，或者说，每个假设条件可以使用不止一次；**弱化规则 WE** 允许在证明过程中增加冗余的假设，其假设可以从前提中的"Γ，Σ"变成更弱的"Γ，α，Σ"；**置换规则 P** 则允许在证明过程中交换假设的顺序。出于不同的需求，一个矢列系统有的时候只希望突出某种性质，而有时候则需要同时满足三条规则所具有的性质。在不含缩并规则的系统中，前提中的假设在证明过程中都至多使用一次；系统如果不含弱化规则，则前提中的每个假设都至少使用一次，或者说，都被用掉，使得假设没有冗余；而在不含有置换规则的矢列系统中，前提中的假设若出现顺序不同，则所得推导结果亦不相同。

从结构规则所表示的内涵来看，如果一个矢列系统不包含 *WE*, *C* 和 *P*，那么前提假设就能且只能使用一次，且要区分假设之间的出现顺序，这就是类型逻辑语法的句法核心理论 **L**；如果这个矢列系统只包含 *P*，那么就要求每个前提假设都只使用一次，即**线性逻辑**（Linear Logic）；如果系统包含 *P* 和 *C*，则前提中不允许出现冗余的假设、或者说不相干的假设，得到的就是**相干逻辑**（Relevant Logic）。用图表可以表示为如表 2.1 所示：

表 2.1　　子结构逻辑与结构规则

逻 辑 系 统	结 构 规 则
经典命题逻辑	*WE*, *C*, *P*
相干逻辑	*C*, *P*
线性逻辑	*P*
兰贝克演算	—

子结构逻辑中的结构规则还可以更加精细化。比如，Restall（2000：26）区分了**强缩并规则**和**弱缩并规则**，二者互不矛盾，一个系统中可以同时承认这两条规则。上面提到的 *C* 为**弱缩并规则**，**强缩并规则** *W* 的形式如（1）所示。*W* 可以缩并一个这样的假设β，β先与其左侧的假设α结合，β右侧相邻位置还有一个β假设。

（1）$\dfrac{\Gamma,(\alpha,\beta),\beta,\Sigma\Rightarrow\Delta}{\Gamma,\alpha,\beta,\Sigma\Rightarrow\Delta}W$

相比**弱缩并规则**，它对可被缩并的序列的要求更为严格。后面介绍的LLC系统是含有受限的弱缩并规则 *C* 的一个系统，我们在第五章构造的系统LLCW′是在LLC基础上还承认受限的强缩并规则 *W* 的一个系统。更详细讨论参见第三章第四节和第五章第二节。

总之，子结构逻辑对假设在前提中出现的顺序和次数敏感，也被称之为**资源敏感的逻辑**（Resource-Sensitive Logics）。

五、根岑表述与自然语言推演

在根岑表述中，运算的初始点都是从[*Ax*]出发的公式。如：

（2）John runs.

$$\dfrac{\overline{np \Rightarrow np} \quad \overline{s \Rightarrow s}}{np, \quad np \backslash s \Rightarrow s}\backslash L$$

图 2.4 （2）的根岑表述生成图

依据*L* 规则（重复为（3）），前提中的 *X* 和 *B* 为 JOHN′的范畴 *np*，*Y* 和 *Z* 均为空序列，*B* 和 *C* 为语句表达式 RUN′(JOHN′)对应的范畴 *s*(即 JOHN′与 RUN′毗连得到的结果)。

再如（3）的根岑生成图 2.5：

（3）John runs quickly.

$$\dfrac{\overline{np \backslash s \Rightarrow np \backslash s} \quad \dfrac{\overline{np \Rightarrow np} \quad \overline{s \Rightarrow s}}{np, np \backslash s \Rightarrow s}\backslash L}{np, np \backslash s, (np \backslash s) \backslash (np \backslash s) \Rightarrow s}\backslash L$$

图 2.5 （3）的根岑表述生成图

从（2）与（3）两句的根岑生成可以看出，根岑表述虽然适于解决系统的可判定性，但若用来做语句的形式生成，则缺乏直观性。另外，它在语义生成上还存在缺陷。图 2.4 和 2.5 中没有添加可以并行推演的语义，如果添加，因为根岑推演均从词库出发，以[*Ax*]定理开始，那么，对于所有能够得到的语句，任何与它相关的、包含语义表达式的词条序对都需要预存在词库中。比如（2）和（3）两句对应的词条 RUN′(JOHN′): *s* 和(Q′

(RUN′))(JOHN′): s。自然语言能够使用基本语词，按照一定的语法规则组词造句，有极其强大的能产性，所以在词库中提前列出所有可能得到的大大小小的词条信息，显然不是经济之选。

在现代逻辑那里，描述逻辑推理的形式系统有两种表述方式，一种是公理系统，一种是自然演绎系统（简称 ND 表述）。（邹崇理 2008a：67）ND 表述更符合人们进行证明推演的习惯，能够更直观地展示自然语言的毗连生成，便于直观的认知推演。下一节将做详细介绍。

本节讨论了 TLG 系统句法系统 L 的根岑表述，证明了根岑表述等价于公理表述。通过证明切割消去定理，说明每一个含有 *Cut* 规则的矢列推演都可以用一个不含 *Cut* 的推演形式表示出来，从而得到系统具有子公式性质，是可以判定的。随后，我们介绍了根岑表述中的几条结构规则，说明结构规则与系统性质的关系，为后面构造有特殊性质的子结构逻辑系统奠定必要的理论基础。最后，说明根岑表述虽然能够出色地解决系统的可判定问题，但并不适合做自然语言语句的推理。

第四节　ND 表述

一、ND 表述

在 ND 表述中，每一个连结词°都对应一条**消去规则**°***E***（Elimination Rule）和一条**引入规则**°***I***（Introduction Rule）。前者说明如何**使用**一个以该算子为主连结词的公式，后者说明如何**证明**或者**得到**一个以该算子为主连结词的公式，分别对应根岑表述的左规则和右规则。换言之，每一个推理步骤都可以看作是对下面两个问题的回答：对于任一连结词算子°，

① 从以°为主连结词的公式可以得到什么演算结果？

② 如何得到这样一个结论，使它从以°为主连结词的公式推理而来？（Gamut 1991a：128）

回答问题①的推理步骤遵循连结词°的消去规则°E，而回答问题②的推理步骤遵循°的引入规则°I。TLG 的 ND 表述给出如下：

定义 16　TLG 的 ND 表述

① $\dfrac{}{A \Rightarrow A}id$　　　② $\dfrac{Y \Rightarrow A \quad X, A, Z \Rightarrow B}{X, Y, Z \Rightarrow B}Cut$

③ $\dfrac{X, A \Rightarrow B}{X \Rightarrow B/A}/I$　　④ $\dfrac{X \Rightarrow A/B \quad Y \Rightarrow B}{X, Y \Rightarrow A}/E$

⑤ $\dfrac{A, X \Rightarrow B}{X \Rightarrow A\backslash B}\backslash I$　　⑥ $\dfrac{X \Rightarrow A \quad Y \Rightarrow A\backslash B}{X, Y \Rightarrow B}\backslash E$

⑦ $\dfrac{X \Rightarrow A \quad Y \Rightarrow B}{X, Y \Rightarrow A \bullet B}\bullet I$

⑧ $\dfrac{X \Rightarrow A \bullet B \quad Y, A, B, Z \Rightarrow C}{Y, X, Z \Rightarrow C}\bullet E$

容易看出，TLG 的 ND 规则与其根岑表述的规则之间具有明显的对应关系，① $\dfrac{}{A \Rightarrow A}id$ 对应[*Ax*]，*Cut* 规则②对应根岑矢列表述的 *Cut* 规则，°*I* 和°*E* 分别对应根岑表述中的°*R* 和°*L* 规则。Girard, Taylor & Lafont（1989）证明了两个系统的等价，并指出根岑证明到 ND 表述的映射是多对一的。于是我们有：

定理 5　TLG 的 ND 表述与根岑表述等价。

二、配以语义的 ND 表述

为了突出类型逻辑语法在句法和语义上的并行特点，矢列在类型逻辑语法中通常被看做是一种重写关系，记为 $C_1, \ldots, C_n \Rightarrow C_0$，表示范畴为 C_i 的表达式 e_i 可以毗连生成范畴为 C_0 的表达式符号串 $e_1 \ldots e_n$。现在令 C_i 为 α_i: A_i 形式的词条，α_i 是代表语义的λ–项，范畴 A_i 与它的语义类型具有固定的映射关系τ:（第一章中的定义 2）

定义 2　范畴到类型的对应

给定基本范畴集 **B**，τ是从 **CAT**（**B**）到类型集 **TYPE** 的一个函数。τ是范畴到类型的**对应函数**　当且仅当

$$\tau(A\backslash B) = \tau(B/A) = \langle \tau(A), \tau(B) \rangle$$

整个推演的出发点是词库，也就是说，衍生矢列与自然语言表达式通过词库联系起来：

定义 17　带语义的表达式矢列

$e_1\cdots e_n \Rightarrow \alpha: A$ 当且仅当 $e_i \Rightarrow \alpha_i: A_i \in$ LEX（$1\leqslant i\leqslant n$）且 $\alpha_1: A_1 \cdots \alpha_n: A_n \Rightarrow \alpha: A$。

表示语义的λ–项之间按照λ–演算规则进行抽象和应用。（有关λ–演算内容参照上一章关于 L_{vb} 的讨论）为定义 16 中的 ND 表述配上语义，得到 TLG 的加标 ND 演绎图示。（定义 18）

定义 18　TLG 的加标 ND 演绎图示

① $$\frac{}{x:A\Rightarrow x:A}id$$

② $$\frac{X\Rightarrow M:A \quad Y,x:A,Z\Rightarrow N:B}{Y,X,Z\Rightarrow N[M/x]:B}Cut$$

③ $$\frac{X,x:A\Rightarrow M:B}{X\Rightarrow \lambda xM:B/A}/I$$

④ $$\frac{X\Rightarrow M:A/B \quad Y\Rightarrow N:B}{X,Y\Rightarrow M(N):A}/E$$

⑤ $$\frac{x:A,X\Rightarrow M:B}{X\Rightarrow \lambda xM:A\backslash B}\backslash I$$

⑥ $$\frac{X\Rightarrow M:A \quad Y\Rightarrow N:A\backslash B}{X,Y\Rightarrow N(M):B}\backslash E$$

⑦ $$\frac{X\Rightarrow M:A \quad Y\Rightarrow N:B}{X,Y\Rightarrow \langle M,N\rangle:A\bullet B}\bullet I$$

⑧ $$\frac{X\Rightarrow M:A\bullet B \quad Y,x:A,y:B,Z\Rightarrow N:C}{Y,X,Z\Rightarrow N[(M)_0/x][(M)_1/y]:C}\bullet E$$

本节给出了 TLG 的 ND 表述、ND 表述与根岑表述的等价，并介绍了配以语义的 ND 表述，给出了加标的 ND 演绎图示，为以下介绍加标树模式表述提供了所需的预备知识。

第五节　加标树模式表述

一、加标与树模式

（一）加标

加标的树是一个加了标记、有穷有向不循环的图表序列，表示一种类似句法树的生成关系。加标树模式表述由 Jäger（2005: 129-137）提出，可使自然语言的类型逻辑推演更加直观的同时，能够展示带有语义解释的类型逻辑生成，实现了句法和语义的并行推演。

加标树模式表述与 ND 表述有两点主要区别：

a）加标树模式表述通过嘉贝的加标演绎方法，利用哈里–霍华德对应，展示了代表句法的自然演绎证明与代表语义的λ–项演算之间的同构，实现了句法和语义的并行推演。在类型逻辑语法的证明树上，**哈里–霍华德对应**表现为加类型的计算对象（即与句法范畴相匹配的代表语义的λ–项、有序对等）与兰贝克演算之间的一种对应，这个与自然演绎证明同构的λ–项也被称为**哈里–霍华德项**。b）在加标的证明树上，每一个节点都包含三个信息：哈里–霍华德项、句法范畴，以及该步运算所遵守的演算规则，前二者之间由冒号隔开。这样，词库中包含的就是类似以下形式的词条：

John：⟨JOHN′: *np*⟩　　runs：⟨ R′: *np**s*⟩　　quickly：⟨Q′: (*np**s*)\\(*np**s*)⟩

在推演开始之时，冒号前的自然语言表达式部分，由词库规则（a）与冒号后的词条部分关联起来：

（a）$\dfrac{e}{\alpha : A}Lex$

此时，类型逻辑语法的范畴词库变成了一个三元函项（即自然语言表达式、句法范畴和它到λ–演算的语义翻译式）的并集。Jäger（2005：12-13）在 L 词库的定义的基础上，给出了 TLG 的解释词库定义：

定义 19　TLG 的解释词库

给定字母表Σ，基本范畴集 **B**，对应函项τ，TLG 的解释词库 **LEX**

是非空子集、**CAT(B)**和λ–翻译式集 $\mathbf{EXP_a}$（类型为 a）之间的一个有穷子关系：

$$\bigcup_{A\in \mathrm{CAT(B)}} (\Sigma^{+} \times \{A\} \times \mathrm{EXP}_{\tau(A)})$$

TLG–解释词库中所有成分均由“自然语言表达式–范畴–表语义的λ–项”三部分组成。

定义 20　λ–项之间的化归（Jäger 2005: 33）[①]

$\lambda xM(N) \rightsquigarrow_{\beta} M[N/x]$	N 在 M 中对 x 自由
$\lambda x(Mx) \rightsquigarrow_{\eta} M$	x 不在 M 中自由
$(\langle M, N\rangle)_0 \rightsquigarrow_{\beta} M$	
$(\langle M, N\rangle)_1 \rightsquigarrow_{\beta} N$	
$\langle (M)_0, (M)_1\rangle \rightsquigarrow_{\eta} M$	

λ–项依据定义 20 做相应的划归，其中，$\langle M, N\rangle$是两个相邻λ–表达式在对象语言中的直接毗连，对应范畴句法中 M 的范畴和 N 的范畴的积算子毗连。$(\ )_0$和$(\ )_1$是投射函数，分别可以挑出括号中有序对的第一、第二个元素。

还有一种类似于逻辑中易字操作的**α–等价**，即：

$\lambda yM[y/x] = \lambda zM[z/x]$（$y$、$z$ 中 M 中不自由）。

α–等价、β–划归、η–划归合起来称作**αβη–等价**。通过αβη–等价，可以找到语义λ–项间的语义等值，并使语义生成范式化，保证对任意语义生成，总能给出最简单的一种生成方式。

加了语义标记之后，定义 15 给出的 • –封闭概念应对应更新为：

定义 21　加标 • –封闭

1. $\sigma(M: A) = M: A$
2. $\sigma(X, M: A) = \langle M, N\rangle: B \bullet A$　（其中$\sigma(X) = N: B$）

---

① $\rightsquigarrow_x$ 中的 x 表示是何种划归，$x = \alpha$ 时为α-划归，$x = \beta$时为β-划归，依此类推。

（二）树模式

“树模式”使得语言符号串的横向排列（如*M*(*N*)(*O*)的类型逻辑生成图2.6）变成了纵向树排列（如句法分解图2.7），这种安排更符合自然语言自上而下的生成过程。它与传统句法分析树具有相似性，能更深刻地体现语句分析过程中，直接成分以及相邻成分之间的关系。

图2.6和2.7相似度很高，但亦有区别。在*M*(*N*)(*O*)的二分叉树分析图2.7中，*M*(*N*)(*O*)**直接统治**（Immediate Dominance）*O*和*M*(*N*)，*M*(*N*)直接

$$\dfrac{O:A \qquad \dfrac{M:(A\backslash C)/B \quad N:B}{M(N):A\backslash C}/E}{M(N)(O):C}\backslash E$$

图 2.6

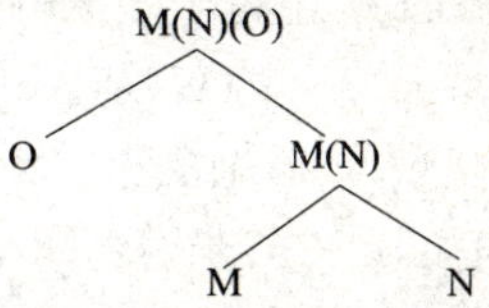

图 2.7

统治*M*和*N*；*O*和*M*(*N*)之间、*M*和*N*之间具有**居前关系**（Precedence）。与此分解过程相反，树模式的类型逻辑推演从词库出发，自上向下是由树叶到树根的推演过程，而且，在树模式的生成树上，不存在严格的二分叉的直接统治关系，一个根节点可以统治多个叶节点，也可以同时由多个母根节点统治。树模式中成分之间的关系是逻辑证明中的关系：*O*和*M*(*N*)同是*M*(*N*)(*O*)的前提，*M*和*N*同是*M*(*N*)的前提，*M*(*N*)(*O*)和*M*(*N*)分别是结论；而对于具有居前关系的*M*和*N*，*M*是*N*的**前驱**（Predecessor：对应矢列的前件），*N*是*M*的**后继**（Successor：对应矢列的后件）。**通过这种方式，将证明过程从矢列形式对应转换成为了“树”的形式。**

在**加标树模式表述**中，引入的假设在语义上一般用变元（如*x*）表示，相当于一个没有前提的结论树，演绎图示一般表示为：$\dfrac{\quad}{x}{}^{n}$。*x*为结论，横线上面的前提为空，横线右侧的*n*为假设的序数编号，表示它是第几个假设。这样的假设被称为是**未被解除的**，未被解除的假设要在得到完整的生成树之后，借助右斜线“/”或者左斜线“\”的引入规则将假设再解除（或者说“消去”）。如果生成完毕，引入的假设仍未被消去，换言之，在语义上未对*x*做λ–封闭，那么最后得到的语义λ–项是一个开公式，在语义上是不完整的，因为它还包含一个不受约束的变元 *x*。因此，**一个完整的生成树应该不含有未解除的假设节点**，也就是说，作为树根的项在语义上不包含不受约束的变元。

加标 ND 规则可以转化为以下加标树模式的规则：（Jäger 2005：130-131）

定义 22　TLG 的加标树模式的规则

①（*id*）对于每一个标有 $x{:}A$ 的节点，*id* 是一棵证明树。（其中 x 是类型为 $\tau(A)$ 的变元，A 是范畴）。

② *Cut* 规则：如果 α 是一棵以 $M_1{:}\ A_1, \cdots, M_n{:}\ A_n$ 为结论的证明树，$\beta_1, \cdots, \beta_k$ 是以 $X, [x_1{:}\ A_1]_{id}$, [1]$\cdots, [x_n{:}A_n]_{id}, Y$ 为前提未被解除的证明树，那么 $\alpha+\beta_1+\ldots+\beta_n$ 也是一棵证明树，其中 $\alpha+\beta_1+\cdots+\beta_n$ 是用 M_i 替换 β_j 中 x_i（$1\leqslant i\leqslant n, 1\leqslant j\leqslant k$）的每次出现、且合并相同图表的结果。

③（$/I$）如果 α 是一棵只以 $M{:}\ A$ 为结论的证明树，α 具有未解除的前提 $X, x{:}\ B$（其中 X 非空），那么 α' 也是一棵证明树，α' 是用 $\overline{x:B}$ 替换 $x{:}\ B$、且在结论中增加一个以 $M{:}\ A$ 为唯一前提的新节点 $[\lambda xM{:}\ A/B]_{/I}$ 的结果。

④（$/E$）如果 α 是一棵以序列 $X, M{:}\ A/B, N{:}\ B, Y$ 为结论的证明树，那么 α' 也是一棵证明树，α' 是在 α 基础上增加了以 $M{:}\ A/B$ 和 $N{:}\ B$ 为前提的新节点 $[M(N){:}\ A]_{/E}$ 的结果。

⑤（$\backslash I$）如果 α 是一棵仅以 $M{:}\ A$ 为结论、以 $x{:}\ B, X$ 为未解除前提的证明树（X 非空），那么 α' 也是证明树，α' 是用 $\overline{x:B}$ 替换 $x{:}\ B$、且在结论中增加以 $M{:}\ A$ 为唯一前提的新节点 $[\lambda xM{:}\ B\backslash A]_{\backslash I}$ 的结果。

⑥（$\backslash E$）如果 α 是以序列 $X, M{:}\ A, N{:}\ A\backslash B, Y$ 为结论的证明树，那么 α' 也是一棵证明树，α' 在 α 基础上增加了仅以 $M{:}\ A$ 和 $N{:}\ A\backslash B$ 为前提的新节点 $[N(M){:}\ B]_{\backslash E}$ 的结果。

⑦（$\bullet I$）如果 α 是仅以序列 $X, M{:}\ A, N{:}\ B, Y$ 为结论的证明树，那么 α' 也是一棵证明树，α' 是在 α 基础上增加以 $M{:}\ A$ 和 $N{:}\ B$ 为仅有前提的新节点 $[\langle M, N\rangle{:}\ A\bullet B]_{\bullet I}$ 的结果。

⑧（$\bullet E$）如果 α 是以 $X, M{:}\ A, N{:}\ B, Y$ 为结论的证明树，那么 α' 也是一棵证明树，α' 是用 $[(M)_0{:}\ A]_{\cdot E}$ 和 $[(M)_1{:}\ B]_{\cdot E}$ 两个节点扩展 α 得到的。两个节点均以 $M{:}\ A\bullet B$ 为唯一前提，第一个节点在第二个节点之前。

⑨ 如果 α 和 β 是证明树，那么序列 α, β 也是一棵证明树，且 α 中的每个节点都在 β 中的节点之前。

⑩ 除此之外都不是证明树。

---

① 表示使用规则 *id* 得到结论 $x{:}\ A$ 的生成树。

下面证明ND表述与加标树模式表述的等价。

定理6　TLG的ND表述与加标树模式表述等价。

证明：ND表述与加标树模式表述中的$/I$、$/E$、$\backslash I$、$\backslash E$和$\bullet I$等价易见，只证$\bullet E$在两种表述中的等价：

① 如果$X \Rightarrow M: A$和$Y, x: A, y: B, Z \Rightarrow N: C$在ND表述中可以推出，那么就有一棵以$Y, X, Z$为未消去假设序列、以$\Sigma$为结论矢列（其中$\sigma(\Sigma)$与$N: C$是$\alpha\beta\eta$–等价的）的证明树：

对矢列$Y, x: A, y: B, Z \Rightarrow N: C$前提中的$x: A, y: B$做$\eta$化归，可以得到$\langle x, y\rangle: A \bullet B$，使用$Cut$规则，可得：以$Y, X, Z$为前提，以$N[(M)_0/x][(M)_1/y]: C$为结论的证明树。$N[(M)_0/x][(M)_1/y]: C$可以通过化归得到$N: C$。

② 如果有以$X, M: A \bullet B, Y$为结论的证明树α，则有矢列$X, (M)_0: A, (M)_1: B, Y$在ND系统中可以推出：

根据假设，$\Sigma \Rightarrow X, M: A \bullet B, Y$在ND系统中可以推出，根据树模式的$\bullet E$规则，可从$M: A \bullet B$推出$(M)_0: A$和$(M)_1: B$，使用$Cut$规则可以得到$\Sigma \Rightarrow X, (M)_0: A, (M)_1: B, Y$。

定理得证。■

二、加标树模式的演绎图示

当然，我们一直强调树模式表述能够使得语句的类型逻辑分析和ND表述一样直观、贴近语句的认知，但是规则①—⑩的描述显然过于复杂，因此，以下用演绎图示的方式表示为：

定义23　TLG的加标树模式演绎图示

①′ $$\frac{M:A/B \quad N:B}{M(N):A}/E$$

②′ $$\frac{\dfrac{\vdots \quad \vdots \quad \dfrac{}{x:A}i \atop \vdots}{M:B}}{\lambda xM:B/A}/I,i$$

③′ $$\frac{M:A \quad N:A\backslash B}{M(N):B}\backslash E$$

④′ $$\frac{\dfrac{\dfrac{}{x:A}i \atop \vdots \quad \vdots \quad \vdots}{M:B}}{\lambda xM:A\backslash B}\backslash I,i$$

⑤′ $\dfrac{M:A \quad N:B}{\langle M,N\rangle : A\bullet B}\bullet I$ ⑥′ $\dfrac{M:A\bullet B}{(M)_0 : A \quad (M)_1 : B}\bullet E$

定义 23 中的①′–⑥′对应定义 22 给出的加标树模式表述的规则③–⑧。定义 22 中的其他四条规则的情况是这样的：①中 *id* 规则相当于本小节最开始给出的词库规则（a），（a）是进行树模式运算的运算基始，是默认规则；至于规则②，可以证明，*Cut* 规则在系统中可以消去；⑨和⑩要求树模式的生成按照其他规则递归进行，如果①′–⑥′是加标树模式规则仅有的演绎图示，那么每个词条从词库得到自然语言语词对应的⟨λ–项：范畴⟩词条之后，自然要按照这些规则递归进行类型逻辑生成。因此，定义 23 是简化掉首尾 4 条规则（①、②、⑨和⑩）的加标树模式演绎图示。

仔细考察定义 23,斜线算子的消去规则对应前件消去的 MP 规则,（MP 规则可以看作方向中立的消去规则）语言实例如（1）和（2）的生成图 2.8、图 2.9 所示：

$$\dfrac{\dfrac{John}{JOHN':np}Lex \qquad \dfrac{runs}{RUN':np\backslash s}Lex}{RUN'(JOHN'):s}\backslash E$$

图 2.8 “John runs”的加标树模式演绎

$$\dfrac{\dfrac{John}{JOHN':np}Lex \qquad \dfrac{\dfrac{runs}{RUN':np\backslash s}Lex \qquad \dfrac{quickly}{Q':(np\backslash s)\backslash(np\backslash s)}Lex}{Q'(RUN'):np\backslash s}\backslash E}{(Q'(RUN'))(JOHN'):s}\backslash E$$

图 2.9 “John runs quickly”的加标树模式演绎

斜线算子的引入规则对应**假设推理**（Hypothetical Reasoning），引入规则可以引入一个假设，在生成一个完整的树之后，再将所引入的假设消去。这样做的好处体现在语言资源的处理上。比如生成语法需要通过移位来处理的限定性从句（3）（转换生成图如 2.10 所示），而在范畴框架下仅使用/*I* 规则就可得到，如图 2.11 所示：

（4）the man whom Mary loves

图 2.11 中，在从句宾语的位置首先引入了一个假设 $\frac{}{x}^{1}$，待完成整棵树的生成之后，利用“/*I*”规则将假设消去（自下向上第 4 行），这样，利用

对假设的处理，在范畴语法的单层结构中也能处理有位置变换的成分。当然这只是最简单的想法，在具体应用中还会面临诸多困难，需要借助模态等方法逐一攻克。

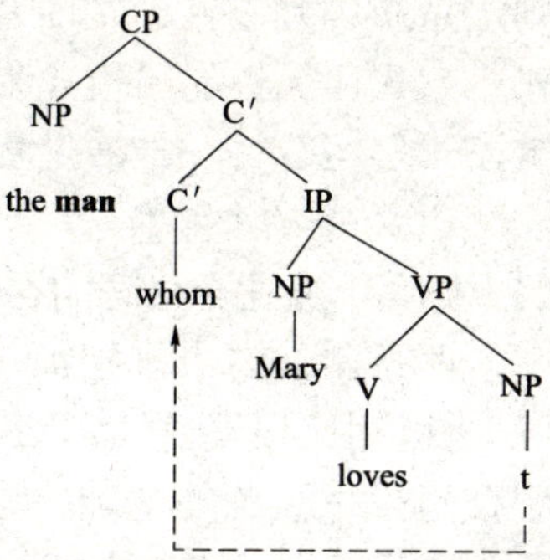

图 2.10　“the man whom Mary loves”的转换生成树

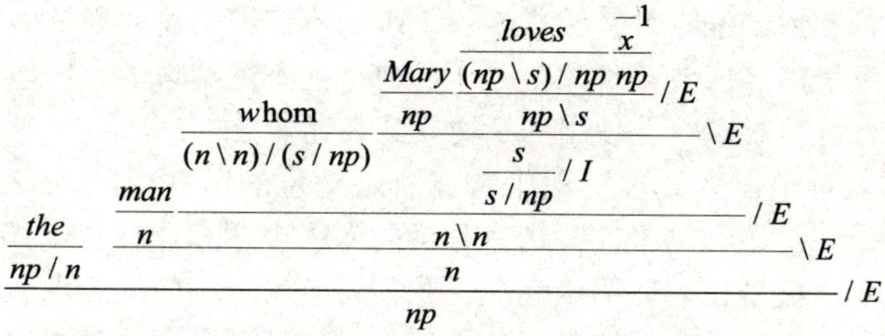

图 2.11　“the man whom Mary loves”的范畴生成树[①]

本小节从介绍加标树模式的两个基本概念—加标和树模式—入手，介绍了加标树模式表述的生成机制，给出加标树模式表述的描述，证明了它等价于 ND 表述。为了方便进行类型逻辑刻画，我们采用演绎图示来展示加标树模式的生成过程。由此，通过普通语句和涉及移位的限定性从句的类型逻辑分析，检验了加标树模式表述的实用性。

第六节　小　　结

类型逻辑语法目前已经发展成为一个套为成熟的逻辑理论。它共有四种表述方式，分别为：公理表述、根岑表述、ND 表述和加标树模式表述。

① 自此在不需要特殊说明的时候，将省略最上层的 Lex 标识以省略空间。

本章详细介绍了类型逻辑语法的这四种表述，并证明几种表述之间两两等价。在公理表述基础上，给出了相应的框架语义，得以证明 TLG 的可靠性和完全性。在根岑表述中，通过切割消去定理，得到 TLG 的根岑系统具有子公式性质，从而可以判定系统的判定性。在本章第四节，我们给出了类型逻辑语法的一种综合表述方式—加标的树模式表述，将传统 ND 表述的横向推理变为纵向的“树模式”运算。在推演过程中，λ–项之间的毗连和范畴之间的贴合使得句法和语义能够并行推进，加上有关算子的消去和引入规则对语言资源处理的贡献，十分适合做语言分析和讨论。但是，在 ND 表述和加标树模式表述中，两条斜线消去规则都包含了一个类型变元假设 $x: A$，它在结论中不出现，所以相比根岑表述，ND 表述和加标树模式表述也不能为向后的链性证明搜索提供满意的基础。这更充分说明，类型逻辑语法的四种表述各司其职，相互等价但不能取代。夏年喜、邹崇理（2009：124）认为，加标树模式的形式还有更加重要的价值，它适合描写那些在语义上相互依赖但语法上具有独立性、表现为不连续结构的现象。本书研究的重点是汉语的照应省略现象，是一种典型的不连续现象，所以以下对自然语言进行分析时，统一使用加标树模式表述。

在第五章中，为处理汉语中含有省略槽位的语言现象，我们构造了 LLCW′系统。除了适用于实际语言分析的 ND 表述和加标树模式表述，为证明新系统的模型论和证明论性质，我们还给出了相应的公理表述和根岑表述。因此，本章所交代的内容，不仅是对类型逻辑语法基本逻辑性质和功能的引介，也是理解本书第五章内容的知识基础。

到此为止，对类型逻辑语法理论本身的介绍将告一段落。以下我们将把目光转向照应省略等不连续现象，看一看在类型逻辑语法框架下，主要存在哪些分析手段，指出每种手段的优缺点，从而找到一种最适宜分析汉语照应省略现象的方法。据此，从汉语的实际需要出发，构造出更加符合我们语言分析要求的逻辑工具。

第二章

TLG 与非连续现象

第一节　关注非连续现象

1957 年，乔姆斯基出版了轰动语言学界的小册子《句法结构》，对当时最有影响力的**有穷状态语法**（Finite State Grammar）和**短语结构语法**（Phrase Structure Grammar）做了客观而深刻的剖析，针对前二者的不足，提出**转换语法**（Transformational Grammar）的思想，被誉为“语言学界的哥白尼革命”。

乔姆斯基认为，短语结构语法在解释力和适用范围上比有穷状态语法强，但即便如此，若以语言描述为目的，前者也存在许多局限。如，短语结构语法无法给下述几种情况以合适的生成规则：

- 成分并列：如果 S_1 和 S_2 是合语法的句子，X 和 Y 是 S_1 和 S_2 中具有相同类型的成分，且 S_1 和 S_2 仅在 S_1 中的 X 位置与 S_2 中的 Y 位置不同，那么，用 X + and + Y 来替换 S_1 中的 X 得到的 S_3 也是一个语句；
- 语义黏合但句法形式上不连续的结构：如系动词“be”表进行时态的词缀“-ing”、表示被动的词缀“-en”；
- 主动句–被动句之间的转换关系，等等。（Chomsky 1957：36-43）

于是，乔姆斯基提出了将语言分为短语结构和转换结构两个层次的想法，给出了一系列强制性和选择性的转换规则，从而由短语结构语法生成的核心部分，通过转换规则，生成所有的语句。

20 世纪 60 年代末 70 年代初，蒙太格语法的诞生开启了人们用逻辑方法刻画自然语言语义的思路。和通常的语言理论一样，蒙太格语法能够很好地刻画连续的、可以做直接成分划分的结构，对于乔姆斯基提到的三种不连续的结构，也能够给出大体上较为满意的形式化。但是，随着对自然语言现象的检查越来越全面，语言学家发现了更多语义上合一、句法上分离的不连续结构，包括**照应回指**（Anaphora）、**广义合取**（Generalized Conjunction）、**非成分并列**（Non-constituent Conjunction）、**左提取**（Left Extraction）、**右提取**（Right Extraction）、**寄生语缺**（Parasitic Gap）等等，成为各种形式化理论必须解决的一个课题。能否很好地处理这些现象，也成为检验一套语言理论实力的一根标尺。

最早意识到范畴语法不足以处理不连续现象的，也是范畴语法的创始人之一—巴–希勒尔，（Bar-Hillel，Gaifman, Shamir 1961）这一发现迫使他逐渐放弃了对范畴语法的热情探索。直到最近三十年，莫特盖特、贾格尔和Steedman 等学者开始对经典范畴语法进行上下文敏感的扩张，才使其得以重新回到语法发展的舞台。（满海霞 2012：50）本章以下首先介绍几条范畴语法对不连续现象提出的组合规则，之后第三节将介绍几种基于兰贝克演算的演绎操作，并以 Jäger（2005）的处理方法为例，讨论其主要应用情况。

第二节　非连续现象与组合规则

一、广义布尔合取

在蒙太格语法诞生之后，人们发现，自然语言中的连词并非如逻辑系统中的连结词那般严格，只能连接命题，自然语言中的连结词几乎可以并列各种词性的表达式，如例句（1）。

（1）a. John caught and beat Bill.

b. John walked and talked.①

Gazdar（1980）等人提出，可以用 D_b 类型内的合取来定义 $D_{<a, b>}$ 类型内的合取（D_a 指由类型为 *a* 的表达式组成的可能指称集）。Partee，Rooth（1983）将真值 D_t 中的操作加以推广，定义了**广义布尔类型**和**广义布尔合取**：

① 对于本书以下出现的语句，关于其组成成分的语词赋值，请参见附录 A。

定义 24　广义布尔类型（Conjoinable Type）

（i）t 是一个布尔类型；

（ii）如果 b 是一个布尔类型，则对于所有类型 a，$<a, b>$也是；

（iii）如果$\tau(A)$是一个布尔类型，那么 A 就是一个布尔范畴。（Jäger 2005：18）

定义 25　广义布尔合取（Generalized Boolen Conjunction）

（i）如果φ和ψ的类型都是 t，那么φ和ψ合取的语义结果为$\varphi \wedge \psi$；

（ii）如果φ和ψ都具有广义的布尔类型$<a, b>$，那么φ与ψ合取的语义结果是$\lambda x_a[\varphi(x) \wedge \psi(x)]$。

如此，（1）a 就可以按照图 3.1 进行生成：

$$\dfrac{\dfrac{John}{JOHN':np} \quad \dfrac{\dfrac{caught \quad and \quad beat}{\lambda x\lambda y[CATCH'(x)(y) \wedge BEAT'(x)(y)]:(np \backslash s)/np} \quad \dfrac{Bill}{BILL':np}}{\lambda y[CATCH'(BILL')(y) \wedge BEAT'(BILL')(y)]:np \backslash s}}{CATCH'(BILL')(JOHN') \wedge BEAT'(BILL')(JOHN'):s}$$

图 3.1　（1）a 使用广义布尔合取规则的生成图

不过，自然语言中仍然存在一些涉及布尔合取、但又不能在范畴框架下使用广义合取规则得到的并列结构。第三章第二节将举出四例情况。

二、右节点提升

在类型逻辑语法框架下，语句中语词的范畴信息决定了哪些语词模块是可以结合的，哪些是不可以的。如在下面给出的（2）句中，从表层结构来看，连结词“and”连接“Harry cooks”与“Mary eats”两部分，但是由于及物动词的范畴是$(np\backslash s)/np$，它决定了该词要先与宾语结合，才能再与主语结合。所以在 EAT′先后和 MUSHROOM′、MARY′做了毗连、得到范畴为 s 的表达式之后，整个语句的生成就陷入了僵局，无法再进行下去。即使借助定义 26 的类型提升规则 a 或 b，也无法将 JOHN′的对应范畴 np 提升至一个合适的、可以结合 COOK′范畴的范畴。（注意：类型提升和组合规则都有向前和向后两个版本，一般在规则名称右下角标注“>”，表示该步运算使用了向前的规则，标注“<”，表示该步运算使用了向后的规则。）

（2）John cooks and Mary eats mushroom.

定义 26 a. **向前的类型提升规则**[①] b. **向后的类型提升规则**

$$\frac{M:A}{\lambda P[P(M)]:B/(A\backslash B)}\mathrm{TR}_{>} \qquad \frac{M:A}{\lambda P[P(M)]:(B/A)\backslash B}\mathrm{TR}_{<}$$

换句话说，目前的范畴机制不能给（2）以合适的生成，需要添加新的组合规则。Steedman（1987；1990）向 *AB* 语法添加了向前的**函项组合原则**（Functional Composition）：

定义 27 向前的函项组合原则 $\mathrm{FC}_{>}$：

$$\frac{M:A/B \quad N:B/C}{\lambda x[M(N(x))]:A/C}FC_{>}$$

利用类型提升原则 T、函项组合原则 $\mathrm{FC}_{>}$，可以对该结构中由连结词连接的部分进行广义合取，如图 3.2 所示。Steedman 指出，动词居首的“向前缺空”(Verb-Initial Forward Gapping)、动词居尾的“向后缺空”(Verb-Final Backward Gapping）以及右节点提升都可以依靠 $\mathrm{TR}_{>}$+$\mathrm{FC}_{>}$得到。

三、非成分并列

与右节点提升相对应的一种情况是**非成分并列**（简称 NCC），由于它省略了并列结构中第二个合取支的最左侧成分，也称“左节点提升”，如例句（3)。(3）的第二个合取支的最左侧成分应该是“John saw”，但是在句子的表层表达上没有出现，剩下用来并列的“Bill today”不能形成一个合适的组成成分，所以这种情况也被称为“非成分并列”。显然，因为连结词右合取的两个成分 BILL′和 TODAY′分别具有范畴 *np* 和$(np\backslash s)\backslash(np\backslash s)$，也是不能直接进行贴合的，所以也不能使用广义合取规则生成正确解读。

（3）John saw Mary yesterday and Bill today.

于是需要借助向后版本的函项组合规则 $\mathrm{FC}_{<}$：

---

① Steedman 在组合范畴语法使用的是结果范畴总在左侧，论元范畴总在右侧的范畴记述方法，如语词“run”在组合范畴语法中对应范畴 $s\backslash np$。这只是记述方法上的区别，不影响运算结果。(满海霞 2013）本书以下都按照我们的记述习惯对 Steedman 的记法做了变换。

定义 28 向后的函项组合规则 $FC_<$：

$$\frac{M:A\backslash B \quad N:B\backslash C}{\lambda x[M(N(x))]:A\backslash C}FC_<$$

借助向后的类型提升规则 $TR_<$，将 BILL′的范畴由 *np* 提升到 ((*np**s*)/*np*)\\(*np**s*)。为记述方便，将复杂范畴形式中的(*np**s*)/*np* 简记为 *tv*，*np**s* 记为 *vp*，所以 BILL′提升后得到的范畴就是 *tv**vp*，时间副词 TODAY′的范畴是 *vp**vp*（因为它向左结合范畴为 *np**s* 的普通动词短语，得到的仍是范畴为 *np**s* 的动词短语）。BILL′和 TODAY′依据 $FC_<$进行结合，得到范畴为 *tv**vp* 的表达式，同理得到的“Mary yesterday”的语义表达式具有范畴 *tv**vp*，“and”的两个合取支范畴相同，可以依据广义合取规则进行毗连，得到复合表达式“Mary yesterday and Bill today”仍具有范畴 *tv**vp*，最后再向左结合范畴为 *tv* 的 SEE′和范畴为 *np* 的 JOHN′，便可以得到语句范畴的表达式。如图3.3所示（见下页）。(3)的生成包含应用组合规则的三个运算过程：① MARY′和 BILL′的范畴使用 $TR_<$由 *np* 提升为 *tv**vp*；② MARY′与 TODAY′、BILL′与 YESTERDAY′依据 $FC_<$进行贴合，得到范畴为 *tv**vp* 的两个聚合；③“Mary today”与“Bill yesterday”依据广义合取规则合取，得到范畴为 *tv**vp* 的表达式。

四、语缺

与非成分并列相近的还有一种“缺空”（Gapping）情况，即合取模块的第二个合取支缺失了中间的谓语动词，如例句（4）。

（4）Harry eats beans, and Barry, potatoes. （Steedman 1990：234-35）

这类语句虽然可以用广义合取规则将第一个合取支后面所有 *np* 范畴的词项并列起来，但是，如此一来显然会生成错误的解读。因为“and”后面的“Barry”并非与“beans”或“potatoes”并列，它在语义上与左合取部分的主语“Harry”具有相同地位。所以还是要先通过向前提升 Barry 的范畴，同时，向后提升“potatoes”的范畴，使它们得以进行范畴运算。Steedman 给出了一条向前的混合组合原则 $B_>$，而且将这条原则限制在与连结词做了合取操作之后的范畴上：

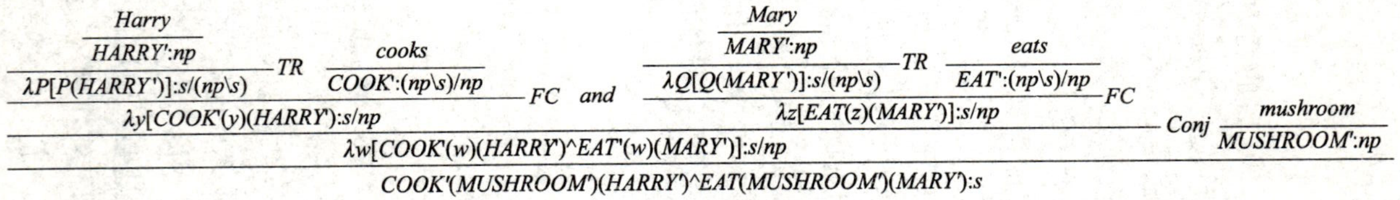

图3.2 Harry cooks and Mary eats mushroom

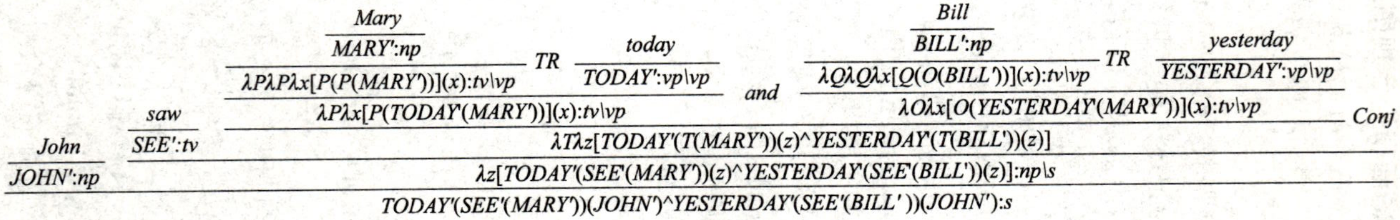

图3.3 John saw Mary today and Bill yesterday

定义 29　向前的混合组合原则 $\mathbf{B}_{>}$[1]

$[X/Y]_{\wedge} \quad Z\backslash Y \Rightarrow_{\mathbf{B}} [Z\backslash X]_{\wedge}$　其中 $Y = np\backslash s$

（4）句中范畴均为 np 的“BARRY′”和“POTATO′”分别使用向前和向后的类型提升规则之后，进行型如图 3.4 的运算：

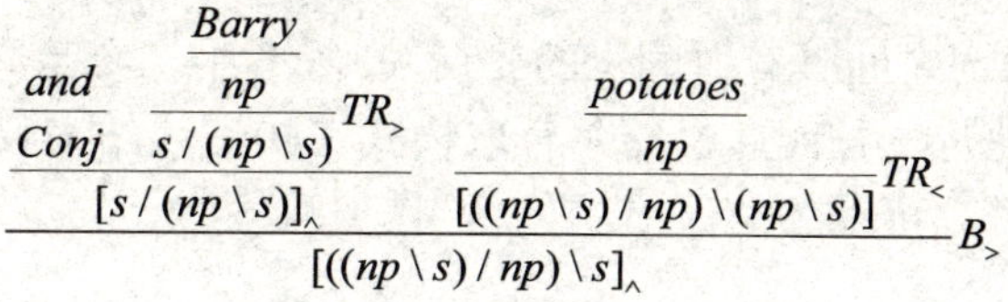

图 3.4　（4）使用 $\mathbf{B}_{>}$ 的生成图

为了能够进一步和句子的左合取支做合取，Steedman 又给出了左合取支的解构原则—**向后的解构原则 $\mathrm{D}_{<}$：**

定义 30　向后的解构原则 $\mathrm{D}_{<}$

$X \Rightarrow Y \quad Y\backslash X$　其中 $X = s$

于是，缺空句的左合取支就可以借用 $\mathrm{D}_{<}$ 将终端范畴 s（即语句范畴）解构，再与右合取支并列。具体过程如图 3.5 所示：

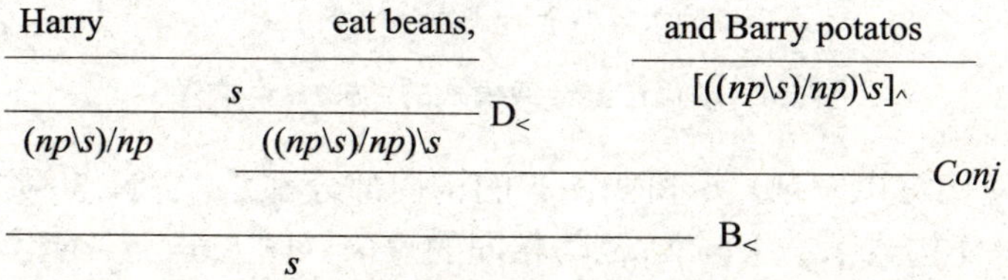

图 3.5　（4）使用 $\mathrm{D}_{<}$ 的生成图

五、汉语兼语句

这里要介绍的最后一种不连续现象是汉语的兼语句。汉语是意合型语言，很多时候并列的结构之间不需要使用连结词，而是借助语序、词性等信息就能够传达成分之间的并列关系。如（5）a 和 b 两句话中，“走出去”

---

① $[X/Y]_{\wedge}$ 下脚的合取符表示它是合取支之一。这条规则很难给出相应的语义表达式，所以这里直接采用 Steedman 的做法，仅做范畴讨论。

和“开门”、“吃馒头”和“喝水”分别并列，但均未出现连结词。

（5）a. 小李走出去开门。

b. 小李吃馒头喝水。

c. 妈妈送哥哥参军。（荣晶 1989：83）

a 中两个动词之间具有时间上的先后关系，b 中二者是同时发生的，具有相同的逻辑地位。按照广义布尔合取模式（6），连结词只是句法上表现集合并集的符号，可以为空。

（6）$$\frac{M:A/B \quad and \quad N:A/B}{\lambda x[M(x)\wedge N(x)]:A/B}Conj$$（其中 x 的范畴为 B）

在（5）a 和 b 中，四个动词的范畴都是 $np\backslash s$，以 b 为例，就可以使用广义合取模式依据图 3.6 的方式生成：

$$\dfrac{\dfrac{\text{小李}}{\text{小李}':np}\quad \dfrac{\dfrac{\dfrac{\text{吃}}{\text{吃}':(np\backslash s)/np}\quad \dfrac{\text{馒头}}{\text{馒头}':np}}{\text{吃}'(\text{馒头}'):np\backslash s}\quad \dfrac{\text{喝水}}{\text{喝水}':np\backslash s}}{\text{吃}'(\text{馒头}')\wedge\text{喝水}':np\backslash s}Conj}{\text{吃}'(\text{馒头}')(\text{小李}')\wedge\text{喝水}'(\text{小李}'):s}$$

图 3.6 使用广义合取模式的（5）b 生成图

简单对比可以发现，b 和 c 两句的谓词部分都是 V_t+N+V_i 类型，而且其中的 V_t+N 构成了一个与 V_i 范畴相同的短语。图 3.6 已经给出（5）b 的正确生成，依据广义布尔模式，（5）c 的生成过程如图 3.7 所示。

$$\dfrac{\dfrac{\text{妈妈}}{\text{妈妈}':np}\quad \dfrac{\dfrac{\dfrac{\text{送}}{\text{送}':(np\backslash s)/np}\quad \dfrac{\text{哥哥}}{\text{哥哥}':np}}{\text{送}'(\text{哥哥}'):np\backslash s}\quad \dfrac{\text{参军}}{\text{参军}':np\backslash s}}{\lambda x[\text{送}'(\text{哥哥}')(x)\wedge\text{参军}'(x)]:np\backslash s}Conj}{\text{送}'(\text{哥哥}')(\text{妈妈}')\wedge\text{参军}'(\text{妈妈}'):s}$$

图 3.7 使用广义布尔合取模式的（5）c 生成图

可是这样一来，得到的是解读“妈妈送哥哥，而且妈妈参军”，这个结果不是我们期望得到的。我们在此提出疑问，具体解决方案将在第四章第二节和第五章给出。

上面是范畴语法对非连续结构零星的早期探索。这一部分主要针对能够用组合规则来刻画的句式上的非连续现象，包括并列句、右节点提升、非成分并列等。但是，还有一些非连续结构，是不能用组合规则来处理的，包括照应回指、量词等。对于这一部分现象的思考，开始于 20 世纪 80 年代末 90 年代初，基本上均以兰贝克演算为基础。以下介绍几种有代表性的方案。

第三节　照应现象与类型逻辑语法

类型逻辑语法与转换生成语法看待语言的方式有所不同，它坚持自然语言具有单层结构，认为自然语言只有词汇表层一个层面。加之类型逻辑语法又具有极端的词汇主义特征，使之成为自然语言程序化的绝佳候选理论。但是，也正因为类型逻辑语法的单层特点，显然不能通过转换方法处理那些整体意义不能归因于部分意义的结构，而且兰贝克演算只能对相邻范畴进行运算，所以，如何在类型逻辑框架下处理好不连续现象，一直是类型逻辑语法所关注的重点和难点。

总体来看，主要有两种处理照应现象的方案，一种是**词汇方法**，即认为回指含义由特定的语词激发，照应词条的语义表达包含一个λ–算子，约束一个变元的多次出现，如 Szabolsci（1989；1992），Moortgat（1996b），Morrill（2000）；另一种是**句法方法**，即认为照应操作在句法中进行，承认词条之间具有线性性质，允许语词资源的重复使用，如 Jacobson[①]，Jäger（2005）的做法。以下分别予以介绍。

一、词汇方法

（一）Moortgat 的处理方式

为了便于理解，Moortgat 用三角形来表示范畴的形成，如图 3.8：

图 3.8 表示从字符串 i 到字符串 j 可以得到范畴 A。连续成分的范畴生成如图 3.9 和 3.10 所示。两图中范畴构造算子把两个三角形均分成两部分，填白部分表示函项范畴，阴影部分表示论元范畴。比如图 3.9，（i，j）段对

① 参见参考文献中列出的 Jacobson（1990—1999）的文章。

应范畴 A/B，(j，k) 段对应范畴 B。

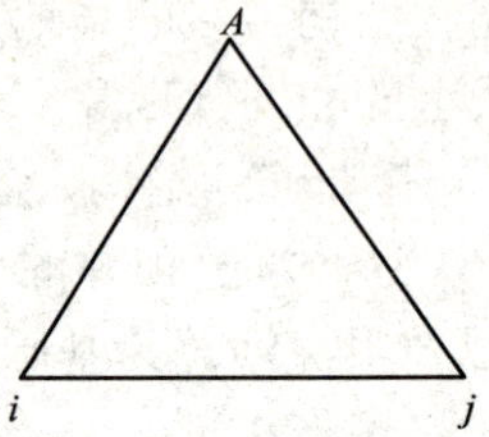

图 3.8　Moortgat 提出的范畴理解三角形

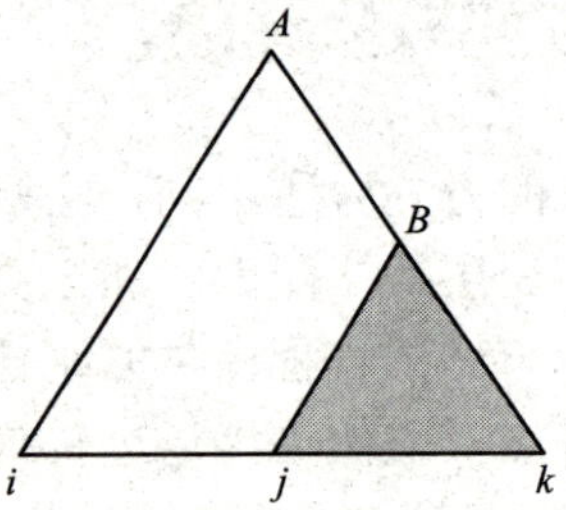

图 3.9

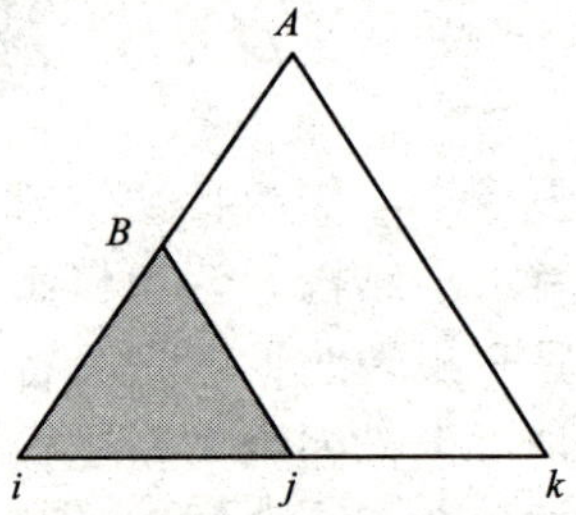

图 3.10

沿着这一思路，不连续的情况就可以表示为：

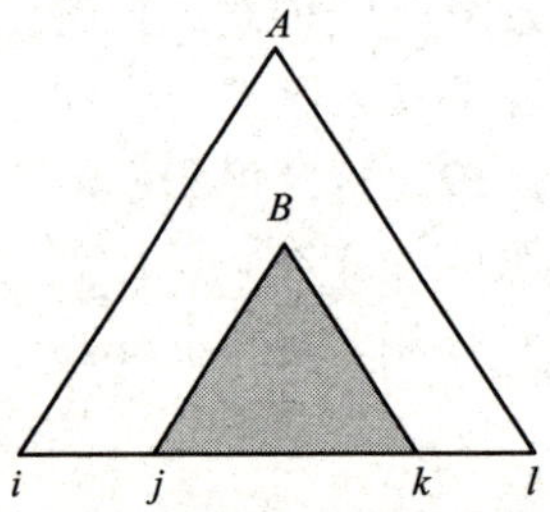

图 3.11

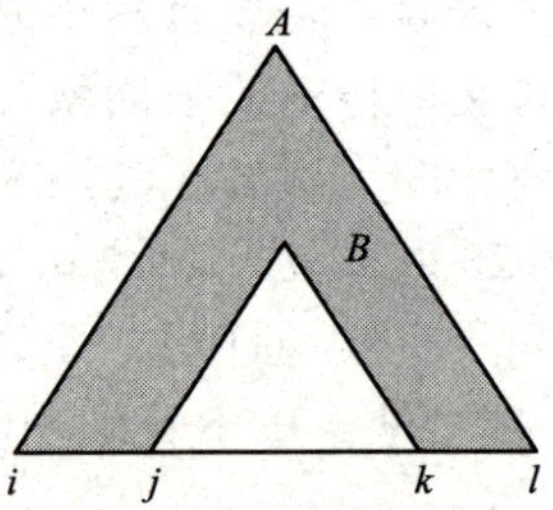

图 3.12

图 3.11 和 3.12 中的填白部分分别表示范畴为 $A{\downarrow}B$ 和 $A{\uparrow}B$ 的成分。3.11 表示一个被范畴为 B 的成分 (j，k) 断开的不连续成分，3.12 表示嵌入到范畴为 A 的不连续成分中、使不连续成分连续的范畴。为不连续成分与嵌入成分做贴合运算的积算子记作⊙。三个算子的语义分别为：(Morrill 2000：8)（其中 s_i 代表韵律单位，·为韵律单位之间的毗连）

$$\mathrm{D}(A{\downarrow}B) = \{s \mid \forall\langle s_1, s_2\rangle \in \mathrm{D}(A), s_1{\cdot}s{\cdot}s_2 \in \mathrm{D}(B)\}$$

$$D(B\uparrow A) = \{\langle s_1, s_2\rangle | \forall s\in D(A), s_1\cdot s\cdot s_2\in D(B)\}$$
$$D(A\odot B) = \{s_1\cdot s\cdot s_2 | \langle s_1, s_2\rangle \in D(A)\ \&\ s\in D(B)\}$$

以图 3.11 为例，s_1，s_2 分别代表不连续成分的两段语词（i, j）（k, l），s 代表被嵌入部分的语词。$A\downarrow B$ 表示向范畴为 A 的不连续结构嵌入之后能够得到范畴为 B 的连续成分的范畴；$B\uparrow A$ 表示从范畴为 B 的连续成分中提取 A 范畴成分所得到的不连续成分之范畴。$A\odot B$ 表示范畴为 A 的不连续成分与其相应的填充范畴 B 做毗连得到的范畴。如果以宾语位置的反身代词“himself”为例，“himself”对应范畴$((np\backslash s)\uparrow np)\downarrow(np\backslash s)$，语句（7）的生成如图 3.13：

（7）John likes himself.

$$\dfrac{\dfrac{\textit{John}}{J':np} \quad \dfrac{\dfrac{\dfrac{\dfrac{\textit{likes}}{LIKE':(np\backslash s)/np} \quad \dfrac{}{x:np}1}{LIKE'(x):np\backslash s}}{LIKE':(np\backslash s)\uparrow np}\uparrow I,1 \quad \dfrac{\textit{himself}}{\lambda P\lambda y.P(y)(y):((np\backslash s)\uparrow np)\downarrow(np\backslash s)}\downarrow E}{LIKE'(y)(y):np\backslash s}}{LIKE'(J')(J'):s}$$

图 3.13 （7）的类型逻辑生成图

可以想见，只有在已存在范畴为 $A\downarrow B$ 的不连续成分时，才有机会向其嵌入任何成分，所以嵌入的过程也是消去嵌入算子↓得到范畴为 B 的连续成分的过程，所以嵌入算子只有消去规则↓E；同理，从范畴为 A 的连续成分中提取出范畴为 B 的成分，得到范畴为 $A\uparrow B$ 的不连续成分过程，就是引入提取范畴的过程，所以提取算子↑只有引入规则↑I。这样，就暴露了嵌入提取做法的缺点：从矢列角度看，因为嵌入算子只有左规则，抽取算子只有右规则，不连续算子↓和↑只能得到一个偏逻辑，该偏逻辑不能被扩展为完全的逻辑系统。

Moortgat 还将这种方法推广，给出了一个广义的三元类型构造算子 $q(A, B, C)$，类似于 $C\downarrow(B\uparrow A)$，来为约束现象提供一个统一的处理方法。其中 A 代表被约束成分的范畴，B 表示约束辖域的范畴，C 表示所得辖域表达式的范畴。所以（7）中“himself”的范畴为 $q(np, s, s)$。英语中广义量词的宽域解读、由疑问代词引起的右节点提升也可以同样处理，生成合适的解读。因为“himself”占据的位置通常是范畴 np 出现的位置，Moortgat 认为

该位置从范畴 *np* 转换为高阶的范畴 $q(np, s, s)$的动因在语调层面，由语句焦点或话题化的语调所导致。但我们认为，对于类型逻辑语法这样以词汇主义为主要特色的理论，尽管它有语义对应，但引入语用层面的因素来解释类型转换的动因，有点儿难以令人信服。此外，认为广义量词取宽域解读的现象以及右提取现象均受焦点和话题化影响，这种想法问题不大，但是对于（7）中这样的代词情况，似乎又受不到语调什么影响，造成理论标准的不一致。

（二）Morrill 的处理

Morrill（2000：13）指出，在自然语言中，约束代词与先行词可能没有**成分统领**（c-command）关系，如句（8）的树形图 3.14：

（8）The mother of John_i said he_i won.

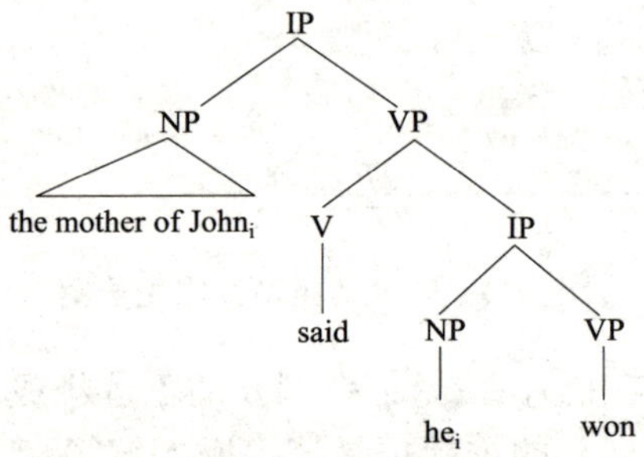

图 3.14 （8）的树形图

图 3.14 中“he”的先行词“John”与“he”不具有成分统治关系，只有左上角的整个 NP “the mother of John”可以成分统治代词“he”。而且，从句法的角度看，“John”和“he”甚至不处于同一个投射之内。为了处理先行词和照应词不在同一投射之内的情况，Morrill 在 Moortgat 一阶包裹运算的基础上，提出了二阶包裹运算，将 Morrill & Merenciano（1996）中的**幺半群**（Monoid）$(L, \cdot, \varnothing)$ 扩展为$(L, L^2, L^3, ., \varnothing, W, W_2)$，其中包裹运算 W 类似嵌入算子↓，对应函项 L^2，定义为定义 31a，而 W^2 是二级包裹运算，对应函项 L^3，为 L 到 L^2 的函项，定义为 31b：

定义 31　包裹运算及二级包裹运算

a. $<s_1, s_2>Ws = s_1{\cdot}s{\cdot}s_2$

b. $(s_1, s_2, s_3)W_2 s = (s_1, s_2 \cdot s \cdot s_3)$

Morrill（1995，2000；Morrill，Merenciano　1996）在对不连续现象的类型逻辑进行研究时，为每一个语词表达式都贴上一个**韵律标签**（Prosodic Label），即定义 31 中的 s、s_1、s_2，以方便不连续成分的毗连操作，同时也把范畴公式分为三类—字符串、断裂字符串和双重断裂字符串：

定义 32　字符串、断裂字符串和双重断裂字符串

$F ::= \ A \mid F\backslash F \mid F/F \mid F\bullet F \mid F^2 \downarrow F \mid F^2 \odot F \mid F^3 \downarrow_2 F^2$

$F^2 ::= F \uparrow F \mid F^3 \odot_2 F$

$F^3 ::= F^2 \uparrow_2 F$

其中连结词$\downarrow_2$和$\uparrow_2$分别为二级嵌入和二级提取，$\odot_2$为二级不连续积，它们相对于 W_2 的解释为：

定义 33　二级连结词的解释

$D(A \downarrow_2 B) = \{s \mid \forall \langle s_1, s_2, s_3\rangle \in D(A), \langle s_1, s_2 \cdot s \cdot s_3\rangle \in D(B)\}$

$D(B \uparrow_2 A) = \{\langle s_1, s_2, s_3\rangle \mid \forall s \in D(A), \langle s_1, s_2 \cdot s \cdot s_3\rangle \in D(B)\}$

$D(A \odot_2 B) = \{\langle s_1, s_2 \cdot s \cdot s_3\rangle \mid \langle s_1, s_2, s_3\rangle \in D(A) \ \&\ s \in D(B)\}$

这样，语句（9）的生成先要在韵律上把该句解构为一个双重断裂结构 $\varnothing$·said·$\varnothing$·won，然后再逐次生成。具体过程如图 3.15 所示：

（9）John$_i$ said he$_i$ won.

这种分层的嵌入在操作上显得极其优美，但是也能够看出，图 3.15 作为嵌套句虽然形式上并不复杂，但是其生成过程已经显得十分繁冗，且需要专门为处于二级被包裹位置上的代词赋以新的、相当复杂的句法范畴和语义类型。此外，Morrill 引入二级包裹的一个重要的动因，就是受到转换生成语法的成分统领思想影响。事实上，在类型逻辑语法处理照应现象的过程中，先行词和照应词之间是遵守成分统领关系、还是遵守居前关系，一直是一个有争论的话题。不管答案如何，是否有必要在范畴语法中考虑成分统领问题，还是值得思考的。

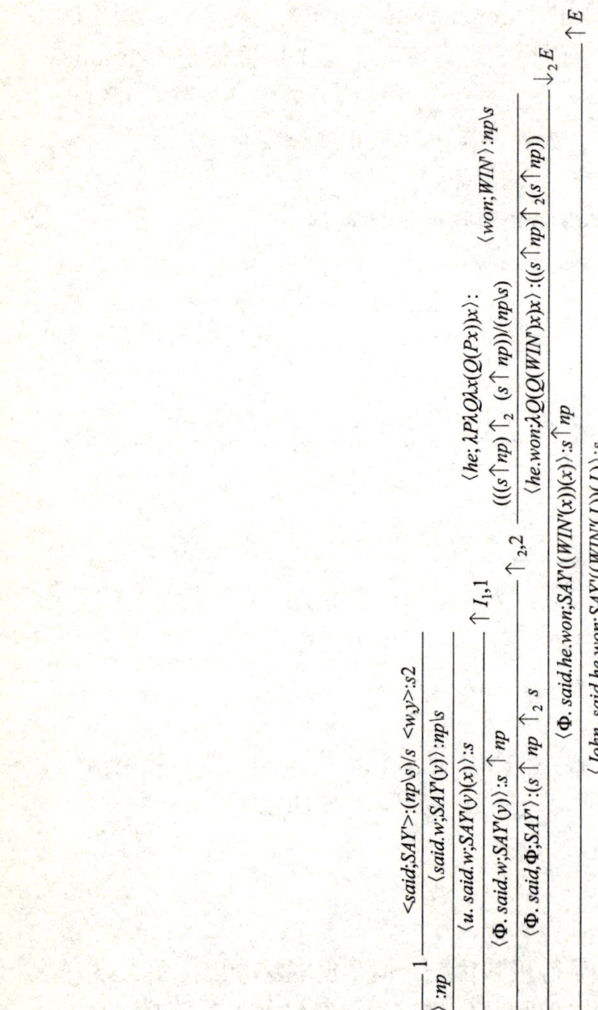
⟨John; J⟩ :np
⟨u, x⟩ :np
<said;SAY'>:(np\s)/s
<w,y>:s2
⟨said.w;SAY'(y)⟩ :np\s
⟨u. said.w;SAY'(y)(x)⟩ :s
⟨Φ. said.w;SAY'(y)⟩ :s↑np
⟨Φ. said.Φ;SAY'⟩ :(s↑np ↑2 s
⟨he; λPλQλx(Q(Px))x⟩ :
(((s↑np) ↑2 (s↑np))/(np\s)
⟨won;WIN'⟩ :np\s
⟨he.won;λQ(Q(WIN')x)x⟩ :((s↑np)↑2(s↑np))
⟨Φ. said.he.won;SAY'((WIN'(x))(x)⟩ :s↑np
⟨John. said.he.won;SAY'((WIN'(J))(J)⟩ :s

图3.15 (9) 的生成图

◆ 首先，成分统领对语句是纵向、剥洋葱式的分析，而范畴语法则是横向的、贴合式的方法，所以，二者可否有机地结合在一起，首先就是一个问题。

◆ 其次，有没有一种方法可以既不破坏范畴语法的词汇主义实质，又能比较简单准确地解决类似问题？

上面我们已经发现，在词库中为代词赋以约束性质，会导致相应词条过度复杂，如果将处理照应的任务放在句法中实现，必然能换来词库的简洁。那么，如何才能比较好地将照应现象实现在句法中？句法方法所能适用的范围有多大？这个转换是否值得？

二、早期的句法处理

较早考虑在范畴语法的句法上做文章来解决语序和语缺问题的有 Morrill（1989，1990），Morrill, Leslie, Hepple & Barry（1990），Hepple（1990）等人。Morrill 首先尝试使用内涵构造算子（用“◊”来表示）来处理成分提取现象和反身代词（Extraction and Reflexivization）。这种方法对关系从句中的边缘成分被抽取很有效，但是对于非边缘抽取则无能为力。Morrill et al. 受 Girard（1987）的线性逻辑讨论启发，向范畴语法增加了一系列结构模态词。Hepple 在此基础上，专门强调了置换算子Δ，它可与◊相配、表示模态上的必然。从而保证带有◊算子的假设可以置换到边缘位置，以满足斜线引入规则的要求。Hepple 的方法在代词的处理上尽管很巧妙，但是在证明论上存在着严重的缺陷，其系统没有子公式性质，或者说，该系统是不可判定的。

三、后期的句法处理方法

（一）不含变元的语义学

Jacobson 认为，把代词看作受约束变元的做法存在一定问题：其一，所有此类方法都要求在句法或词汇表层加标，这样代词就要被翻译成变元；其二，如果某些成分具有给变元赋值的意义，那么就相当于给出了这样的承诺：变元是某类模型论对象，或者至少变元是语义机制上的核心部分。但是，Quine（1960）已经论证，从逻辑和数学上讲，变元并非不可或缺，完全可以不使用变元，仅借助 6 个算子和一些谓词构建一个只包含谓词的代数结构。如语句“some men read no books”就可以借助以下六种算子，按照（10）的生成方式消去存在算子和所有变元：

定义 34　六个变元转换算子

去关系化（Derelativization）：

(Der P) $x_1\cdots x_{n-1}$　当且仅当 存在一个 x_n，使得 P$x_1\cdots x_n$（填补一次变元的位置）

强倒置（Major Inversion）：

(Inv P) $x_1\ldots x_n$ 当且仅当 P$x_n x_1\cdots x_{n-1}$（最后一个论元变元被置换到最前面）

弱倒置（Minor Inversion）：

(inv P) $x_1\ldots x_n$ 当且仅当 P$x_1\cdots x_{n-2}x_n x_{n-1}$（最后一个论元与倒数第二个论元互换位置）

镜像（Reflection）：

(Ref P) $x_1\ldots x_{n-1}$ 当且仅当 P$x_1\cdots x_{n-1}x_{n-1}$(令最后一个变元具有自反关系)

否定（Negation）：

(Neg P) $x_1\ldots x_m$　当且仅当　not(P$x_1\cdots x_m$)

卡氏积（Cartesian Multiplication）：

(P×Q) $x_1\ldots x_m y_1\ldots y_n$　当且仅当　P$x_1\cdots x_m$ 且 Q$y_1\cdots y_n$

（10）some men read no books.

可以翻译成 Something x such that [Mx and not [something y is such that By and Rxy]]

（M_x 表示个体 x 为人（man），By 表示个体 y 为书（book），Rxy 表示个体 x 与个体 y 具有读（read）的关系）

自内向外逐层消去变元的转换为：

最里层 By and Rxy　$\Rightarrow_{卡氏积}$ (B × R)yxy　$\Rightarrow_{弱倒置}$ [inv(B × R)]yyx

$\Rightarrow_{强倒置}$[Inv inv(B × R)]xyy

$\Rightarrow_{镜像}$ [Ref Inv inv(B × R)]xy

$\Rightarrow_{去关系化}$ [Der Ref Inv inv (B×R)]x

加上外层的表达式为：Mx and not[Der [Der Ref Inv inv (B×R)]x]

$\Rightarrow_{否定}$ Mx and [Neg Der Ref Inv inv (B×R)]x

$\Rightarrow_{卡氏积}$ [M × Neg Der Ref Inv inv (B×R)]xx

$\Rightarrow_{镜像}$ Ref [M × Neg Der Ref Inv inv (B×R)]x

$\Rightarrow_{去关系化}$ Der Ref[M × Neg Der Ref Inv inv (B×R)]

换句话说，任何由合取、否定、谓词和变元构成的语言，都可以用类似的方法消去变元。正是在这个意义上，Jacobson 提出了**无变元语义学**（Variable-Free Semantics，简称 VFS）。VFS 不是不使用变元，而是指变元不是语义机制的必要组成成分。Jacobson 也指出，把代词看作约束变元的标准做法虽有一些优点，但是在处理代词的指示歧义（如（11）a）和**i-within-i**[①]等现象的时候就显得比较生硬。

（11）a. *Every man_i loves but no man_j married $his_{i/j}$ mother.

b. The/Every $woman_i$ who_i married her_i childhood sweetheart left.

c. John thinks Mary likes Joe.

d. John thinks Mary likes him.

Quine 认为，变元在代替具有抽象意义的代词时，主要功能是占位符号。由此，VFS 指出，（11）c 和 d 中嵌入从句的指称有所不同。c 句指称一个命题，d 句则指称一个从个体到命题的函项，或者说，指称一个性质集合 $\lambda x[\text{LIKE}'(x)(\text{M}')]$，该集合由所有具有性质“被 Mary 喜欢”的男性个体组成。

为了能够既不使用变元，又可以处理基本的照应约束关系，Jacobson 在语义上做出两个假设：（1）代词（如 him）指示个体上的恒等函项 $\lambda x.x$；（2）函项组合规则（Functional Composition）可以分解为吉奇规则 G+函项应用规则。以（11）d 为例，“him”的语义函项与“loves”的语义函项结合，因为“him”指示恒等函项，所以得到的就是“loves”的语义，然后与类型提升后的“Mary”结合，得到的就是上面希望得到的性质。这样只需在语义中增加吉奇规则一条规则，并把之前需要借助变元来生成的约束效果借用类型转换规则 z 得以实现：

定义 35　类型转换规则 *z*（Jacobson 1993: 352）

给定任何具有类型 $<X, <e, t>>$ 的表达式 α，α 可以转换成类型为 $<<e, X>, <e, t>>$ 的同义异型表达式 β，$\beta = z(\alpha)$。z 的定义为：对于任何函项 g，$z(g) = \lambda f[\lambda x[g(f(x))(x)]]$，其中 f 是类型为 $<e, t>$ 的变元。

由于 VFS 与传统的代词照应处理方法有所不同，所以相应的范畴句法

---

① **i-within-i effect** 统称所有符合以下描述的情况：在关系代词补语域内的代词不能被该代词“约束”，如（11）b（Jacobson 1993：349）。

一定也与之前的范畴版本有相当差异：

◆ 首先，VFS 对代词在语义上进行不含变元的处理。Jacobson 使用上标范畴来表示含有代词结构的句法范畴。如（11）d 中的嵌入从句"Mary likes him"对应范畴 s^{np}，表示这个结构很像 s，只是缺少一个 np。类似的，动词短语"likes him"和代词"him"分别对应范畴 vp^{np} 和 np^{np}。

◆ 其次，对于 VFS 中唯一增加的组合规则—吉奇规则，给出了相应的句法规则 G′。

定义 36　句法规则 G′（Jacobson 1993：358）

对于任何范畴为 A/B 的表达式α，以及任何范畴 C，都有一个范畴为 A^{C}/B^{C} 的同义异形表达式β，$\beta = \lambda V[\lambda c[\alpha(V(c))]]$（其中 V 为类型是$<C', B'>$的变元，c 为类型为 C 的变元）。

最后，给出了类型转换规则 z 所对应的句法版本 Z。

定义 37　句法版本的转换规则 *Z*（Jacobson 1993: 359）

对于任何句法范畴为$(np\backslash A)/B$、语义类型为$<X, <e, Y>>$的表达式α，都存在一个范畴为$(np\backslash A)/B^{np}$、类型为$<<e, X>, <e, Y>>$的表达式β。（其中$\beta = z(\alpha) = \lambda f[\lambda x[g(f(x))(x)]]$）

（11）d 的内嵌小句生成情况如图 3.16 所示：

$$\dfrac{\dfrac{\dfrac{\dfrac{Mary}{M':np}}{\lambda P.P(M'):s/(np\backslash s)}T_{>}}{\lambda R[\lambda x[\lambda P[P(M')](R(x))]]:s^{np}/(np\backslash s)^{np}}G \qquad \dfrac{\dfrac{\dfrac{likes}{LIKE':(np\backslash s)/np}}{\lambda f[\lambda y[LIKE'(f(y))]]:(np\backslash s)^{np}/np^{np}}G \quad \dfrac{him}{\lambda x.x:np^{np}}}{LIKE':(np\backslash s)^{np}}}{\lambda x[LIKE'(x)(M')]:s^{np}}$$

图 3.16 "Mary likes him"的生成树

在 VFS 中，一旦一个语句含有照应词，那么与照应词直接或间接结合的语词都要进行范畴的转换，牵一发则动全身，波及范围过广。但是，这样得到的范畴句法对之后的研究至少有两点启示：（1）在语义上可以把代词看作占位符，只对应恒等函项；（2）把指代上的约束工作留给句法去操作。

（二）Jäger 的处理

我们认为，到目前为止，处理照应得最好的句法尝试应属 Jäger（2005）

构造的 LLC 系统，全称为含受限缩并规则的兰贝克演算（Lambek Calculus with Limited Contraction）。上面已经提到，因为缩并规则允许语词资源的重复使用，在 LLC 系统中，照应算子的消去规则预设缩并规则的存在，但缩并规则于此只与照应成分的处理有关（与对连续成分的处理无关），所以，是受限的缩并规则。LLC 系统的重点是添加了专门处理照应语词的竖线照应算子“|”，可以处理句法上多为不连续结构的照应现象。LLC 中范畴的构造定义为：

定义 38　LLC 范畴

1. s 和 np 是范畴；
2. 如果 A 和 B 是范畴，那么 A/B，$B\backslash A$，$A \bullet B$，$A|B$ 也是范畴。

其中，“\”、“/”与“•”与兰贝克演算中的定义相同，对自然语言中的相邻成分进行运算；“|”是 Jäger 在 Jacobson 的 VFS 基础上系统化的照应算子，其句法功能与 VFS 中的右上角标记十分相似。但是，竖线算子的功能更加强大，可以为照应词直接寻找可以匹配的先行词：一个范畴为 $A|B$ 的语词若向后（或向前）找到一个范畴为 B 的先行词，生成的词项就具有 A 范畴词项的性质。

定义 39　LLC 模型

LLC 的模型是一个六元组$\langle W, R, S, \sim, f, g\rangle$。其中：$W$ 是字符串的非空集合，R，$S \subseteq W^3$，$\sim \subseteq W^2$，f 是从原子范畴到 W 子集的函项，g 是从 LLC 范畴到 W 上元素的函项，照应范畴的语义解释为：

$\|A|B\|_{\mathcal{M}} = \{x | \exists y[Sxyg(B) \ \&\ y \in \|A\|_{\mathcal{M}}]\}$

其中 S 刻画了与照应有关的情况，$Sxyz$ 表示：如果在周围非邻近的地方有 z 照应的对象，即与 z 相似的对象（设为 u），x 就可转换成 y，z 与 u 相似用 $z \sim u$ 表示。不假设这种相似关系有传递、自反或者对称性质。g 是从某类范畴中提取出特异元素的函项，即每个范畴中的对象都可由 g 映射成被照应的对象。

$\langle W, R, S\rangle$ 的框架限制体现于下列语义公设：

MP1.　$\forall xyzwu[Rxyz \ \&\ Szwu \Rightarrow \exists v[Sxvu \ \&\ Rvyw]]$

MP2.　$\forall xyzwu[Rxyz \ \&\ Sywu \Rightarrow \exists v[Sxvu \ \&\ Rvwz]]$

MP3.　$\forall xyzwuv[Rxyz \ \&\ Sywu \ \&\ Szvu \Rightarrow \exists r[Sxru \ \&\ Rrwv]]$

MP4. $\forall xyzwu[Rxyz \,\&\, Szwu \,\&\, y \sim u \Rightarrow Rxyw]$

MP5. $\forall Aw[w \in \|A\|_{\mathcal{M}} \Rightarrow w \sim g(A)]$

以上五条是关于照应算子的语义公设，其中 MP1-MP4 说明照应算子与普通毗连算子·相互作用的情况，MP5 说明一个范畴下属的所有对象都相似于该范畴中那个被照应的对象。

以下是 LLC 的四种表述，篇幅原因，LLC 系统四种表述方式相互等价、LLC 系统的可靠性等元逻辑性质在此不予一一证明，感兴趣读者可以参照 Jäger（2005）。

定义 40 LLC 系统的公理表述

LLC 的公理系统通过向 L 添加以下四条公理和一条推理规则得到。

A1. $A \bullet B|C \to (A \bullet B)|C$

A2. $A|B \bullet \mathrm{C} \to (A \bullet C)|B$

A3. $A|C \bullet B|C \to (A \bullet B)|C$

A4. $A \bullet B|A \to A \bullet B$

D1. $\dfrac{A \to B}{A \mid C \to B \mid C}$

定义 41 LLC 的根岑表述

LLC 的根岑表述由 L 的根岑表述加上$|R$ 和$|L$ 得到：

$$\frac{X, A_1, Y_1, ..., A_n, Y_n \Rightarrow B}{X, A_1 \mid C, Y_1, ..., A_n \mid C, Y_n \Rightarrow B \mid C} \mid R \quad (\text{其中 } n > 0)$$

$$\frac{Y \Rightarrow B \quad X, B, Z, A, W \Rightarrow C}{X, Y, Z, A \mid B, W \Rightarrow C} \mid L$$

定义 42 LLC 的 ND 表述

LLC 的 ND 表述由 L 的 ND 规则加上$|E$ 和$|I$ 得到：

$$\frac{X \Rightarrow A \quad Y \Rightarrow B \mid A \quad Z, A, W, B, U \Rightarrow C}{Z, X, W, Y, U \Rightarrow C} \mid E$$

$$\frac{Z_i \Rightarrow A_i \mid C \quad X, A_1, Y_1, ..., A_n, Y_n \Rightarrow B}{X, Z_1, Y_1, ..., Z_n, Y_n \Rightarrow B \mid C} \mid I \quad (1 < i < n)$$

定义 43 LLC 的加标树模式表述

LLC 的加标树模式表述由 L 的加标树模式规则加上$|E$ 和$|I$ 得到：

a. $[M:A]_i \cdots \dfrac{N:B\,|\,A}{N(M):B}\,|\,E,i$

b. $$\dfrac{\vdots\ \vdots\ \dfrac{\dfrac{M_1:A_1\,|\,B}{M_1x:A_1}i_1}{\vdots}\ \vdots\ \vdots\ \dfrac{\dfrac{M_2:A_2\,|\,B}{M_2x:A_2}i_2}{\vdots}\ \vdots\ \vdots\ \dfrac{\dfrac{M_n:A_n\,|\,B}{M_nx:A_n}i_n}{\vdots}\ \vdots\ \vdots}{\dfrac{N:C}{\lambda xN:C\,|\,B}\,|\,I,i_1,i_2,\ldots,i_n}$$

其中 a 和 b 分别是照应算子的消去和引入规则。规则 a 说明，如果有一个范畴为 $B|A$ 的表达式 N，N 在其左侧找到了一个范畴为 A 的表达式 M 做其先行词，则结合之后的表达式 $N(M)$具有范畴 B，从而消去了 N 范畴中的竖线算子。规则 b 说明，如果范畴为 $A_n|B$ 的表达式 M_n 向前结合了一个范畴为 B 的变元假设，得到范畴 A_n，那么在得到完整的树结构之后，还需要将引入的变元假设消去。

这里要说明一点，Jäger 在规则 a 中对先行词的<λ–项，范畴>整体做下标标记，我们认为，更严格地说，这个标记应该仅标注在范畴之上。因为竖线算子作为范畴构造的一个连结词，只对范畴进行操作，需要标记的也应该是竖线算子所要寻找的先行词范畴。在进行类型逻辑运算的过程中，范畴之间和λ–项之间分别依据兰贝克演算和λ–演算进行操作，二者平行进行、互不干扰。此处作为对 Jäger 理论的介绍，仍沿用其做法，在第五章介绍新系统时，我们将把方框和下标只标注在范畴之上。

以句（12）为例，利用加标树模式表述给出两句的生成图 3.17：

a. $$[y]_i \ \cdots \dfrac{\dfrac{\dfrac{John}{\mathrm{JOHN'}:np}\text{词库} \quad \dfrac{\dfrac{loves}{\mathrm{LOVE'}:(np\backslash s)/np}\text{词库} \quad \dfrac{\dfrac{him}{\lambda x.x:np\,|\,np}\text{词库}}{y:np}\,|\,E,\mathrm{i}}{\mathrm{LOVE'}(y):np\backslash s}/E}{\mathrm{LOVE'}(y)(\mathrm{JOHN'}):s}\backslash E}{\lambda \mathrm{y}[\mathrm{LOVE'}(y)(\mathrm{JOHN'})]:s\,|\,np}\,|I,\ i$$

b. $$\dfrac{\dfrac{John}{[\mathrm{JOHN'}:np]_1} \quad \dfrac{\dfrac{loves}{\mathrm{LOVE'}:(np\backslash s)/np} \quad \dfrac{\dfrac{himself}{\lambda x.x:np\,|\,np}}{\mathrm{JOHN'}:np}\,|\,E,1}{\mathrm{LOVE'(JOHN')}(x):np\backslash s}}{\mathrm{LOVE'(JOHN')(JOHN')}:s}$$ ①

图 3.17（12）a 和 b 的 LLC 生成图

---

① 以下不作特殊强调时，将省略一部分生成步骤和规则标注，且为讨论方便，本书分析汉语语例时均不考虑时态。

（12）a. John loves him.

b. John loves himself.（与（7）同）

从直观上看，树模式的生成过程一般由右至左，λ–词项之间进行语义毗连，范畴之间同时按照预先给出的规则进行运算。以（12）a 为例，因为代词自身没有确定的指称，所以“*him*”要获得一个专名先行词作为指称，之后实现专名的功能。从语义上看，代词是一个关于个体的恒等函项，所以“*him*”对应范畴 $np|np$，其λ–词项为$\lambda x.x$。根据生成语法的**约束原则**（Binding Principles）[①]，代词在局部小句内自由，所以“*him*”不受“*John*”约束，要在小句外部获得一个指称 y，之后分别运用$/E$ 规则和$\backslash E$ 规则，得到范畴为 s 的表达式 LOVE′(y)(JOHN′)。因为 y 是我们对先行词的假设，所以最后要再依据$|I$ 规则对其做一次抽象，得到范畴为 $s|np$ 的表达式λy [LOVE′(y)(JOHN′)]。也就是说，一旦 y 找到一个合适的先行词，所得的表达式就是一个完整的语句。最后需要强调一点，以上所有引入规则都要在完整的生成树上进行操作，即经过运算之后最终得到范畴为 s 的λ–项，且该树上的各节点与其外的任何节点没有未消去的假设或照应关系。

本章第三节介绍了对照应现象进行类型逻辑刻画的几种方案，主要包括两大类，一类是词汇的方法，在词库中为照应词的每种出现赋以相应的词条，一类是句法法，在句法系统中增加规则或者算子，以求统一处理所有照应词条。根据分析我们知道，词库法受到两方面的困扰，一个是成分统领问题，一个是照应词的赋值过于复杂的问题。句法法避免了这样的问题，尤其 Jäger 的竖线算子，使得照应现象的处理更加简洁一致，是我们认为到目前为止最令人满意的一套照应处理方案。以下将利用实例的生成情况来介绍 LLC 系统能够处理的几种现象。

第四节　LLC 系统与照应省略

在第三节中我们看到，LLC 系统在对照应现象的处理上，比以往的各种范畴方法更加简洁、更容易操作，且避免了照应词条在语义表达式和对

① 生成语法的三条约束原则分别为：

A. 照应词必须在局部小句内受到约束；

B. 代词在局部小句内必须自由；

C. 非代词、非照应词不受约束。

应范畴上的复杂性。它的特长在于处理涉及语义资源重复使用的现象，本节以下将简略提点几种它能处理的相关现象，以助于读者更直观地了解 LLC 系统的实际作用。

一、关系代词从句

上节（12）已经说明含有代词和反身代词的简单句在 LLC 中如何生成，下面看一看更加复杂的语句如何利用竖线算子得到。

（13）a. John said he walked.

b. the man who said he walked.

（13）a 有两种解读，一种是“he”与它局部论域外的主句主语“John”同指，如图 3.18a 所示；一种是代词“he”不受“John”约束，与“John”不同指，如图 3.18b 所示。

a. $$\dfrac{\dfrac{John}{[JOHN':np]_i} \quad \dfrac{\dfrac{said}{SAY':(np\backslash s)/s} \quad \dfrac{\dfrac{\dfrac{he}{\lambda x.x:np|np}}{JOHN':np}|E,i \quad \dfrac{walked}{WALK':np\backslash s}}{WALK'(JOHN'):s}}{SAY'(WALK'(JOHN')):np\backslash s}}{SAY'(WALK'(JOHN'))(JOHN'):s}$$

b. $$\dfrac{}{[y]_i}\cdots \dfrac{\dfrac{\dfrac{John}{JOHN':np} \quad \dfrac{\dfrac{said}{SAY':(np\backslash s)/s} \quad \dfrac{\dfrac{\dfrac{he}{\lambda x.x:np|np}}{y:np}|E,i \quad \dfrac{walked}{WALK':np\backslash s}}{WALK'(y):s}}{SAY'(WALK'(y)):np\backslash s}}{SAY'(WALK'(y))(JOHN'):s}}{\lambda y[SAY'(WALK'(y))(JOHN')]:s|np}|I,i$$

图 3.18 （13）a 的两种解读生成

从本质上看，图 3.18a 和 b 属于同一种生成，前者不过是后者的特殊情况。代词“he”在其局部小句之外寻找先行词（如 b 所示），如果只在其小句之外第一层就发现了先行词，则成为第一种与“John”同指的情况。但是，如果把“John”用“the man who”替换，将这句话改成受关系代词约束的关系从句（13）b，得到的解读范围就缩小了，“he”只与被其所在从句修饰的“the man”同指，生成过程如图 3.19 所示：

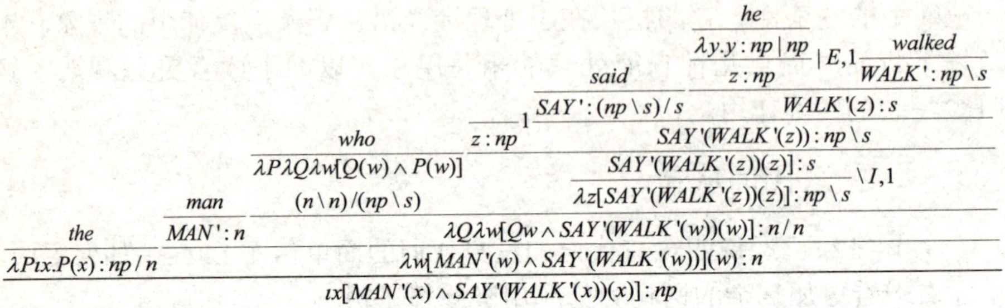

图 3.19 （13）b 的 LLC 生成图（Jäger 2003：159）

二、量词与代词的交叉互指

利用 Moortgat（1996）用以统一处理量化的三元算子 q，照应算子也可以很好地生成代词回指量词的情况，如语句（14），其生成情况如图 3.20 所示。

（14）Everybody loves his mother.

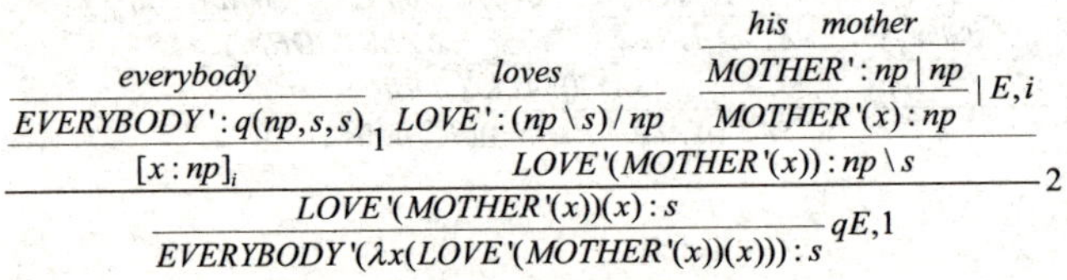

图 3.20 （14）的类型逻辑生成图

精确地说，图 3.20 中 $q(np,\ s,\ s)$表示量词“everybody”的三元类型，因为语义类型与句法范畴之间有映射关系，这里为了表述更加简洁，直接用 $q(np, s, s)$表示量词的范畴。直观解释就是，用范畴为 $q(np, s, s)$的前提代替范畴为 s（第二个论元 s）的结构中范畴为 np 的前提，就能将整个结构的范畴从第二个论元范畴 s 变为第三个论元范畴，在这里也是 s。量词 q 的操作分为三步：（1）用假设 np 替换量词，即图 3.20 中的 1 步所为；（2）使用这个假设生成语句 s，即生成线 2 以上所进行的操作；（3）消去假设，用量词来替换假设，如最后一步的操作。

以往的研究都未能触及量词和代词同指的情况，所以这种做法令人耳目一新，而且照应算子能够与 Moortgat 已有的量词处理相结合，体现了照应算子出色的解释能力和巨大的生成潜力。

三、VP 回指[①]

竖线算子的突出特点，就是能够作用在不连续的成分上，为代词、或起指代作用的语词找到合适范畴的先行词，得到正确的生成。上面几节已经介绍了竖线算子帮助代词寻找先行词的代表性语例，英语中还存在一些不是代词、但也具有类似效应的语词。如（15）：

（15）John likes broccoli, and Bill does too.

这类句子在文献中被称为**VP 省略句**（VP Ellipsis），VP 省略句中先出现的小句叫**源从句**（Source Clause），后出现的小句叫**目标从句**（Target Clause），因为目标从句中的 VP 与源从句中相同，为了避免重复，后者由助动词/情态动词代替源从句中的 VP，如（15）中由“does”替代了“likes broccoli”。从照应的角度看，助动词“does”就是代动词，它像极了代词，也能回指，只不过回指的是动词，即作用在个体的集合—即性质上，而非论域个体之上。顺着这一思路，可以为具有指代作用的助动词赋以范畴 $vp|vp$［即$(np\backslash s)|(np\backslash s)$］，表示需要一个范畴为 $np\backslash s$ 的成分做其先行词，找到这个先行词并进行句法上的结合之后，得到的成分也具有 $np\backslash s$ 范畴。“does”在语义上应该还是一个恒等函项。（15）的生成如图 3.21 所示。（这里认为 too 对语义组合没有本质上的贡献，姑且忽略不计）

由此可见，使用照应算子处理涉及代词回指照应和 VP 省略的结构都可以得到理想的结果。那么，对于既包含代词、又有动词短语省略的 VP 省略句［以（16）a 为例］，照应算子的应用情况又如何呢？

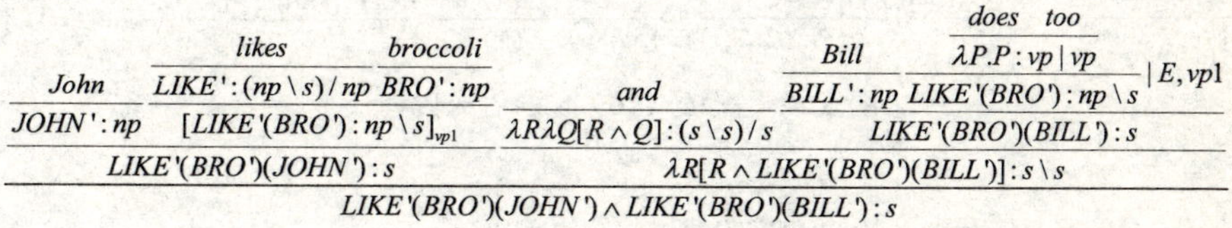

图 3.21　（15）的生成图

（16）a. John revised his paper, and Bill did (too).

---

① 本书区分 VP 与 *vp*，NP 与 *np*，大写的 VP、NP 指对象语言中的动词短语和名词短语，小写的斜体 *vp*、*np* 代表范畴。

b. $John_i$ revised his_k paper, and $Bill_j$ revised his_k paper (too).

c. $John_i$ revised his_i paper, and $Bill_j$ revised his_j paper (too).

d. $John_i$ revised his_i paper, and $Bill_j$ revised his_i paper (too). (Jäger 2005: 188)

（16）a 的源从句 VP 中包含一个代词性 NP，目标从句内包含类一个代词的助动词，当目标从句中的“did”将源从句中的先行词拷贝过来时，源从句中的代词也同时被复制过来了。根据代词获得先行词的情况、以及代词获得先行词与代词所在 *vp* 被拷贝到目标从句作 did 先行词的先后，（16）a 一共有（16）b–（16）d 三种解读。在 LLC 中，前面的讨论思路对我们有很大启迪：

◆ 如果源从句中的代词先在域外求得一个变元 *y* 做其先行词，那么得到的带变元的 *vp* 再做“did”的先行词，就会得到解读（16）b，如图 3.22；

◆ 如果源从句中的代词在获得域外的先行词之前就被“did”拷贝过去做先行词，那么之后源从句和目标从句中就各自存在一个包含代词的 *vp*。但为保证每个人批改的都是自己的作业，在 *vp* 拷贝之前还需要借助假设和 λ–抽象做一个局部处理，得到$\lambda x(\mathrm{RV}'(\mathrm{PAPER}'(x))(x))$，从而得到解读（16）c。如图 3.23；

◆ 而对于（16）d，它只是解读 b 的一种特殊情况，即 b 中的变元 *y* 恰好与源从句主语同指的情况，并没有违反乔姆斯基的约束原则。

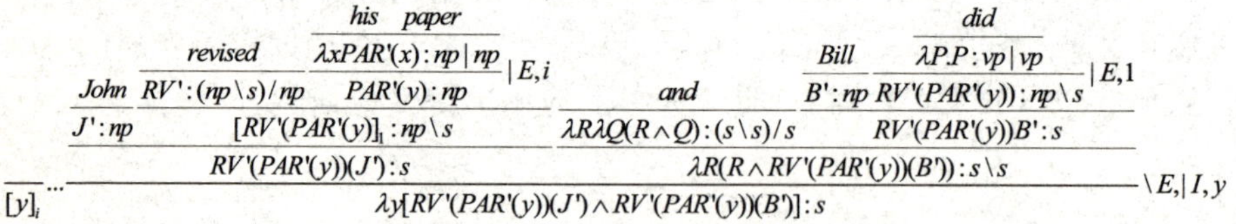

图 3.22 解读（16）b 的生成过程

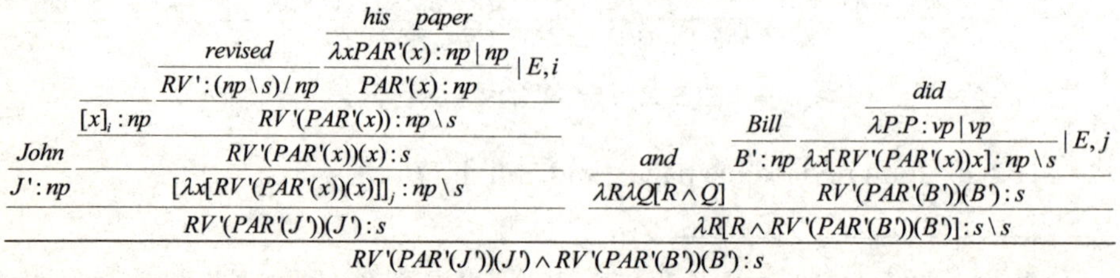

图 3.23 解读（16）c 的生成过程

如果语句中再包含更多代词类回指词，则由于代词指代的不明确和代词、助动词的互相作用，会产生更多歧义解读，如多代词问题①、含有量化短语的 VP 省略句等等，都能够在 LLC 系统内生成。总之，LLC 可以对英语中绝大多数涉及语义资源重复使用的照应现象进行类型逻辑刻画，并得到令人满意的结果。在下面一章我们将基于 LLC 系统对汉语中的各种相关现象进行分析，同时指出它在分析汉语相关现象上存在哪些不足。

---

① 指源从句中含有不止一个代词的情况，如"John said he talked to his mother, and Bill did too"。这种语句的指代情况要比源从句中只含一个代词的 VP 省略句更加复杂。

第四章

基于 LLC 的汉语分析

上一章我们考察了范畴语法、尤其类型逻辑语法处理不连续现象的几种主要尝试。其中到目前为止最有优势的，是 Jäger 向兰贝克演算 L 添加照应算子得到的 LLC 系统。本章我们将利用 LLC 系统提供的分析工具，对汉语中涉及回指、照应、省略等现象的结构逐一进行讨论，指出 LLC 系统存在哪些不足。

本章安排如下：

◆ 第一节集中讨论汉语人称代词和空代词的类型逻辑生成。为使人称代词的生成结果更加精确，我们考虑为照应范畴添加表示性别等特征的标记，并由此对竖线算子的使用规则加以重新思考，认为下标的添加和消去不同于逻辑中做区别用途的变元下标，是生成过程中一步独立的运算，需要配以相应的逻辑规则。至于汉语中广泛存在的空代词，我们提出填补照应假设的设想。

◆ 第二节区分了四种“自己”，分别予以讨论和分析。

◆ 第三节将照应算子处理的现象升级到回指 VP 的情况，尝试处理汉语中的 VP 省略、VP 回指与代词交互作用等现象，指出 LLC 系统在推广处理 VP 结构上存在哪些不足，进一步巩固了填补照应假设的想法。

以下首先考察汉语代词在 LLC 中的处理情况。

第一节　代词回指

本节讨论分为两部分，分别为对人称代词和对空代词的处理。首先来看人称代词的情况。

一、人称代词

（一）三身代词

吕叔湘在《近代汉语指示代词》的开篇部分指出，人称代词（吕称之为三身代词，即表示三种人称的代词）中最具代表性的是“你”、“我”、“他”。说话人的自称为“我”，说话人称听话人为“你”，而“你”、“我”之外的人或物为“他”。（1983：1）当然还有其他变体，如“您”、“伊”等等，但均可归入三种人称之内，故不单独讨论。第一、第二人称代词的指代对象主要与说话人及其听众相对，若非说话人即听话人，不需要在上下文中寻找指称。所以我们认为，第一、第二人称代词是有固定所指的表达式，其范畴和λ-项的序对类似专名，如（1）所示。

（1）我/你——我'/你'：*np*

所以，三身代词中只有第三人称代词需要回指上文出现的某个具体个体。如（2）中乙所用的“他”回指甲所提到的“小张”，生成过程如图 4.1 所示。

（2）甲：小张 $_i$ 今天没来上班。

乙：什么呀，我刚才还看见他 $_i$ 坐在办公室。（韩蕾 2009：39）

$$\dfrac{\text{小张}}{[\text{小张}':np]_i}\cdots\dfrac{\cdots\dfrac{\dfrac{\text{他}}{\lambda x.x:np\mid np}}{\text{小张}':np}\mid E,i\quad\dfrac{\text{坐在办公室}}{\text{坐在办公室}':np\backslash s}}{\text{坐在办公室}'(\text{小张}'):s}$$

图 4.1 （2）乙句“他”回指“小张”的生成图

如果（2）乙中的“他”在上文中没有找到先行词，则在类型逻辑语法中“他”指示一个假设，而且在生成完整的树结构之后，还需要使用“|*I*”规则将假设消去。比如，假设（2）句只有“他坐在办公室”这一部分，那么，其处理方式应与第三章第三节“John loves him”相似，如图 4.2 所示。

$$\dfrac{\dfrac{}{[y:np]_i}\cdots\dfrac{\dfrac{\dfrac{\text{他}}{\lambda x.x:np\,|\,np}\,|E,i}{y:np}\quad\dfrac{\text{坐在办公室}}{\text{坐在办公室}':np\backslash s}}{\text{坐在办公室}'(y):s}}{\lambda y[\text{坐在办公室}'(y)]:s\,|\,np}\,|I,i$$

图 4.2 （2）乙句“他”的先行词为未知情况的生成图

普通代词的处理与英语代词的处理方式相同，没有问题。但是，无论在汉语还是英语中，实际代词使用时都区别了对男性和女性的指称词，如果我们不加以区分，就会大大增加错位匹配的可能性。比如，（3）句中的代词“他”可能与女性“王蕾”同指。到目前为止，范畴的颗粒度仍然较粗，如果想要生成结果更精确，则要增加并精细化范畴所承载信息。

（4）张三 $_i$ 认为王蕾 $_j$ 知道李丽 $_k$ 喜欢他 $_{i/*j/*k}$。

（二）基于统一操作的语法

我们不妨把词库中语词的语义-范畴赋值看做它们的名片，把语句的句法语义生成看做语词互相交流的社会活动，语词与语词接触活动之前，必须先出示名片。名片上的各类信息都可以更加丰富，包括范畴。比如，*s*、*np*、*s\np* 可以看做复合的对象，不但包含主要句法信息，即 X-杠理论中的 X、X-杠和 XP，还包含次要的句法特征，如数、性、人称一致等等。这样的**特征束**（Feature-Bundle）基于现有的目的，可以简写为 S、NP_{3S}，$S\backslash NP_{3S}$，下标 3S 代表三称单数。所以，“John likes Mary”中“likes”的范畴可以写成：

（5）likes := $(np_{3S}\backslash s)/np_{NUM}$

（5）中两个特征束代表意义不同，*num* 表示“数”，是一个母特征，它包括第三人称单数（3S）和复数（PL）两种子特征。带有特征束的范畴之间基于**统一**（Unification）操作进行函项贴合运算，大略地说，就是相容的项/表达式能够**合并**（Amalgamate）、不相容项/表达式不能合并。相容项间合并的结果就是两个参与合并的项之间更具体、更详细的那一项。母特征本身是未特化的，所以它与子特征相遇，得到的就是子特征。如果两个子特征相遇，特征相同时不变，特征不同便不相容。比如说，np_{3S} 和 np_{NUM} 合并得 np_{3S}，但是 np_{3S} 与 np_{PL} 就无法合并。

以下（6）列举了几个合法的常元/变元合并操作，（7）中是几个不合法、无法进行合并的操作：

（6）a. x　　　　　　$a' \Rightarrow a'$

　　b. $f'(g'a')$　　　$x \Rightarrow f'(g'a')$

　　c. $f'x$　　　　　$a \Rightarrow f'a$

　　d. $f'a'x$　　　　$fyy \Rightarrow fa'a'$

（7）a. a'　　　　　$b' \Rightarrow$ 失败

　　b. $f'x$　　　　　$g'y \Rightarrow$ 失败

　　c. $f'a'b'$　　　　$f'yy \Rightarrow$ 失败

因此，“John likes Mary”带特征束的范畴生成过程为：

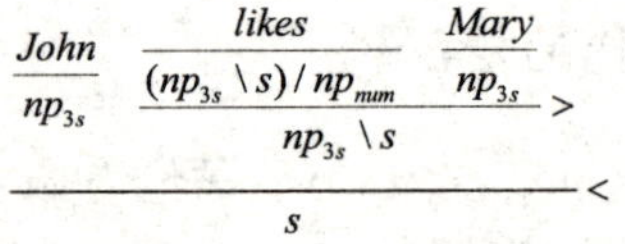

图 4.3 “John likes Mary”带特征束的范畴生成图

这一类采用合一操作进行特征合并、函项贴合的语法，被统称为**基于统一操作的语法**（Unification-Based Grammars）。（Shierber 1986；Steedman 1995）我们的类型逻辑系统也是一套基于统一操作的语法。统一操作对语法特征丰富的语言十分受用，汉语作为意合型语言，只在极少情况下有一致性需求，三称代词的“性”特征一致为其中之一。

（三）带特征束的范畴

为了能够区别代词的性别特征，我们提出以下设想：

对于可以确定所带特征的词项，在词库中为其赋以标有特定特征的范畴，如 ANI（[+/-animate]：生命性），PLA（[+/-place]：地点），M（[+/-male]：男性）等特征，使得代词在寻找先行词的时候，特征匹配也是标准之一。如给一个男性词条 M，M 的范畴可以标记为 np_M。因而，“张三”、“王蕾”、“李丽”在词库中的⟨λ-项：范畴⟩词条分别为：

（8）张三— 张三′: np_M

王蕾— 王蕾′: np_{FM}
李丽— 李丽′: np_{FM}

还可以在时间、地点等名词的范畴上增加特征束，使信息的匹配更精准。但是要注意，这种为范畴增加特征束细化所带句法特征的运算操作，与 LLC 系统中标记先行词和照应词的$[\ ]_i$下标操作有本质区别。LLC 将具有照应关系的语词用$[\ ]_i$标以相同的序号，具有相同序号的表达式具有照应关系。这种做法主要基于“**匹配**”（Matching）、而非“合并”的思想。

按照 LLC 添加照应下标的方法为（8）中的专名词条标以下标，所得结果为（9）：

（9）张三— [张三′: $np]_M$
王蕾— [王蕾′: $np]_{FM}$
李丽— [李丽′: $np]_{FM}$

这样的词条在完成先行词和照应词之间的索引和查找、完成照应运算之后，有特征下标的表达式就无法与相邻范畴继续进行运算了，如（10）：

（10）张三喜欢李丽。

$$\frac{[\text{张三}':\ np]_M}{np_M} \qquad \cfrac{\dfrac{\text{喜欢}':(np\backslash s)/np \quad [\text{李丽}':np]_{FM}}{(np\backslash s)/np \qquad np_{FM}}*}{}*$$

运算无法进行的部分由*标注出来。第一行谓语动词和宾语之间的运算就存在问题，“喜欢”无法与其右侧带有下标的范畴 *np* 毗连。因为从逻辑的角度看，$[\ ]_M$、$[\ ]_{FM}$阻隔了它们跟其他<λ-项，范畴>之间的运算。而且到目前为止，它们的角色还是特征下标，必须有一个函项需要的论元与其完全相同，才能继续运算。现在的实际情况是，比如“喜欢′: $(np\backslash s)/np$”，它只要求一个范畴为 *np* 的词项做其论元，导致生成过程停滞。此时，即使退后一步，去掉方括号，将特征标记只标在范畴上，从逻辑的角度看，$np \neq [np]_M \neq [np]_M$，而范畴$(np\backslash s)/np$需要向右结合 *np* 范畴，$[np]_{FM}$范畴仍不符合要求。当然，范畴间的“合一”操作就将问题很好地解决掉了（如图 4.4 所示）。

$$\dfrac{\dfrac{\text{张三}}{np_{3S}} \qquad \dfrac{\dfrac{\text{喜欢}}{(np_{3S}\backslash s)/np_{NUM}} \quad \dfrac{\text{李丽}}{np_{3S}}}{np_{3S}\backslash s}>}{s}<$$

图 4.4 “张三喜欢李四”带特征束的范畴生成图

“匹配”做法存在的问题对于 LLC 系统的照应词条加标同样存在，源自于照应规则（11a）和（11b）：

（11）a $\quad [M:A]_i \cdots \dfrac{N:B\,|\,A}{N(M):B}\,|E,i$

b $\quad \dfrac{\vdots \quad \vdots \quad \dfrac{\vdots\ \dfrac{\dfrac{M_1:A_1\,|\,B}{M_1x:A_1}i_1}{\vdots}}{\vdots}\ \vdots \quad \vdots\ \dfrac{\vdots\ \dfrac{\dfrac{M_2:A_2\,|\,B}{M_2x:A_2}i_2}{\vdots}}{\vdots}\ \vdots \quad \vdots\ \dfrac{\vdots\ \dfrac{\dfrac{M_n:A_n\,|\,B}{M_nx:A_n}i_n}{\vdots}}{\vdots}\ \vdots \quad \vdots}{\dfrac{N:C}{\lambda xN:C\,|\,B}\,|\,I,i_1,i_2,\ldots,i_n}$

在规则的使用过程中可以看到，照应算子的消去规则$|E$ 伴随有对加了标记的先行词的操作。在这条规则中，标记的使用类似于谓词逻辑中的变元下标，可以区别不同变元，但**似乎又超出了变元下标的意义：**

一方面，**在词库中范畴并没有数字标记，数字下标因照应运算的需要在操作过程中被添加**。这种情况在第三节将要讨论的 VP 回指现象中更加明显，因为那些语例中需要加标的 VP 往往是运算的结果，添加的标记不是先天的，需要有标记添加规则作为依据，完全不同于变元下标。

另一方面，**在照应运算结束之后，为保证贴合运算顺利进行，还需要有下标消去规则消去冗余的下标，不管是词库中带出的 M、FM 还是运算中添加的 i**。

因此，规则$|E$ 中的标记存在以下三个问题：

① 被照应的范畴何时加上标记似乎是随意的；

② 在范畴运算过程中，标记的延续没有能够切实遵循运算规则；

③ 完成照应消去操作之后，加标范畴的标记的消去也没有说明。

Jacobson（1993）认为，不使用变元、将照应现象的约束作用放在句法中去处理的好处之一，就是句法里面不像生成语法等理论一样需要加标机制。Jäger 受 Jacobson 启发，把先行词和照应词之间的约束放在照应算子的句法功能上，的确没有使用奎因意义上的变元，但是，在 LLC 系统中，又是否像 Jacobson 所说的不需要加标机制呢？或者说，形式上的加标是否只是为了使读者更容易辨识先行词与照应词之间的同指关系？不管答案为“是”或“否”，从逻辑角度看，**任何在系统中出现的标记或操作，都必须有据可依，必须提供执行该操作的逻辑依据**。

所以，对于下标的问题，我们有两个设想：

① **增加下标的引入和消去机制**。因为只要 Jäger 在系统中使用了下标标记，就需要增加规则以限定，否则在实际操作中会出问题。

② 对 Jäger 的加标方法稍作修改，不在词项整体上加标，**加标操作只针对句法范畴**。其中原因参照定义 49（ii）中的解释。

如果能够实现这两个设想，那么范畴进入运算系统之后，在同一个语篇当中，一旦出现照应词，系统能够自动为照应词前面满足它要寻找的先行词范畴按顺序添加编号，这个过程持续循环，直到一个语句的形式生成过程完成。在照应计算完成之后，所有标号又可以使用标记消去规则消去，消去下标的词条便可以与相邻范畴做毗连运算。这样做相当于从另一个角度表述了（11a）中标记出现和消失的原因。

关于下标的引入和消去规则将在下一章构造的 LLCW′系统中给出。

二、空代词

语言学界存在一个普遍共识，认为汉语允许**代语脱落**（Pro-Drop）。和英语一样，一般情况下，代词在句法上有语音表现形式，不同的是，汉语还大量使用空代词。黄正德先生（Huang 1982：531）对比了英语和汉语的空代词使用情况，如表 4.1 所示。表 4.1 表明，英语和汉语的代词省略情况对比鲜明，汉语使用零代词的自由度很大。McLuhan 依据交流过程中需要观众参与的多少将媒体分为“热—冷”等型[①]，黄正德仿照这种分法，依据语言中照应成分的使用和听话人的参与情况，将自然语言分为“热—冷”

① 如果交流过程需要很少甚至不需要观众的参与，则为“热”型媒体；反之，如果交流过程需要观众的积极参与，则为“冷”型媒体。

型语言。如，**英语是“热”型语言**，因为代词一般不能省去，理解句子需要的信息大部分都从直接看到、听到的东西得到；**汉语是“冷”型语言**，合法语句中的代词通常可省，而且比较自然，理解一个语句要求读者和听话人的参与，涉及推理、上下文、对世界的知识等等。

这一论证至少说明，空代词对于汉语来说是一种经常出现、且比较重要的现象。如果忽略这些空代词，直接对语句做类型逻辑生成，那么很多语句必然会得到不够完整的语义，在句法上往往也不能得到饱和范畴。如第四节对表 4.1 中的“*e* 看见他了”（他这里指李四，为降低语句的生成复杂度，直接讨论“*e* 看见李四了”）的第一种类型逻辑生成，得到的是一个动词短语。虽然其中表体的“了”我们没有考虑，但是显然这句话表示的是一个已完成的事件，所以从句法角度将，这句话应该对应语句范畴，是一个完整的句子。

表 4.1　　英汉的空代词使用对比

英　语	汉　语
Did John see Bill yesterday?	张三看见李四了吗？
Yes, he saw him.	他看见他了
*Yes, *e* saw him.	*e* 看见他了
*Yes, he saw *e*	他看见 *e* 了
*Yes, *e* saw *e*	*e* 看见 *e* 了
*Yes, I guess *e* saw *e*	我猜 *e* 看见 *e* 了
*Yes, John said e saw *e*.	张三说 *e* 看见 *e* 了。

$$\dfrac{\dfrac{看见}{看见':(np\backslash s)/np}\quad\dfrac{李四}{李四':np}}{看见'(李四'):np\backslash s}$$

图 4.5　“*e* 看见李四了”的第一种类型逻辑生成

若换做对含有嵌套从句的“张三说 *e* 看见 *e* 了”做类型逻辑分析，这一问题表现得更加突出，如图 4.6a 所示。（“*”表示该步生成无法进行，规则前面的问号“？”表示不知应该使用哪条规则）即使在生成过程中引入两个普通假设，作为“看见′”的主宾语，得到的语句在与“说′”毗连之前，也要先使用\I 抽象“看见′”左侧的假设，否则如果该假设继续参与运算，则将失去左侧变元的位置，不能使用\I 或者/I 再被抽象，必将得到不合法的句子。如 4.6b 所示。

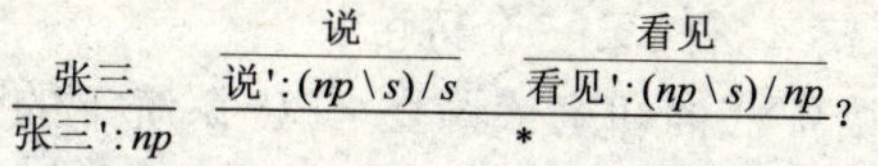

图 4.6a　“张三说 e 看见 e 了”的第一种类型逻辑生成

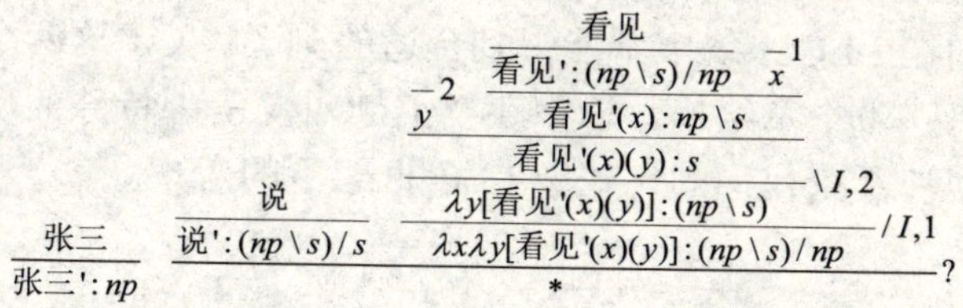

图 4.6b　“张三说 e 看见 e 了”引入普通假设的类型逻辑生成

按照类型逻辑语法现有的方法生成“张三说 *e* 看见 *e* 了”，基本寸步难行。“说′”要求有一个语句做论元，而在其论元位置上的“看′”本身不具备语句范畴，要求左右各带一个范畴为 *np* 的论元才能成为一个饱和的语句。那么“看见′”的两个论元是什么呢？黄正德先生给出了答案：是**空代词**。空代词虽然句法上为空，但仍然具有照应的功能，所以在刻画其类型逻辑生成（句法衍生和语义解释）的时候，需要把代词性的语词补出来。如图 4.7 所示。

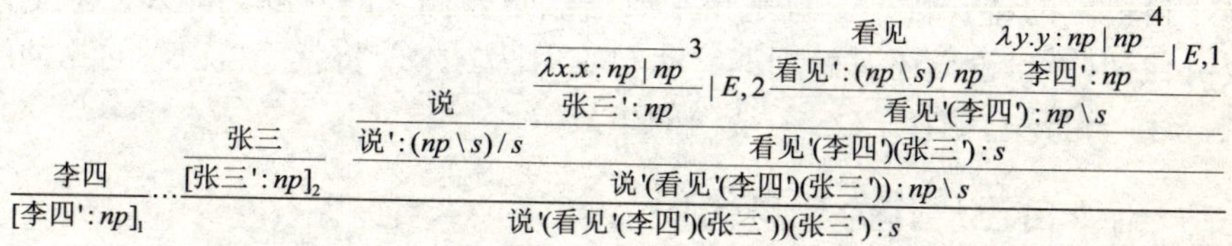

图 4.7　“张三说 e 看见 e 了”补出空代词的类型逻辑生成

经过这样的简单处理，对于含有空代词的语句，就能够做正确的类型逻辑衍生。这种生成效果是使用普通假设（4.6b）无法得到的，因为引入普通假设生成完整的生成树之后，要再使用“\I”或“/I”将假设消去，无论如何引入和消去，都不能得到图 4.7 这样满意的结果。除 4.7 之外，对变元还有另外一种引入和消去的方式，感兴趣的读者可以自行尝试。

从子结构逻辑的角度看，如果允许资源的重复使用，其矢列系统则需要添加容许这种操作的结构规则，详细参照第二章第三节。在本章第三节，我们还会对需要使用照应假设的情况做推广分析，从而说明，汉语中广泛存在空代词，要求我们的类型逻辑框架有能力处理这种现象。这是即将构造的 LLCW′系统所要具备的第二个特色。[①]

本节讨论了汉语中代词和空代词在 LLC 系统下的生成，揭示了该系统在标记和照应假设上存在两点问题：① |E 规则中同指下标的使用和消去没有逻辑依据，且同指下标应标注在范畴、而非被照应词项之上；② 汉语中大量的空代词在 LLC 系统中不能得到合适的刻画。关于这两个问题的解决方案，我们将在下一章给出。以下还要继续对汉语中特殊的反身代词“自己”以及其他涉及空代词的句式做 LLC 框架下的考察。

第二节 自 己

下面来看汉语中的反身代词“自己”。相比英语中典型的反身代词系列“-self”，“自己”在用法和分布上显得更为复杂和多元化。程工（1994：34）指出，“照应语（Anaphora）指不能独立指称，必须回指某个主目语（Argument）的词语”，汉语的照应语包括两部分，一个是代词 +“自己”类，如“他自己”、“我们自己”等等，另一类是单独使用的“自己”。一般把“自己”的这两种用法称为“自己”的反身代词用法，（Pan 1997）此外，“自己”与先行词之间的照应关系**不完全**遵循生成语法的**约束条件 A**（Binding Condition A，即照应性语词在局部小句内受约束）。如何很好地解释“自己”的特殊性，一直是令生成语法学家挠头的问题。此外，除了做反身代词，“自己”还有做副词、动词等用法。本节将就“自己”的几种用法，逐一讨论它们在 LLC 系统内的生成。

一、“自己”作为反身代词

（7）a 张三 $_i$ 喜欢自己 $_i$。

b 李四 $_i$ 知道张三 $_j$ 喜欢自己 $_{i/j}$。

c 张三 $_i$ 觉得你 $_j$ 对自己 $_{*i/j}$ 没信心。

d 他 $_i$ 不得不承认经济已经崩溃，而自己 $_i$ 无法收拾那个糟糕的局面。（Pan 1997：31）

依据生成语法的约束条件 A，反身代词必须在局部小句内受约束，英语中的反身代词如“himself”、“herself”等严格遵守这一条件。但是，潘

---

① 当然，空代词的使用有的时候要与话题留下的语迹加以区分。具体讨论参见第六章。

海华（Pan 1997）指出，汉语中的典型反身代词“自己”在句法行为上更为复杂，主要体现在几个方面：

i. 能够在局部小句内得到约束；

ii. 也具有长距离约束能力，甚至可以跨句无穷地向外寻找先行词；

iii. 选择对其有约束作用的先行词时具有主语倾向性；

iv. **受阻断效应**（Blocking Effect）影响①。

如（7）a 中的“自己”满足条件（i），受局部小句主语 NP 的约束；但是，b 中的“自己”不但可以指示局部小句的主语，还可以以主句主语（matrix subject）为先行词，实现长距离约束，同时满足（i）和（ii）两个条件；d 则表明“自己”可以跨过局部小句，直接做跨句回指，满足（ii）；c 中的“自己”受到局部小句第二人称“你”的阻断，只能指示“你”，不能越过“你”指示主句主语“张三”，体现了（iii）和（iv）中的长距离约束和阻断效应。

“自己”是对**约束三原则**（Binding Principles）的威胁吗？是约束原则不够精准？还是“自己”另有隐情？众多中外学者纷纷给予解释，我们认为最具说服力的是历史语言学家从历史进化角度所做的解释。程工（1994b：11-15）指出，“自己”的句法特殊性与其历史生成过程有关。现代以前，（如《左转》中的记录）“自”和“己”分别是两个词，“自”有照应、强调等用法，“己”除了有照应的用法，在使用上要比“自”更靠近代词，可以指示局部辖域以外的 NP，且在照应上有强烈的“主语倾向性”。所以当“自”和“己”逐渐复合为一个词之后，就兼具代词和反身代词的分布和用法。

“自己”的用法千头万绪、纷繁复杂，如果想在其中捋出头绪，给出合理的解释，恐怕还是一项十分艰巨的任务。利用 LLC 系统来处理照应回指的一个优势，就在于它旨在形式刻画，而非对现象的解释。所以，在刻画照应词的过程中，可以跳开分类与解释的裹挟，对代词、反身代词统一视之，都看

---

① （7）c 句为一般所说的**阻断效应**（Blocking Effect），即当“自己”在局部小句和小句之外的上一层主句中有两个潜在先行词，当这两个先行词在人称特征上不一致时，长距离的约束关系就被阻断了，“自己”只能实现与短距离先行词的约束。只有当两个潜在先行词的主语在人称上一致，“自己”才能以主句主语 NP 为先行词。但是 Pan（1997：28）从大量语料中发现了反例，认为只有夹在中间的 NP 是第一人称或第二人称代词，才能阻断长距离约束，如（7）c。徐烈炯（Xu 1994）甚至反对阻断效应这一说法，认为不存在人称一致的要求，比如说反例“总统请我坐在自己的旁边”，这句话中“我”和“总统”人称不一致，“我”是第一人称，但都没有影响“自己”指到主句主语“总统”上。

成作用在个体上、具有照应范畴 $np|np$ 的恒等函项以生成相关语句的所有正确解读，若有可能，尽量降低生成不合适解读的比率。

以（7）组语句为例，a 句可以直接使用“$|E$”得到。

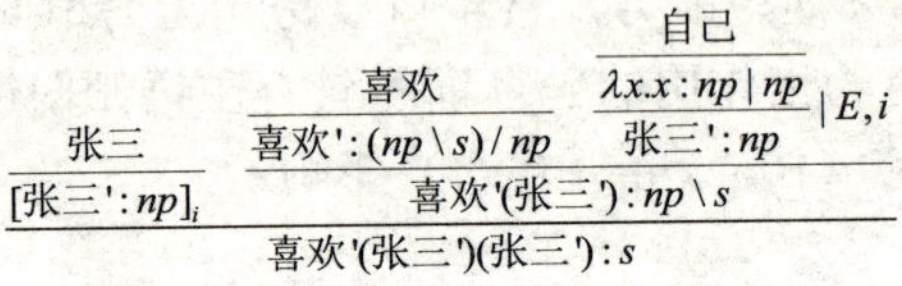

图 4.8a （7）a 句的类型逻辑生成

由于照应算子不要求照应范畴只在局部小句内寻找先行词，或者说，没有要求（7）b 中的“自己”必须先在所属小句“张三喜欢自己”内找到先行词、生成范畴为 s 的表达式“喜欢′(张三′)(张三′)”之后，才可以进一步做“知道”的宾语，所以（7）b 的长距离约束解读可以直接由“自己”以“李四′”为先行词得到。如图 4.8b 所示。另一个解读“李四知道张三喜欢张三”的生成与（7）a 类似，只需“自己”对 j 标 np 做照应消去即可，在此不做赘述。

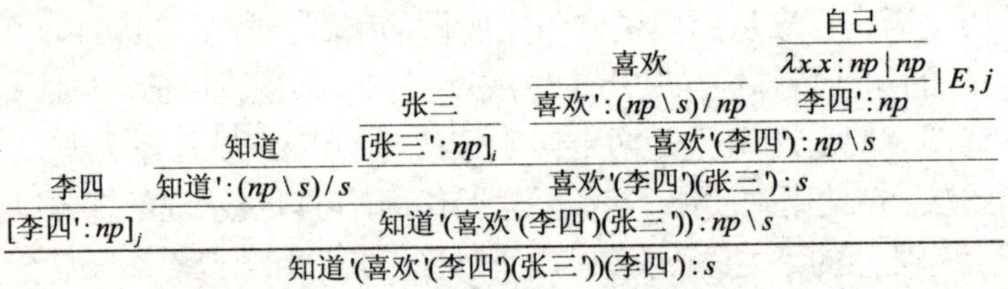

图 4.8b （7）b 句的类型逻辑生成

（7）c 的生成与（7）a 类似，但如（7）b 所示，目前的系统对于（7）c 中的情况没有做特殊规定，仍能生成“张三觉得你对张三没信心”这一不太受青睐的解读。对于如何进一步精确所生成的冗余解读，我们推想，不能仅仅借助逻辑上的句法和语义系统，还需要其他语用工具。由于篇幅关系，本书不欲触及语用范畴。

（7）d 是“自己”跨句回指的情况，在目前的系统中，只需要先令代词“他”在域外找到先行词，再由“自己”寻找它做先行词即可。但由于“他”在域外以隐含的假设为先行词，所以在整个生成树都生成结束后，还需要使用规则“$|I$”将该假设消去。为简化生成过程，图 4.7d 不欲展示（7）d 句中全部语词成分的分析过程，只给出主要部分的形式分析。

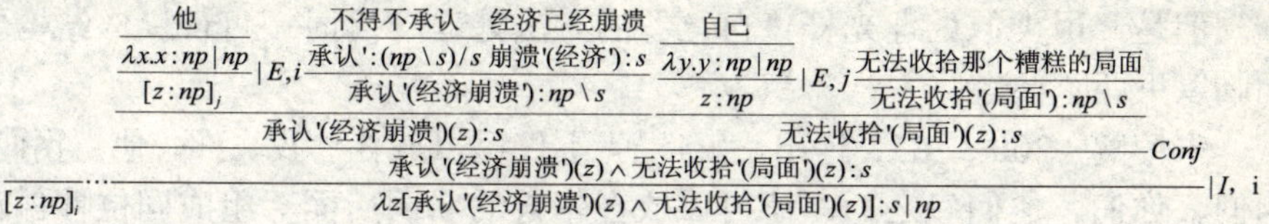

图 4.8d （7）d 的类型逻辑生成图

以上讨论说明，“自己”在 LLC 系统中的生成并没有受到“自己”的特殊性的影响，不管“自己”照应局部小句内的 NP、主句主语 NP，还是跨句照应其前小句的主语 NP，都可以使用照应算子得到需要的生成结果。

二、代词+“自己”

（8）a　张三 $_{i}$ 喜欢他自己 $_{i}$。

b　张三 $_{i}$ 说那本书 $_{j}$ 害了他自己 $_{i/*j}$。

c　飞机刚起飞不久，张三 $_{i}$ 独自一人，坐在靠窗口的位子上，就忍不住地鼻子一阵发酸，眼泪往下流。连他自己 $_{i}$ 都纳闷，四十好几的汉子，哭个什么？（Pan 1997：32）

我们在（8）中给出了“他自己”平行于“自己”在（7）中的几种用法。（8）a 中“他自己”回指局部主语“张三”，满足约束条件 A；（8）b 中“他自己”越过了局部小句，找到主句主语 NP 做其先行词，且在这句话中，只有这种实现了长距离约束的解读是合法的；（8）c 则显示，“代词+‘自己’”形式也可以跨句向外（无止境地）寻找先行词。以上对比给我们最直接的启示就是：**可以拷贝“自己”的处理来解决“他自己”的生成**，将“代词+‘自己’”的形式整体看作具有照应范畴的恒等函项，（8）中所有出现的“他自己”都可以对应“自己”的范畴和λ-项（即（9））。以（8）b 为例，其生成类似图 4.8b，如图 4.9c 所示。

（9）他自己——$\lambda x.x$：$np|np$

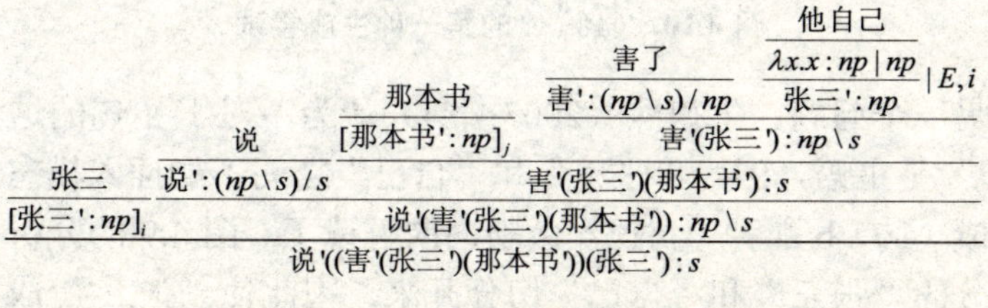

图 4.9c （8）c 的类型逻辑生成图

但是，用类似处理光杆“自己”的方法处理“代词+‘自己’”结构要面临以下两个问题：

朱德熙（2007：83）指出，“自己”不仅可以放在“我、你、他、我们、咱们、你们、他们”之后，还可以放在指人的名词后面，组成同位性偏正结构，如（10）a：

（10）a（收音机坏了，）张三 $_i$ 自己 $_i$ 会修。

b（收音机坏了，）张三会自己修。

（10）a 与 b 用法不同，a 是朱先生所说的同位性偏正结构，b 是一般认为“自己”做副词的情况，留作下一节讨论。此处仅指出，目前的讨论可以区分“自己”的这两种用法，本小节所讨论的“NP +‘自己’”情况不受“自己”做副词的用法影响。

如果按照图 4.9c 的方法将每个“代词+‘自己’”的结构看作一个整体，赋以类似（9）的照应范畴和λ–项，代词数量有限，这一方法尚为可行，但是，表人的 NP 有可数无穷多个，若想把所有“表人 NP+‘自己’”都看做一个整体，成批放在词库中，显然不够实际。

整体处理“代词/NP+‘自己’”结构的做法不够明智，我们不妨尝试分开运算。但是，还以（10）a 为例，如果将“张三”和“自己”简单的分开来计算，则得到不合格的生成图 4.10。原因在于，“自己”作为照应词项，需要找到其先行词，得到一个指称。在得到指称之后，它便可以做谓语函项“会修′”的论元，二者结合之后得到了范畴为 s 的饱和表达式，导致“自己”前面的“张三”成为冗余成分。

$$\cfrac{\cfrac{\text{张三}}{[\text{张三}':np]_i} \qquad \cfrac{\cfrac{\cfrac{\text{自己}}{\lambda x.x:np\,|\,np}}{\text{张三}':np}\,|E,i \qquad \cfrac{\text{会修}}{\text{会修}':np\backslash s}}{\text{会修}'(\text{张三}'):s}}{?}\,*$$

图 4.10 （10）a 的第一种生成尝试

还有另一个问题。朱德熙（2007：84）认为，对于 a 句的这种解读，“张三自己”是主语，因为“张三”和“自己”之间不能插入模态词“会”，否则就变成（10）b 那种“自己”做副词的解读了。图 4.9 的分析显然已经把主语部分的“张三”和“自己”切分开来，因此使“张三′”成为生成树上一个多余的节点。那么，**如何才能既不将“代词/NP+‘自己’”看作一个词、还能不让其中的“代词/NP”成为冗余成分呢？**

我们可以仍保持“自己”的恒等函项语义，但赋给它一个新的范畴 *np\np*。新范畴不但可以保证“代词/NP+‘自己’”不是一个范畴整体，各自有各自的范畴和λ-项，还可以让“自己”与其前的代词或者 NP 在一个生成模块上运算，得到的指称与代词或 NP 的指称相同。（10）a 的生成因此如图 4.11 所示：

$$\dfrac{\dfrac{\dfrac{\text{张三}}{\text{张三}':np}\quad\dfrac{\text{自己}}{\lambda x.x:np\backslash np}}{\text{张三}':np}\qquad\dfrac{\text{会修}}{\text{会修}':np\backslash s}}{\text{会修}'(\text{张三}'):s}$$

图 4.11　（10）a 的第二种类型逻辑生成尝试

这种方法仅向词库增加了一个“自己$_2$”①，没有给词库增加任何负担。此外，“自己$_2$”不但可以处理所有“代词 +‘自己’”、“NP+‘自己’”的情况，还可以进一步推广处理其他类似结构，如“代词/NP+‘本人’”、“代词/NP+‘本身’”、“代词/NP+‘自身’”②，甚至“NP+ 代词”和“人家 + NP”等结构。

（11）a　张三他是个好人。

b　他张三是条汉子。

c　人家小红个子高（，穿这件衣服当然好看了）。（王冬梅 1997：50）

（11）a 中对“他”的处理类似“自己$_2$”，但是 b 中的“他”和 c 中的“人家”由于需要向右结合 *np*，所以应该变换范畴结合的方向，赋予其范畴 *np/np*。具体生成如图 4.12a、4.12b 和 4.12c 所示。

---

① 因本节涉及“自己”的几种用法，且几种用法之间的句法范畴和λ-项都有差别，故自此在以下讨论提及时加注下标以示区别。从本质上讲，范畴为 *np\np* 的“自己”已经不是照应词了。对于“自己”在这种用法中到底应该归于什么词性，在语法学界也多存在争议。这里我们不做纯语法方面的讨论，只从类型逻辑语法角度考虑它们的刻画方案。

② 这几种结构都是 Pan（1997）所发现讨论的。详细参见该书 213 页表格 7.1。

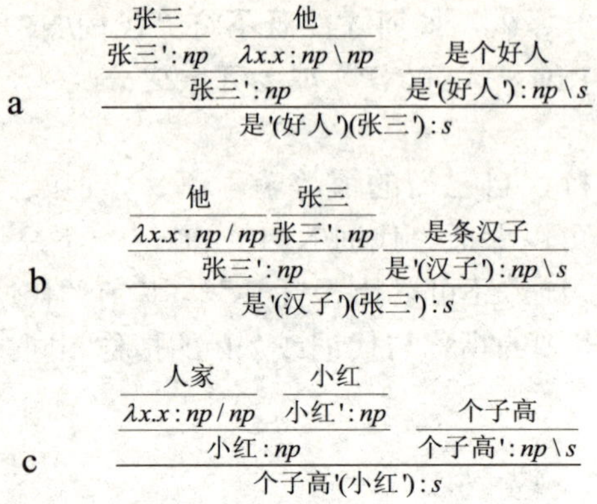

图 4.12 （11）组语句的类型逻辑生成图

除此以外，这样的赋值做法还有两个好处：

（1）潘海华在总结“自己”的各种用法时还提到，各种人称特征的复合形式有时可以直接使用，不出现先行词，如“连我自己都没吃，你还有什么好说的”。（Pan 1997：43）我们目前的处理方式不要求结构中的“自己”也有先行词，整个结构的指称与“自己”前面的代词或者 NP 的指称一致。

（2）杨敬宇（1998）提到，人称代词和指人名词的某些组合会产生歧义，如“他们经理”这个词，在没有特殊语境限制时，可以有两种解读—“他们的经理”和“他们这些做经理的人”，一个是以“经理”为中心语的偏正结构，一个则是“他们”指称等于“经理”指称的同位结构。如果从不严格的生成角度看，把“他们”处理为范畴为“*np*/*np*”的恒等函项可以将两种解读统一起来。二者在句法上其实没有区别，只有在需要严格区分两种歧义解读时，才需要令第一种“他们”的λ-语义表达式表示为λP.他们(P)。杨也指出，指人名词是一个开类，可以出现在这个位置的词数目众多。相比之下，人称代词只有第一到第三人称的单复数词汇各三个，所以**在代词上做文章显然是一条好的出路**。

本节只欲说明，代词虽然具有指代它物的特殊性质，但是还不能全部处理成具有照应范畴的表达式。尽管使用照应范畴来处理照应省略现象是目前为止最令人满意的一种方法，但是也有不甚令人满意之处，本章的讨论还会不时地触及这些不足。

三、“自己”的其他用法

（12）a （收音机坏了，）张三会自己修。

b 我自己明白。

c 我自己修理。[①]

d 一看到那个气氛，就再也不能自己了。

在以往的研究中，对“自己”与代词、NP 连用时“自己”是主语还是状语有很大争论。上一节稍微提到，朱先生赞同两种用法有区别，可以加以区分。如（12）b 中“我自己”是主语，因为“我”和“自己”之间不能插入模态词“会”，“会”只能插在“我自己”和“明白”之间；而（12）c 中“我”和“自己修理”之间就可以插入“会”，表明这里的“自己”还可以做副词。本书赞成 Pan（1997）的观点，认为在 NP、代词后面的“自己”是主语的一部分，在与动词紧密相邻的时候做状语，所以当两种情况同时出现在一个语句中，就产生了歧义。如（12）c 既可以表示“我来修理”（我自己/修理），也可以表示“我有靠我自己进行修理的能力或者可能性”（我/自己修理）。对于做状语的“自己”，最简单的方法就是如（13）所给，保留“自身能做、会做”的意义，赋以其副词范畴 *vp/vp*。

（13）自己$_3$ —— 自己′：*vp/vp*

（12）d 中的“自己”一般多出现在书面语当中，有控制、抑制的含义，是自己的动词用法。它必须与“不能”合用才能表达动词含义，所以对于“自己”的这种用法，我们认为完全可以把它和“不能”看作一个语词单位，对应的范畴和λ-项为（14）：

（14）不能自己$_4$ —— 不能自己′：*np\s*

有一点需要注意，“不能自己”的λ-项要看做是一个整体，如形式化“张三不能自己”的结果应该是“不能自己′(张三′)”。

---

① b 和 c 摘自朱德熙的《语法讲义》（2007 年版）第 84 页。

到此为止，我们对“自己”在汉语中的各种用法都进行了类型逻辑生成的考虑，区分了“自己”在四种情况下的不同刻画：包括自己做反身代词、“代词/NP+自己”结构、自己做副词，以及固定组合“不能自己”。尤其对于“代词/NP+自己”结构，我们令“自己”在语义上仍然对应恒等函项，但句法上不是照应范畴，而是函项范畴 *np\np*。这样做有诸多好处，其中之一，是其推广价值，可以用于类似地处理其他结构，包括“代词/NP + ‘本人’”、“代词/NP + ‘本身’”、“代词/NP + ‘自身’”①，甚至“NP + 代词”和“人家 + NP”等。在本节讨论之后，“自己”和代词类的处理暂时告一段落，下面来看其他一些涉及照应回指的现象。

第三节　扩展应用——非代词的回指

除了前面两节所讨论的涉及代词、反身代词的照应现象，LLC 的照应方法还可以推广到其他类涉及语义资源重复使用的现象上去，如动词短语的重复使用。

一、“是”字结构

李艳惠（2005）将汉语中的谓词缺失现象分为三种，其中一种—以“是”字代替缺失动词的结构—与上一章第四节介绍的 **VP 回指结构**异曲同工，前者目标从句中的“是”或者“也是”与后者目标从句中的“do”或“do too”具有相同的句法功能，用来回指源从句中主语后面最大的 VP。如（15）：

（15）小明不应该来，小赵也是。

由于目标从句中的“是”可以代替与源从句谓语动词相同的动词短语，（15）句完整的语义是，“小明不应该来，小赵也<u>不应该来</u>”，用下划线标注的部分恰为“是”所指代的部分，加之“是”也是目标从句（即缺省部分）的中心词，所以被称之为**“是”字结构**。②从照应的角度说，“是”需要寻找

① 这几种结构都是 Pan（1997）所发现讨论的。详细参见该书 213 页表格 7.1。

② 为简洁起见，我们认为在“是”字句中，不管其目标从句中出现的是“是”还是“也是”，统一看做范畴为 *vp*|*vp*、语义上对应逻辑式为 $\lambda P.P$ 的恒等函项。

源从句中跟在主语之后的 *vp* 范畴表达式为先行词，找到之后，就能够像 *vp* 范畴的表达式一样参与运算。换而言之，“是”可以做和“do”相类似的处理，看作范畴为 $vp|vp$（即$(np\backslash s)|(np\backslash s)$）的照应词，语义上为作用在个体性质上的恒等函项，记作$\lambda P.P$。由此，（15）的类型逻辑生成如图 4.13 所示：

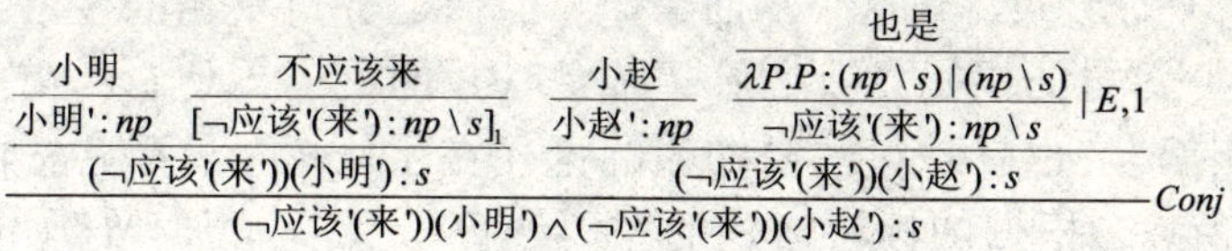

图 4.13　（15）的类型逻辑生成图

二、“是”字结构与代词相互作用

在“是”字结构的目标从句中，由于“是”要拷贝源从句中的 VP，所以“是”字句的整体解读其实受源从句中 VP 语义的影响。当源从句 VP 含有代词时，代词和“也是”两个具有照应功能的语词撞在一起，就会导致歧义。语句（16）a 与（15）是平行结构。一般认为，（16）a 有三种解读（16）b-d：

（16）a. 张三看见了他的妈妈，李四也是。（刘丽萍 2006：25）

b. 张三 $_i$ 看见了他 $_k$ 的妈妈，李四 $_j$ 也看见了他 $_k$ 的妈妈。

c. 张三 $_i$ 看见了他 $_i$ 的妈妈，李四 $_j$ 也看见了他 $_j$ 的妈妈。

d. 张三 $_i$ 看见了他 $_i$ 的妈妈，李四 $_j$ 也看见了他 $_i$ 的妈妈。

三种解读中，一种是张三、李四都看见第三个人的妈妈，这个“他”从域外求先行词，即（16）b，生成方法类似图 4.14b：

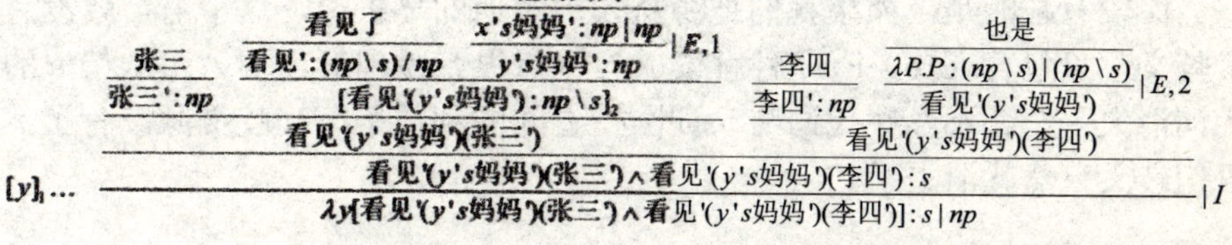

图 4.14b　解读（16）b 的类型逻辑生成图

另外两种解读是（16）c 与（16）d。（16）d 中“李四也看见了张三的妈妈”其实就是当（16）b 中“他”在域外寻求先行词，且先行词恰好是源从句主语“张三”的情况，得到“看见′ (张三′s 妈妈′)”，目标从句中的“也是”再直接回指这个 VP。

（16）c 表示张三和李四分别看到了自己的妈妈，如果想实现这个解读，两个分句的 VP 在与主语结合之前需要呈现“λx.看见′(x′s 妈妈′)(x)”（记为 VP_1）的形式，有这个λ-抽象，才能保证各自小句的主语在各自小句“看到”各自的妈妈。我们希望抽象 VP 的主语，使它约束宾语中的“某某的妈妈”，也就是说，要抽象的论元在生成树“x 看见 x 的妈妈”的左侧。所以，根据加标树模式的左斜线算子引入规则“\I”（定义 22），在前提中最左侧增加未解除的前提证明树 $\overline{x:B}$，证明树完成演算之后再引入左斜线算子将引入的假设消去。如图 4.14c 中虚线框内生成所示。

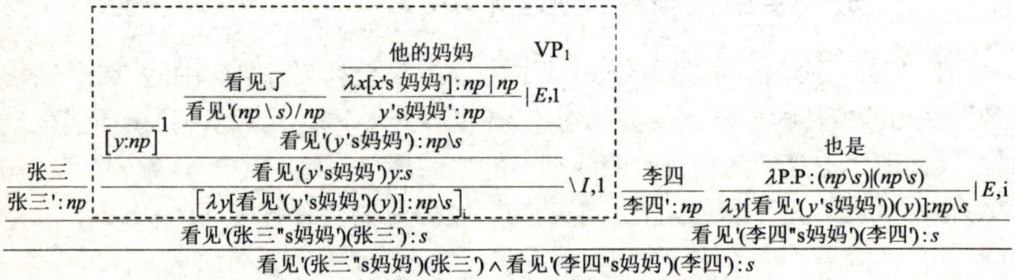

图 4.14c　解读（16）c 的类型逻辑生成图

图 4.14c 为了使源从句中的 VP 含有对主语的λ-抽象，先在主语的位置做了一个假设 y，使用这个 y 生成完整的树结构之后，又使用“\I”规则将假设消去，不但将主语做了λ-抽象，而且得到了范畴是 $np\backslash s$ 的结果表达式，正好可以做“也是”的先行词。当“也是”拷贝了λy[看见′(y′s 妈妈′)(y)]之后，源从句和目标从句的谓语动词都是抽象掉主语的表达式，它们各自与其前主语贴合，便得到了（16）c 的解读。

比较有趣的是，如果我们把源从句中“他的”去掉，这个语句就没有了歧义，只包含（16）c 一种解读。这一点很容易理解，因为源从句中的代词消失了，就不存在代词与动词回指之间的利益平衡。歧义源没有了，语句歧义自然就消失了。

三、更多推广

（一）两种谓词缺失现象

除了第三节讨论的“是”字结构，李艳惠（2005）还提到两种汉语中的谓词缺失现象，如表 4.2 所示[①]。三类谓词缺失结构均由各自结构的中心语类别命名，在目标从句中，由该部分的中心语选择方括号中被省略的部分。

表 4.2　　汉语中的三类谓词缺失结构

例　　句	类别	结构特征
a 小赵送小明礼物了，妈妈也送了。	动词结构	主语+动词+[宾语]
b 小明不应该来，小赵也是。	“是”字结构	主语+是+[曲折短语]
c 小赵要探望小明三次，小李也要。	助动词结构	主语+助动词+[谓语动词短语]

从表 4.2 可以看出，三种谓词缺失结构选择的省略成分不同，微调 c 式可以得到 b 式和 a 式，对比中可以轻易看到三者的不同。比如说，如果将 c 句补全，c 句表达的是“小赵要探望小明三次，小李也要[探望小明三次]”，但如果把句 c 中的“小李也要”替换为“小李也要探望”，则该句从 c 式变换为 a 式，补全这时候的 a 式，得到“小赵要探望小明三次，小李也要探望[小明]”。虽然两句目标从句中的谓语动词都有省略，但分属两个句式的两个句子对省略部分的选择可不一样。a 式谓词缺失结构（动词结构）的中心语只选择宾语，不管动词短语的修饰补充成分，如“三次”等。再对比 b 式（“是”字结构）和 c 式（助动词结构）。b 句补全目标从句后，得到“小明不应该来，小李也[不应该来]”，其中，“也是”选择了整个谓语部分[不应该来]，而将 b 句变形为 c 式，助动词作为目标从句的中心语，需要在原句中出现，所以 b 句对应的 c 式为，“小明不应该来，小李也不应该”。相比“是”字句，助动词结构也不能管辖到整个 VP，它能拷贝的，只是助动词后面的动词短语[来]。

前面已经为“是”字结构给出了合适的分析，仿效（15）句的生成，也可以得出助动词结构的合理解读。以表 4.2 中的 c 句为例，令目标从句中的助动词“要”亦为作用在集合上的恒等函项，对应范畴 $vp|vp$，该句的生成于是为：

---

① 以下语例均参照李艳惠（2005），仅将“我”用“小赵”替换，将源从句中出现单称代词之处用专名“小明”替换，出现“他们”之处用“小李”替换，以避免多个代词情况的干扰。

小赵 / 小赵' : *np*

要探望小明三次 / [要(三次'(探望'(小明'))) : *np* \ *s*]₁

小李 / 小李' : *np*

也要 / *λQ.Q* : *vp* | *vp* ⇒ 要(三次'(探望'(小明'))) : *np* \ *s* (|*E*,1)

要(三次'(探望'(小明')))(小赵') : *s*　　要(三次'(探望'(小明')))(小李') : *s*

要(三次'(探望'(小明')))(小赵') ∧ 要(三次'(探望'(小明')))(小李') : *s* (*Conj*)

图 4.15 （4.14c）的类型逻辑生成图

但是，对于 a 类动词结构的谓词缺失现象，类似方法似乎不够奏效。a 类谓词缺失现象重复使用了源从句中谓语动词后面的名词。为言说表现更加经济，所重复部分被省略，在句法表层没有对应的语词表现，没有像“是”、“应该”之类可以赋以照应范畴的语词。如果退而求其次，为生成这种情况，把动词看做类似助动词或者“是”的成分，为所有在 a 类谓词缺失结构中出现的动词（设其范畴为 *vp*）都增加一个照应范畴 *vp*|*vp*，则会极大地增加词库负担，失去了该方法的简洁性优势，不是一个好办法。

那么**该如何解决这个问题呢？**同是动词缺失现象的子类，同样都涉及动词的语义重复使用，有两种情况已经在 LLC 系统所提供的照应工具下得到很好的分析，我们希望第三种情况也能够有一个好归宿。

首先尝试直接对已有范畴做毗连生成：

送 / 送' : (*np* \ *s*) / *np* / *np*　　小明 / 小明' : *np*

送'(小明') : (*np* \ *s*) / *np*　　礼物 / 礼物' : *np*

小赵 / 小赵' : *np*　　送'(小明')(礼物') : *np* \ *s*

送'(小明')(礼物')(小赵') : *s*

也送了 / 送' : (*np* \ *s*) / *np* / *np*

λxλyλz[送'(*z*)(*y*)(*x*)] : *np* \ (*s* / *np* / *np*)

妈妈 / 妈妈' : *np*

λyλz[送(*z*)(*y*)(妈妈')] : *s* / *np* / *np* (*assoc*)

* ? ?

图 4.16a 使用结合律做 4.14a 的类型逻辑生成[①]

在这一生成过程中，图 4.16a 的源从句可以直接毗连，生成范畴为 *s* 的表达式，而目标从句部分最多只能在承认结合律的系统中，令“妈妈'”和“送'”结合，得到 *s*/*np*/*np* 范畴，之后便无法继续前进。

既然目标从句中缺少的是两个宾语，那不妨采用最传统、但也是最直接的方法，在省略部分增添假设，可以帮助目标从句生成语句范畴，实现与源从句的并列。根据假设被消去的时机，可以有两种生成方式，如 4.16b 和 c 所示。

① *assoc* 代表结合律。

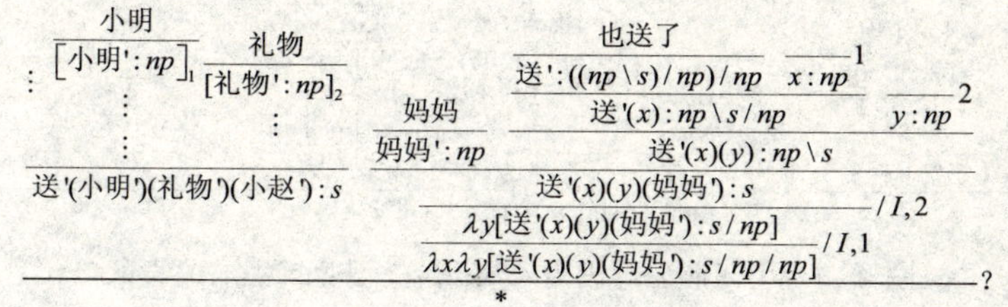

图 4.16b　引入普通假设为 4.14a 做类型逻辑生成的第一种尝试

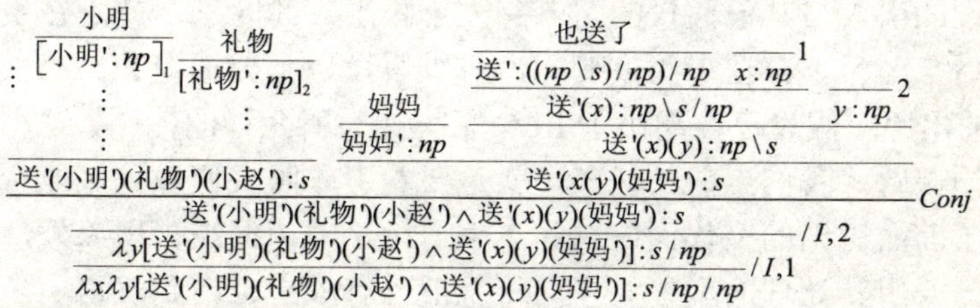

图 4.16c　引入普通假设为 4.14a 做类型逻辑生成的第二种尝试

4.16b 在目标从句中使用普通假设直接生成完整的树之后，立即使用两次“/*I*”规则，将假设消去，得到的结果落入类似 4.16a 的尴尬境地。两个并列部分因没有得到相同范畴而无法做广义合取，所以 b 法也不可取。4.16c 的情况稍好，在源从句和目标从句做了广义合取之后才消去两个假设，但遗憾的是，所得解读只说明了妈妈送了某人东西，这并非我们希望得到的解读。

到此为止，**我们离正确的生成结果已经很近了**，至少添加假设的方法能够实现从句表达式间的并列，现在唯一需要的，就是想办法不让假设被消去。当然，上面的尝试说明，对于普通假设来说，这是不可能完成的任务，但是返回来想想，该类语句中重复使用的语词资源，是因为重复了源从句中已有的成分，依据交流的经济性原则而被省略的。或者说，可以认为在目标从句的 VP“送”之后存在着两个包含省略语词的槽位，在做语义生成时需要将省略的语词补充出来。那么，什么假设有能力补出省略的语词呢？我们在前面第一节已经提到过，是**照应假设**。下面使用照应假设再为 4.15a 做一次生成，如图 4.17：

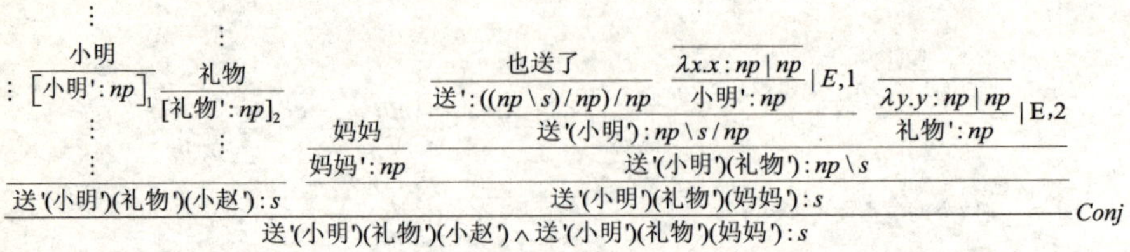

图 4.17　引入照应假设为 4.14a 做类型逻辑生成的尝试

值得一提的是，引入的照应假设因为得到了一个有固定指称的 NP 作为它的指称，使用|E 规则消去竖线算子之后，引入的变元就消失了。所以照应假设的引入与其他假设的引入有一个相当大的区别，就是在生成完整的树之后，因为不存在未约束变元，所以假设也不会被消去。第一节已经提到，补出照应假设已经超出了 LLC 系统能力所允许的范围，这将是本书第五章的课题。我们当前的任务，就是要看引入照应假设到底能有多大用途，除了前面讨论的空代词问题和本小节讨论的谓词缺失现象外，是否还有其他需要用其处理的现象。下面将再把已有成果推广到汉语中多动词单句的回指情况。

（二）多动词单句

汉语的多动词单句包括连动句、兼语句、致使句等句式，以下利用（17）给出的五个句子对这些句式做个大体上的分析。

（17）a. 小李走去开门。[1]

b. 他喝酒喝怕了。

c. 张三跑步崴了脚。

d. 妈妈送哥哥参军。

e. 小张追得老李直喘气。

直觉上讲，连动句（17a）中的两个动词共用一个主语，可以把它看作两个动词短语并列的情况，可以使用广义布尔合取规则直接生成。如图 4.18a 所示：

---

① 荣晶（1989：83）。（d）句同。

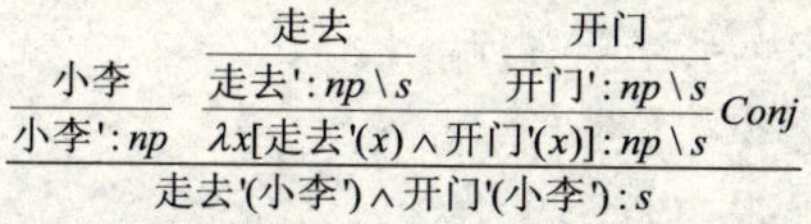

图 4.18a　使用广义布尔合取规则 *Conj* 直接做（17）a 的类型逻辑分析

在不考虑表达两个动词之间致使语义的情况下，（17）a-c 都可借助广义的布尔合取规则生成，但是对于兼语句（17）d，这样做得到的就是图 4.18d 所示的错误解读："妈妈送哥哥，而且妈妈参军"（第三章第二节已经尝试过）。

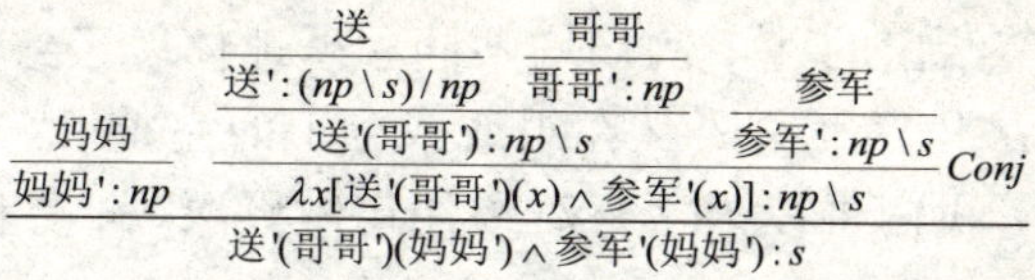

图 4.18d　使用广义布尔合取规则做（17）d 的类型逻辑分析

我们发现，（17）组语句其实与上一节讨论到的动词类型的谓词省略现象有一个相同点，就是省略了重复使用的语义资源。兼语句（17）d 的完整形式实际上应是"妈妈送哥哥⟨哥哥⟩参军"，因为"参军"的主语与"送"的宾语相同而被删略。在这种情况下，我们也需要一个假设，一个能够复制"哥哥"的照应假设，如 4.18d′所示：

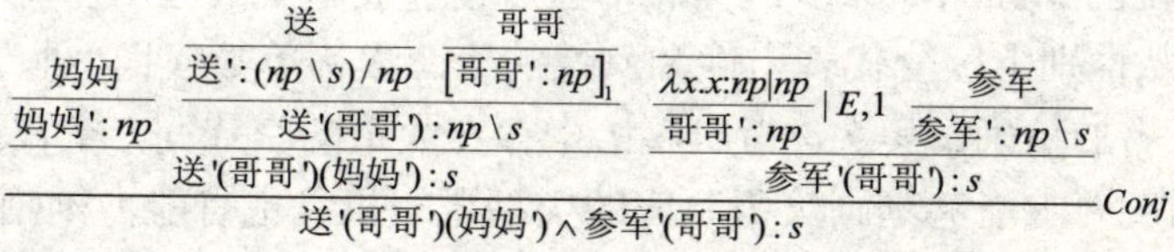

图 4.18d′　引入照应假设做（17）d 的类型逻辑分析

如果不按照图 4.18d′的方法，仍补入一个普通假设，根据 ND 推演规则，假设一定要被消去。[①]假设如果被消去，得到的结果与直接使用 *Conj* 规则所得结果一样，不是我们希望得到的；如果假设不被消去，最后得到的句法和语义表达又不匹配。因此，引入普通假设行不通。

至于致使句（17）e，最寻常的理解是（18）a，但是在特定的场景下，也有可能理解为（18）b 和（18）c。（吴平 2009）

---

① 得到的结果与 4.18d 相同，感兴趣的读者可自行尝试。

（18）a 小张追老李<老李>直喘气。

b 小张追老李<小张>直喘气。

c 老李追小张<老李>直喘气。

（18）a 和 b 两种解读可以分别使用在省略位置引入照应算子和直接使用广义布尔合取规则得到，生成情况类似图 4.18d′和图 4.18a，在此不再给出。第三种解读涉及主题移位，需要借助多模态工具，详细讨论参照邹崇理（2006b）。

此外，本小节给出的几个例句均不同程度地体现了致使含义，目前补出照应假设的做法只保证了语义在组成成分上的完整，语义表达还有进一步精确化的空间，我们将在第六章对致使句做更深入、更精确的类型逻辑刻画。

第四节 小 结

在本章的讨论中，我们尝试将 Jäger 的照应处理方法广泛应用于汉语中涉及照应省略的现象。首先对普通人称代词，尤其第三人称代词“他”进行了讨论，认为汉语中的代词并没有比较特殊的句法或者语用表现，如果能够对 LLC 系统的加标原则加以梳理，不但可使竖线算子的应用更符合逻辑要求，还能够从性别上区分代表男性和女性的第三人称单数代词“他”和“她”，使生成结果更加精确。其次，指出汉语中存在大量的空代词，空代词在使用上的高自由度要求能够刻画汉语照应的类型逻辑机制也有能力刻画空代词。从逻辑系统本身来看，LLC 只允许受限的缩并规则，不允许向前提增加假设的操作。要满足这种特殊需求，就需要向系统添加某种强缩并规则，允许补出照应假设的操作，这是我们对新系统的第二个需求。之后，在第二节对反身代词“自己”的几种主要用法做了分情况讨论，将处理“代词/NP+自己”结构的方法推广到诸多类似情况。在继续推广的过程中，我们发现有一些涉及语义资源重复使用的动词现象也不能仅用照应范畴和广义布尔合取规则直接生成，如兼语句和部分致使句。但是照应方法对这些现象也绝非一筹莫展。如果如上面所说允许引入照应假设，就有可能得到正确的生成解读。究其原因，是 LLC 中的照应范畴只为句法上有词汇表现的语词赋值，对于因重复使用而在被省略句法表现的情况，LLC 系统就显得捉襟见肘了。

通过本章分析，我们希望向 Jäger 的 LLC 系统添加：

① 标记引入或消去的规则；

② 允许向前提引入照应假设的规则。如果能够证明所构造的新系统可靠并完全，就可以直接用它来处理更多需要引入照应假设的现象。

由于本书主要进行汉语照应省略现象的分析，所以以下讨论仍以汉语语例为主。

第五章

LLCW′系统

第三章我们已经介绍过，在范畴理论的框架下，若要攻克不连续现象的难题，只能在两方面做出努力：① 扩大词库所承载信息的容量（词汇法）；② 添加范畴运算规则以增强系统的解释和生成能力（句法法）。第三章还给出了相关学者在两方面有代表性的解决方法。研究后我们发现，若把代词的约束特征放在词库中，则需要采用经验的方法，为每一个代词在各个可能出现的位置均赋以相应的、有时是极其复杂的语义表达式和句法范畴，这无疑陷入了归纳方法的困境，也极大地增加了词库的负担，并非解决问题的理想选择。通过多方面的对比，我们认为 LLC 系统是目前处理照应现象最具有潜力和优势的方法。但是在实际研究和使用过程中，我们也发现了一些问题，促使我们重新思考，对 LLC 系统做出一定改进。

第一节 基本设想

LLC 系统以 L 为蓝本，向 L 的句法部分添加了一个照应算子“|”，可以对不连续成分进行操作和运算，对英语中涉及代词、代词与量词互指、VP 回指等现象的结构都能给出很好的处理（见第三章讨论）。但是，在仔细研究了 LLC 系统并将竖线算子推广处理汉语照应省略现象之后[①]，我们发现该系统还存在两方面问题：

其一，

---

① 汉语的照应省略现象指涉及语义资源重复使用的代词回指、谓词省略、多动词单句等。

◆ 竖线算子的消去规则|E 使用了同指下标，该下标只针对先行词的范畴，有别于竖线算子引入规则|I 中做区别用途、类似变元下标的角标。但是，LLC 系统对同指下标的使用未做任何系统内的说明，何时加标、何时消去标记缺乏逻辑依据。

◆ 严格地说，按照|E 规则的规定，完成照应词与先行词的照应运算之后，由于下标和方括号的缘故，添加下标的先行词范畴无法与其他范畴继续运算。

如果要解决这两个子问题，就需要把下标的添加和消去操作提取出来，构成专门的逻辑规则，即在 LLC 系统中增加**相对于范畴的标记添加规则和消去规则**。

其二，

◆ 照应范畴在 Jäger 那里只能赋给具有词汇表现的语词。但是在汉语中，没有显性词汇表现的空代词占有相当比重，一个对照应现象具有良好生成功能的类型逻辑系统需要有补出空代词的能力，唯独如此，才能够在句法和语义两方面，比较全面地给汉语照应现象以合适的类型逻辑刻画。

◆ 需要指出，所补出范畴与其他范畴之间的运算顺序是：其相邻贴合优先右侧的范畴，这一特点需要在规则中予以体现。

因此，以上两方面的问题要求我们对 LLC 系统加以改进和扩展，使得新系统不但能够为标记添加或去除提供理论根据，还能够为没有句法表现的空代词做合适的句法语义分析。本章完成逻辑方面的基本讨论之后，下一章将会在此基础上重新对第四章存在疑义的例子做推广分析。

第二节 LLCW′系统

第一节提到，从照应成分的使用和听话人的参与情况来看，**汉语是“冷”语言**。（Huang 1982）合法句子中的代词通常可以省略，省略之后语句依旧比较自然。但是，对这个语句的理解由此要求读者和听话人的参与，涉及推理、上下文、对世界的知识等等。因此，如果希望在类型逻辑语法框架下对汉语照应现象做尽可能全面的分析，有必要借助一定的逻辑工具将空代词补出。第一节的讨论为我们提出了基本思路，如果将 LLC 系统扩充，允许能够引入照应范畴的受限的强缩并结构规则 W'（如图 5.1 所示）将对汉语照应现象的类型逻辑处理具有重大意义。我们因此将新系统命名为 LLCW′。

$$\frac{\Gamma, A, (B|B, C), \Sigma \Rightarrow \Delta}{\Gamma, A, C, \Sigma \Rightarrow \Delta} W'$$

图 5.1 受限的强缩并结构规则 W′

除了包含受限的强缩并结构规则，LLCW′系统还将配备关于标记添加和消去的规则，以避免竖线算子运算过程中标记使用的不确定性。我们将在第二节首先为 LLCW′构造相应的公理表述及其语义解释，给出典范模型，证明其可靠性和完全性；然后给出 LLCW′的根岑表述，证明在基于受限的强缩并结构规则、方框下标的添加和消去规则的 LLCW′系统中，*Cut* 消去定理也是成立的，系统是可判定的，并且根岑表述与公理表述等价；最后给出 ND 表述和加标树模式表述，证明 ND 表述与根岑表述等价。本小节包含大量的逻辑证明，必要之处我们将力争给出尽可能详尽的证明过程，希望把 LLC 其因版面限制没有给明的证明部分适当补足。

一、LLCW′的公理表述

（一）公理表述

LLCW′系统的形式语言包括原子范畴、四个二元复合范畴和一个一元复合范畴。其形成定义表现为：

定义 44 LLCW′语言

$F := \ A \mid F/F \mid F\backslash F \mid F \bullet F \mid F|F \mid [F]_i$

A 是原子范畴的集合，F 是所有合式范畴的集合，合式范畴的形成是递归的。LLCW′系统的语义解释为：

定义 45 LLCW′模型

LLCW′的模型是一个六元组 $\langle W, R, S, \sim, f, g\rangle$。其中：$W$ 是语言符号串的非空集合；$\sim \subseteq W^2$ 是符号串上的二元关系；R，$S \subseteq W^3$ 是符号串上的三元关系；f 是从原子范畴到 W 子集的赋值函项；g 是从 LLCW′范畴到 W 中元素的函项。原子范畴及复合范畴的语义定义为：

$\|p\|_M = f(p) \subseteq W$

$\|A \bullet B\|_{\mathcal{M}} = \{x | \exists yz[Rxyz \ \& \ y \in \|A\|_{\mathcal{M}} \ \& \ z \in \|B\|_{\mathcal{M}}]\}$

$\|A / B\|_{\mathcal{M}} = \{x | \forall yz[Rzyx \ \& \ y \in \|A\|_{\mathcal{M}} \Rightarrow z \in \|B\|_{\mathcal{M}}]\}$

$\|A / B\|_{\mathcal{M}} = \{x | \forall yz[Rzxy \ \& \ y \in \|B\|_{\mathcal{M}} \Rightarrow z \in \|A\|_{\mathcal{M}}]\}$

$\|A / B\|_{\mathcal{M}} = \{x | \exists y[Sxyg(B) \ \& \ y \in \|A\|_{\mathcal{M}}]\}$

$\|[B]_{\mathrm{i}}\|_{\mathcal{M}} = \{x | x \sim g(B)\}$

$\langle W, R, S\rangle$ 的框架性质体现于下列语义公设：

MP1. $\forall xyzuv[Rxyz \ \& \ Rzuv \Rightarrow \exists w[Rwyu \ \& \ Rxwv]]$

MP2. $\forall xyzuv[Rxyz \ \& \ Ryuv \Rightarrow \exists w[Rwvz \ \& \ Rxuw]]$

MP3. $\forall xyzwu[Rxyz \ \& \ Szwu \Rightarrow \exists v[Sxvu \ \& \ Rvyw]]$

MP4. $\forall xyzwu[Rxyz \ \& \ Sywu \Rightarrow \exists v[Sxvu \ \& \ Rvwz]]$

MP5. $\forall xyzwuv[Rxyz \ \& \ Sywu \ \& \ Szvu \Rightarrow \exists r[Rxru \ \& \ Rrwv]]$

MP6. $\forall xyzwu \ [Rxyz \ \& \ Szwu \ \& \ y \sim u \Rightarrow Rxyw]$

MP7. $\forall Aw \ [w \in \|A\|_{\mathcal{M}} \Leftrightarrow w \sim g(A)]$

MP8. $\forall xywt \ [Rxyz \Rightarrow \exists uv[Rxyu \ \& \ Ruvz \ \& \ Svwt \ \& \ w \sim t]]$

MP9. $\forall x[Rxxx]$

为便于理解，我们对定义 45 中出现的语义概念给出一些直观解释：R 揭示语言符号串通常的毗连，$Rxyz$ 意味：x 是 y 和 z 毗连的结果（对于 R 关系的直观含义，请参考定义 10 和图 2.1）。S 是 LLC 系统中的三元关系，它刻画了与照应有关的情况，$Sxyz$ 表示：如果在周围位置（不一定是相邻位置）有 z 照应的对象，即与 z 相似的对象（设为 u），x 就可转换成 y，这里的相似用 $z \sim u$ 表示，但不假设此相似关系自反、传递或者对称。g 是从某范畴中取出特异元素的函项，即某范畴的每个对象都可由 g 映射成被照应的对象，$x \sim g(B)$代表 x 相似于 B 中被照应回指的对象。

语义公设 1-2 是两条与结合公理有关的语义公设，语义公设 3-6 是 LLC 系统中刻画照应性质的语义公设。在这五条公设中，3 和 4 要求照应槽能够从较小的符号串传递给较大的符号串，5 说明，如果存在两个照应槽，可以将它们合并成一个照应槽。语义公设 6 是关于照应消去的：对于一个照应的符号串，如果其左侧符号串是回指的先行词，则可获得左侧的符号串和照应后的符号串。语义公设 7、8 与 9 一同构成 LLCW′系统的要点和特色：根据公设 7，符号串 w 属于范畴 A 对应的集合，当且仅当，它相似于该范畴的特定代表 $g(A)$，即 w 相似于 A 中被照应回指的对象。简言之，A 中的每个对象都可以充当被照应的对象。语义公设 8 涉及受限的强缩并结构性质，意指：若 x 是 y 和 z 的毗连，则存在两个符号串 u 和 v，x 可以由 y 和 u 毗连得到，u 是 v 和 z 的毗连结果，v 在搜索到 t 后转换成 w，而 w 相似于 t。这条语义公设保证在两个相毗连的符号串中间，可以添加一个用于照应的符号串。而添加的符号串，总是与其右侧的符号串先进行相邻毗连。MP9 是对应缩并结构公理的语义假设。

下面给出 LLCW′系统的公理表述，然后证明 LLCW′的可靠性和完全性。

定义 46 LLCW′的公理表述

LLCW′的公理表述建立在 LLC 的公理表述基础上，包括 LLC 的公理和规则（其中包括 L 的公理和规则）以及 LLCW′特有的 4 条公理和 1 条规则，共 11 条公理、7 条规则：

A1.	$A \to A$	等同公理
A2.	$A \cdot (B \cdot C) \to (A \cdot B) \cdot C$	积算子的结合公理
A3.	$(A \cdot B) \cdot C \to A \cdot (B \cdot C)$	积算子的结合公理
A4.	$A \cdot B\|C \to (A \cdot B)\|C$	竖线算子的结合公理
A5.	$A\|B \cdot C \to (A \cdot C)\|B$	竖线算子的结合公理
A6.	$A\|C \cdot B\|C \to (A \cdot B)\|C$	竖线算子的结合公理
A7.	$A \cdot B\|A \to A \cdot B$	竖线算子的结合公理
A8.	$B \to [B]_{\mathrm{i}}$	方框下标引入公理
A9.	$[B]_{\mathrm{i}} \to B$	方框下标消去公理
A10.	$A \cdot C \to A \cdot (B\|B \cdot C)$	受限的强缩并结构公理 W'
A11.	$A \to A \cdot A$	缩并结构公理

D1. $\dfrac{A \cdot B \to C}{A \to C / B}$

D2. $\dfrac{A \to C / B}{A \cdot B \to C}$

D3. $\dfrac{A \cdot B \to C}{B \to A \backslash C}$

D4. $\dfrac{B \to A \backslash C}{A \cdot B \to C}$

D5. $\dfrac{A \to B \quad B \to C}{A \to C}$

D6. $$\frac{A \to B}{A|C \to B|C}$$

D7. $$\frac{A \to B}{[A]_i \to [B]_i}$$

在继续讨论之前，我们尝试给出上述公理的简单应用。对于 LLCW′新增加的公理 A8-A11：A8 和 A9 可以保证被照应的范畴能够被添加或消去相关的方框下标，A10 是受限的强缩并结构规则 *W*′的公理表述，它保证可以在两个范畴中间增补一个需要的照应范畴。A11 是缩并结构公理，保证语义资源重复使用是合法的。仍以兼语句“妈妈送哥哥参军”为例，依据 A8-A10 生成其范畴推演：①

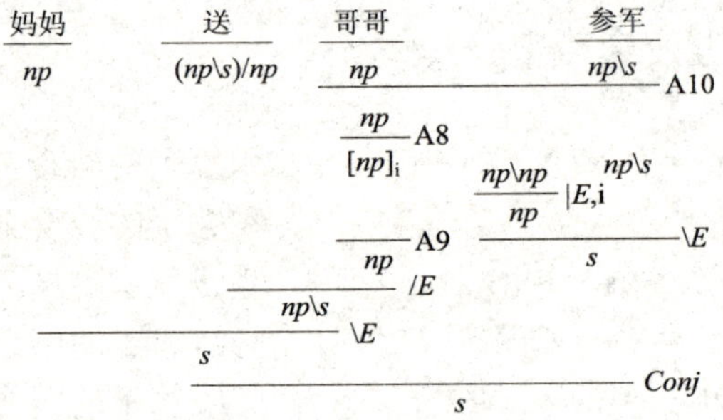

图 5.2 “妈妈送哥哥参军”的推演

增加方框下标引入公理 A8 和方框下标消去公理 A9 是必要的。按照|*E*规则，做竖线消去操作时，先行词范畴 *np* 被标记为$[np]_i$。如果没有 A9，那么在完成该操作之后，这个下标标记仍然存在。而从逻辑角度严格地讲，$[np]_i$不能与其右侧范畴 *np**s* 相毗连。这一步需要使用 A9 将$[np]_i$转化为 *np*，保证运算可以继续进行。有时，被照应范畴并不是词库中已有词条的范畴，而是运算过程的结果，这种情况对 A8 的需求表现得比较突出。比如语句“小李喜欢宫保鸡丁，小张也是”，其中，“也是”的先行词“喜欢宫保鸡丁”是经过运算的结果，这时，需要依据 A8 添加下标。

（二）可靠性与完全性

下面来证 LLCW′公理系统的可靠性和完全性。

---

① 下列推演中最后一步所依据的 *Conj* 规则仅限于布尔范畴。

定理 7 LLCW'的可靠性

如果 LLCW' $\vdash A \to B$，则$\|A\|_{\mathcal{M}} \subseteq \|B\|_{\mathcal{M}}$。

证明：

A1 的有效性显然。

A2 和 A3 的有效性参见第二章第二节 L 的可靠性证明。

A4 的有效性：$A \cdot B|C \to (A \cdot B)|C$

令 $x \in \|A \cdot B|C\|_{\mathcal{M}}$，根据积算子的语义定义，有：$\exists yz[Rxyz \ \& \ y \in \|A\|_{\mathcal{M}} \& \ z \in \|B|C\|_{\mathcal{M}}]$，取出 $z \in \|B|C\|_{\mathcal{M}}$，利用竖线算子的语义定义展开有：$\exists w[w \in \|B\|_{\mathcal{M}} \ \& \ Szwg(C)]$。取出 $Rxyz \ \& \ Szwg(C)$，根据 MP3 分离得：$\exists v[Sxvg(C) \ \& \ Rvyw]$。再取出 $y \in \|A\|_{\mathcal{M}}$，$w \in \|B\|_{\mathcal{M}}$ 和 $Rvyw$，两次使用存在量词添加规则后得：$\exists yw[Rvyw \ \& \ y \in \|A\|_{\mathcal{M}} \ \& \ w \in \|B\|_{\mathcal{M}}]$，根据积算子的语义定义，有 $v \in \|A \cdot B\|_{\mathcal{M}}$。再取出 $Sxvg(C)$，与 $v \in \|A \cdot B\|_{\mathcal{M}}$，使用存在量词添加规则后得：$\exists v[Sxvg(C) \ \& \ v \in \|A \cdot B\|_{\mathcal{M}}]$，根据竖线算子的语义定义，于是 $x \in \|(A \cdot B)|C\|_{\mathcal{M}}$。

A5 的有效性：$A|B \cdot C \to (A \cdot C)|B$

令 $x \in \|A|B \cdot C\|_{\mathcal{M}}$，根据积算子的语义定义，有：$\exists yz[Rxyz \ \& \ y \in \|A|B\|_{\mathcal{M}} \ \& \ z \in \|C\|_{\mathcal{M}}]$。取出 $y \in \|A|B\|_{\mathcal{M}}$，利用竖线算子的语义定义展开有：$\exists w[w \in \|A\|_{\mathcal{M}} \ \& \ Sywg(B)]$。取出 $Rxyz \ \& \ Sywg(B)$，根据 MP4 分离得：$\exists v[Sxvg(B) \ \& \ Rvwz]$。取出 $Rvwz$，$z \in \|C\|_{\mathcal{M}} \ \& \ w \in \|A\|_{\mathcal{M}}$，两次使用存在量词添加规则得：$\exists wz[Rvwz \ \& \ z \in \|C\|_{\mathcal{M}} \ \& \ w \in \|A\|_{\mathcal{M}}]$，根据积算子的语义定义，有 $v \in \|A \cdot C\|_{\mathcal{M}}$。取出 $Sxvg(B)$，与 $v \in \|A \cdot C\|_{\mathcal{M}}$，使用存在量词添加规则后得：$\exists v[Sxvg(B) \ \& \ v \in \|A \cdot C\|_{\mathcal{M}}]$，根据竖线算子的语义定义，于是有 $x \in \|(A \cdot C)|B\|_{\mathcal{M}}$。

A6 的有效性：$A|C \cdot B|C \to (A \cdot B)|C$

令 $x \in \|A|C \cdot B|C\|_{\mathcal{M}}$，根据积算子的语义定义，有：$\exists yz[Rxyz \ \& \ y \in \|A|C\|_{\mathcal{M}} \ \& \ z \in \|B|C\|_{\mathcal{M}}]$。再根据竖线算子的语义定义，将该式展开得：$\exists yuvz[Rxyz \ \& \ Syug(C) \ \& \ Szvg(C) \ \& \ u \in \|A\|_{\mathcal{M}} \ \& \ v \in \|B\|_{\mathcal{M}}]$。取出 $Rxyz \ \& \ Syug(C) \ \& \ Szvg(C)$，根据 MP5 分离得：$\exists r[Sxrg(C) \ \& \ Rruv]$。再取出 $u \in \|A\|_{\mathcal{M}} \ \& \ v \in \|B\|_{\mathcal{M}}$ 和 Ruv，两次使用存在量词添加规则后得：

$\exists uv[Ruv\ \&\ u \in \|A\|_{\mathcal{M}}\ \&\ v \in \|B\|_{\mathcal{M}}]$，根据积算子的语义定义，有 $r \in \|A \cdot B\|_{\mathcal{M}}$。取出 $Sxrg(C)$，与 $r \in \|A \cdot B\|_{\mathcal{M}}$，使用存在量词添加规则得：$\exists r[Sxrg(C)\ \&\ r \in \|A \cdot B\|_{\mathcal{M}}]$，根据竖线算子的语义定义，于是有 $x \in \|(A \cdot B)|C\|_{\mathcal{M}}$。

A7 的有效性：$A \cdot B|A \to A \cdot B$

令 $x \in \|A \cdot B|A\|_{\mathcal{M}}$，根据积算子的语义定义，有：$\exists yz[Rxyz\ \&\ y \in \|A\|_{\mathcal{M}}\ \&z \in \|B|A\|_{\mathcal{M}}]$。根据竖线算子的语义定义展开 $z \in \|B|A\|_{\mathcal{M}}$，原式变为 $\exists yzw[Rxyz\ \&\ y \in \|A\|_{\mathcal{M}}\ \&\ Szwg(A)\ \&\ w \in \|B\|_{\mathcal{M}}]$。取出 $y \in \|A\|_{\mathcal{M}}$，根据 MP7 分离得 $y \sim g(A)$。取出 $Rxyz\ \&\ Szwg(A)$，与 $y \sim g(A)$一同根据 MP6 分离得：$Rxyw$。取出 $y \in \|A\|_{\mathcal{M}}$ 和 $w \in \|B\|_{\mathcal{M}}$，使用量词添加规则得：$\exists w[Rxyw\ \&\ y \in \|A\|_{\mathcal{M}}\ \&\ w \in \|B\|_{\mathcal{M}}]$，根据积算子的语义定义，于是有 $x \in \|A \cdot B\|_{\mathcal{M}}$。

A8 的有效性：$B \to [B]_{\mathrm{i}}$

令 $x \in \|B\|_{\mathcal{M}}$，据 MP7 得：$x \sim \mathrm{g}(B)$，即 $x \in \{x \mid x \sim \mathrm{g}(B)\}$，根据一元模态算子的语义定义，$x \in \|[B]_{\mathrm{i}}\|_{\mathcal{M}}$。

A9 的有效性证明类似。

A10 的有效性：$A \cdot C \to A \cdot (B|B \cdot C)$

令 $x \in \|A \cdot C\|_{\mathcal{M}}$，根据积算子的语义定义有：$\exists yz[Rxyz\ \&\ y \in \|A\|_{\mathcal{M}}\&\ z \in \|C\|_{\mathcal{M}}]$。取出 $Rxyz$，根据 MP8 分离得：$Rxyu\ \&\ Ruvz\ \&\ Svwg(B)\ \&\ w \sim g(B)$。取出 $w \sim g(B)$，根据 MP7 推得：$w \in \|B\|_{\mathcal{M}}$。取出 $Svwg(B)$和 $w \in \|B\|_{\mathcal{M}}$ 使用存在量词添加规则后得：$\exists w[Svwg(B)\ \&\ w \in \|B\|_{\mathcal{M}}]$，即 $v \in \|B|B\|_{\mathcal{M}}$。分别取出 $Ruvz$，$z \in \|C\|_{\mathcal{M}}$ 和 $v \in \|B|B\|_{\mathcal{M}}$，一道两次使用存在量词添加规则后得：$\exists vz[Ruvz\ \&\ v \in \|B|B\|_{\mathcal{M}}\ \&\ z \in \|C\|_{\mathcal{M}}]$，即 $u \in \|B|B \cdot C\|_{\mathcal{M}}$。再取出 $Rxyu$ 和 $y \in \|A\|_{\mathcal{M}}$，与 $u \in \|B|B \cdot C\|_{\mathcal{M}}$ 一道两次使用存在量词添加规则后得：$\exists yu[Rxyu\ \&\ y \in \|A\|_{\mathcal{M}}\ \&\ u \in \|B|B \cdot C\|_{\mathcal{M}}]$。根据积算子的语义定义有：$x \in \|A \cdot (B|B \cdot C)\|_{\mathcal{M}}$。

A11 的有效性：　$A \to A \cdot A$

令 $x \in \|A\|_{\mathcal{M}}$，取 MP9 的 $Rxxx$，使用存在量词添加规则后得：$\exists x[Rxxx$

$\& x \in \|A\|_{\mathcal{M}} \& x \in \|A\|_{\mathcal{M}}]$。根据积算子的语义定义有：$x \in \|A \cdot A\|_{\mathcal{M}}$。

D1-D5 保持有效性的证明参见第二章第二节可靠性的证明。

D6 保持有效性：$\dfrac{A \to B}{A|C \to B|C}$

假设$\|A\|_{\mathcal{M}} \subseteq \|B\|_{\mathcal{M}}$，令 $x \in \|A|C\|_{\mathcal{M}}$，根据竖线算子的语义定义，有：$\exists y[Sxyg(C) \& y \in \|A\|_{\mathcal{M}}]$。由$\|A\|_{\mathcal{M}} \subseteq \|B\|_{\mathcal{M}}$有：如果 $y \in \|A\|_{\mathcal{M}}$，那么有 $y \in \|B\|_{\mathcal{M}}$。取出 $y \in \|A\|_{\mathcal{M}}$，分离得 $y \in \|B\|_{\mathcal{M}}$。取出 $Sxyg(C)$且有 $y \in \|B\|_{\mathcal{M}}$，使用存在量词添加规则得：$\exists y[Sxyg(C) \& y \in \|B\|_{\mathcal{M}}]$。根据竖线算子的定义，有 $x \in \|B|C\|_{\mathcal{M}}$。

D7 保持有效性：$\dfrac{A \to B}{[A]_i \to [B]_i}$

假设$\|A\|_{\mathcal{M}} \subseteq \|B\|_{\mathcal{M}}$，再令 $x \in \|[A]_i\|$。据语义定义，即 $x \in \{x | x \sim g(A)\}$，即 $x \sim g(A)$，据公设 7 得：$x \in \|A\|_{\mathcal{M}}$。与假设分离得：$x \in \|B\|_{\mathcal{M}}$，据公设 7 得：$x \sim g(B)$，即 $x \in \{x | x \sim g(B)\}$，依据一元模态算子的语义定义，为 $x \in \|[B]_i\|_{\mathcal{M}}$。即$\|[A]_i\|_{\mathcal{M}} \subseteq \|[B]_i\|_{\mathcal{M}}$。

所以定理成立。 ■

定理 8 LLCW'的完全性

如果$\|A\|_{\mathcal{M}} \subseteq \|B\|_{\mathcal{M}}$，则 LLCW' $\vdash A \to B$。[①]

需证明在所有 LLCW'模型下的有效式都是 LLCW'系统可推出的。首先定义 LLCW'的典范模型 $\mathcal{M} = \langle W, R, S, \sim, f, g \rangle$，$W$ 是包含所有 LLCW'范畴的集合。

对于所有原子范畴：$f(p) = \{A \mid \vdash A \to p\}$

$RABC$ 当且仅当 $\vdash A \to B \cdot C$

$SABC$ 当且仅当 $\vdash A \to B|C$

$A \sim B$ 当且仅当 $\vdash A \to B$

对于所有范畴 A：$g(A) = A$

① 在不引起混淆的情况下，以下的“$\vdash$”均表示“LLCW' $\vdash$”。

我们先给出 LLCW′系统典范模型的真值引理 2 证明。

真值引理 2：在典范模型 $\mathcal{M}$ 中，对于所有范畴 A 和 B，都有：
$A \in \|B\|_{\mathcal{M}}$ 当且仅当 $\vdash A \to B$

证明：施归纳于 B 的结构。

基始：B 是原子范畴，根据典范模型中原子范畴的定义，引理 2 成立。

归纳：$B = C \bullet D$，C/D，$C\backslash D$ 的情况请参见第二章第二节。

$B = [C]_{\mathrm{i}}$ 的情况。

令 $A \in \|[C]_{\mathrm{i}}\|_{\mathcal{M}}$，据语义定义得：$A \in \{x | x \sim g(C)\}$，即 $A \sim g(C)$，据典范模型的定义得：$\vdash A \to C$。据 A8：$\vdash C \to [C]_{\mathrm{i}}$，传递得：$\vdash A \to [C]_{\mathrm{i}}$。

令 $\vdash A \to [C]_{\mathrm{i}}$，据 A9：$\vdash [C]_{\mathrm{i}} \to C$，传递得：$\vdash A \to C$。据典范模型的定义有：$A \sim g(C)$，即 $A \in \{x | x \sim g(C)\}$，据语义定义得：$A \in \|[C]_{\mathrm{i}}\|_{\mathcal{M}}$。

$B = C|D$ 的情况。

令 $A \in \|C|D\|_{\mathcal{M}}$，根据“|”的语义定义有：$SABg(D)$ & $B \in \|C\|_{\mathcal{M}}$。取出 $B \in \|C\|_{\mathcal{M}}$，根据归纳假设有：$\vdash B \to C$。据此由 D6 得：$\vdash B|D \to C|D$。取出 $SABg(D)$，据典范模型的定义有：$\vdash A \to B|D$。传递得到：$A \to C|D$。

令 $\vdash A \to C|D$，据典范模型定义有 $SACD$，即 $SACg(D)$，据等同公理由归纳假设得：$C \in \|C\|_{\mathcal{M}}$，即有 $SACg(D)$ & $C \in \|C\|_{\mathcal{M}}$，根据“|”的语义定义，有：$A \in \|C|D\|_{\mathcal{M}}$。

真值引理 2 成立。 ■

其次，证明在典范模型定义下，LLCW′的语义公设是成立的，即证明上述典范模型满足 LLCW′语义模型的框架性质 MP1— MP9：

满足 MP1：$\forall xyzuv[Rxyz \,\&\, Rzuv \to \exists w[Rwyu \,\&\, Rxwv]]$。令 $Rxyz$ 与 $Rzuv$ 在典范模型中成立，根据 R 的典范模型定义有：$\vdash x \to y \bullet z$，$\vdash z \to u \bullet v$。后者从积的单调性得：$\vdash y \bullet z \to y \bullet (u \bullet v)$，传递得 $\vdash x \to y \bullet (u \bullet v)$。根据 A2：$\vdash y \bullet (u \bullet v) \to (y \bullet u) \bullet v$。传递得到：$\vdash x \to (y \bullet u) \bullet v$。根据典范模型的定义得：$Rx(y \bullet u)v$，即存在满足 $Rxwv$ 的 w，且 $w = y \bullet u$，即有 $Rxwv$ 和 $Rwyu$。

满足 MP2 的证明类似。

满足 MP3：$\forall xyzwu[Rxyz \,\&\, Szwu \Rightarrow \exists v[Sxvu \,\&\, Rvyw]]$。令 $Rxyz$ 与 $Szwu$ 在典范模型中成立，根据 R, S 的典范模型定义有：$\vdash x \to y \cdot z$，$\vdash z \to w|u$。由后者从积的单调性得 $\vdash y \cdot z \to y \cdot w|u$，传递得 $\vdash x \to y \cdot w|u$。根据 A4：$\vdash y \cdot w|u \to (y \cdot w)|u$。传递得到：$\vdash x \to (y \cdot w)|u$，据典范模型的定义得：$Sx(y \cdot w)u$，即存在满足 $Sxvu$ 的 v 且 $v = y \cdot w$，即有 $Rvyw$ 和 $Sxvu$。

满足 MP4：$\forall xyzwu[Rxyz \,\&\, Sywu \Rightarrow \exists v[Sxvu \,\&\, Rvwz]]$。令 $Rxyz$ 与 $Sywu$ 在典范模型中成立，根据 R，S 的典范模型定义，有 $\vdash x \to y \cdot z$，$\vdash y \to w|u$。由后者从积的单调性得 $\vdash y \cdot z \to w|u \cdot z$，传递得 $\vdash x \to w|u \cdot z$。根据 A5，有 $\vdash w|u \cdot z \to (w \cdot z)|u$。传递得到：$\vdash x \to (w \cdot z)|u$，据典范模型的定义得：$Sx(w \cdot z)u$，即存在满足 $Sxvu$ 的 v 且 $v = w \cdot z$，即有 $Rvwz$ 和 $Sxvu$。

满足 MP5：$\forall xyzwuv[Rxyz \,\&\, Sywu \,\&\, Szvu \Rightarrow \exists r[Rxru \,\&\, Rrwv]]$。令 $Rxyz$，$Sywu$，$Szvu$ 在典范模型中成立，根据 R, S 的典范模型定义有：$\vdash x \to y \cdot z$，$\vdash y \to w|u$，$\vdash z \to v|u$。利用积的单调性从后两者可分别得到 $\vdash y \cdot z \to w|u \cdot z$ 和 $\vdash w|u \cdot z \to w|u \cdot v|u$。两次传递得：$\vdash x \to (w|u) \cdot (v|u)$。根据 A6 传递得到：$\vdash x \to (w \cdot v)|u$，据典范模型的定义得：$Sx(w \cdot v)u$，即存在满足 $Sxru$ 的 r 且 $r = w \cdot v$，即有 $Rrwv$ 和 $Sxru$。

满足 MP6：$\forall xyzwu\,[Rxyz \,\&\, Szwu \,\&\, y \sim u \Rightarrow Rxuw]$。①令 $Rxyz$，$Szwu$ 和 $y \sim u$ 在典范模型中成立，根据 R，S 和~的典范模型定义有：$\vdash x \to y \cdot z$，$\vdash z \to w|u$，$\vdash y \to u$。由 $\vdash z \to w|u$ 利用积的单调性可得 $\vdash y \cdot z \to y \cdot w|u$，传递得 $\vdash x \to y \cdot w|u$。再由 $\vdash y \to u$ 利用积的单调性得 $\vdash y \cdot w|u \to u \cdot w|u$，传递得 $\vdash x \to u \cdot w|u$。根据 A7：$\vdash u \cdot w|u \to u \cdot w$，传递得到：$\vdash x \to u \cdot w$，据典范模型的定义有：$Rxuw$。

---

① 这是 MP6 的一个弱化版本。MP6 本身应为：$\forall xyzwu\,[Rxyz \,\&\, Szwu \,\&\, y \sim u \Rightarrow Rxyw]$。Jäger（2005：152）的原始证明也不能证出典范模型满足 MP6。以 LLC 系统现有的公理和典范模型定义，只能证明典范模型满足 MP6 的这个弱化版本。我们在此只证典范模型满足 MP6 的弱化版本，进一步证明留待日后讨论。

满足 MP7：即真值引理 2。

满足 MP8：$\forall xywt\,[Rxyz \Rightarrow \exists uv[Rxyu \,\&\, Ruvz \,\&\, Svwt \,\&\, w \sim t]]$。令 $Rxyz$ 在典范模型中成立，根据 R 的典范模型定义有：$\vdash x \to y \bullet z$，依据 A10：$\vdash y \bullet z \to y \bullet (w|w \bullet z)$，传递得：$\vdash x \to y \bullet (w|w \bullet z)$。据典范模型定义有：$Rxy(w|w \bullet z)$。所以，存在 u 满足 $u = w|w \bullet z$，使得 $Rxyu$ 且 $Ru(w|w)z$。所以，存在 v 满足 $v = w|w$，使得 $Rxyu$ 且 $Ruvz$ 且 $Svww$。根据典范模型定义得：$Svwg(w)$。即有 $t = g(w)$使得 $Svwt$ 且 $g(w) \sim t$。据典范模型定义即得：$w \sim t$。

满足 MP9：$\forall x[Rxxx]$。依据 A11，$\vdash x \to x \bullet x$。依据典范模型定义有：$Rxxx$。■

最后证明每一个 LLCW′有效式都是 LLCW′可推出的：令$\|A\|_{\mathcal{M}} \subseteq \|B\|_{\mathcal{M}}$。假设 $A \to B$ 不是 LLCW′可推出的。据典范模型中的真值引理 2 得：$A \notin \|B\|_{\mathcal{M}}$。由 A1 和真值引理 2 有：$A \in \|A\|_{\mathcal{M}}$。因此并非$\|A\|_{\mathcal{M}} \subseteq \|B\|_{\mathcal{M}}$，与题设矛盾。所以，$A \to B$ 是 LLCW′可推出的。■

这样我们就证明 LLCW′公理表述的可靠性和完全性。

二、LLCW′的根岑表述

为了使刻画省略现象的类型逻辑系统 LLCW′具有可判定性，我们势必建立与公理表述在推演能力上等价的根岑表述。前面已经提到，我们的系统之所以命名 LLCW′，是因为在研究中我们发现，要证明 LLCW′系统的根岑表述与其公理表述等价，证明根岑表述中的 *Cut* 消去定理，需要在 LLCW′的根岑表述中配备一条受限的强缩并结构规则 *W*′。也就是说，我们将在根岑表述那里提出受限的强缩并规则 *W*′，方框下标的左引进规则$[]_iL$ 和右引进规则$[]_iR$。这样的设置使得 LLCW′的根岑表述与其公理表述具有同等的推演表达力。而根岑表述则可以通过 *Cut* 规则的消去解决判定问题，使得 LLCW′系统具有可判定性。LLCW′根岑表述的$[]_iR$ 规则和$[]_iL$ 规则分别为：

$$\frac{\Gamma \Rightarrow B}{\Gamma \Rightarrow [B]_i}[]_i R \qquad\qquad \frac{X, B, Y \Rightarrow D}{X, [B]_i, Y \Rightarrow D}[]_i L$$

因此，LLCW′ 根岑表述的全部规则如下：

定义 47 LLCW′的根岑表述

i. $\dfrac{}{A \Rightarrow A}Ax$

ii. $\dfrac{\Delta \Rightarrow A \quad \Gamma, A, \Gamma' \Rightarrow C}{\Gamma, \Delta, \Gamma' \Rightarrow C}Cut$

iii. s

iv. $\dfrac{\Delta \Rightarrow B \quad \Gamma, A, \Gamma' \Rightarrow C}{\Gamma, A/B, \Delta, \Gamma' \Rightarrow C}/L$

v. $\dfrac{B, \Delta \Rightarrow A}{\Delta \Rightarrow B \backslash A}\backslash R$

vi. $\dfrac{\Delta \Rightarrow B \quad \Gamma, A, \Gamma' \Rightarrow C}{\Gamma, \Delta, B \backslash A, \Gamma' \Rightarrow C}\backslash L$

vii. $\dfrac{\Gamma, A, B, \Gamma' \Rightarrow C}{\Gamma, A \bullet B, \Gamma' \Rightarrow C}\bullet L$

viii. $\dfrac{\Gamma \Rightarrow A \quad \Gamma' \Rightarrow B}{\Gamma, \Gamma' \Rightarrow A \bullet B}\bullet R$

ix. $\dfrac{X, A_1, Y_1, \ldots, A_n, Y_n \Rightarrow B}{X, A_1 | C, Y_1, \ldots, A_n | C, Y_n \Rightarrow B | C}|R$

x. $\dfrac{Y \Rightarrow B \quad X, B, Z, A, W \Rightarrow C}{X, Y, Z, A | B, W \Rightarrow C}|L$

xi. $\dfrac{\Gamma \Rightarrow B}{\Gamma \Rightarrow [B]_i}[]_i R$

xii. $\dfrac{X, B, Y \Rightarrow D}{X, [B]_i, Y \Rightarrow D}[]_i L$

xiii. $\dfrac{X, (A, (B|B, C)), Y \Rightarrow D}{X, (A, C), Y \Rightarrow D}W'$

xiv. $\dfrac{X,\ A,\ A,\ Y \Rightarrow D}{X,\ A,\ Y \Rightarrow D}C$

（一）LLCW′的根岑表述与公理表述等价

为证明 LLCW′系统两种表述的推演能力等价，先确立：

引理 1 $\sigma\ (X, A_1|B, Y_1, \ldots, A_n|B, Y_n) \to \sigma\ (X, A_1, Y_1, \ldots, A_n, Y_n)|B$ 在公理表述中成立。

证明：

归纳基始：$n = 1$。要证 $\sigma\ (X, A_1|B, Y_1) \to \sigma\ (X, A_1, Y_1)|B$ 在公理表述中成立。设 $\sigma\ (X, A_1|B, Y_1)$，据“σ”的定义得：$\sigma\ (X) \cdot \sigma\ (A_1|B) \cdot \sigma\ (Y_1)$。据 A4 和 A5 先后分离得：$(\sigma\ (X) \cdot A_1 \cdot \sigma\ (Y_1))\ |B$，再据“$\sigma$”的定义得：$\sigma\ (X, A_1, Y_1)|B$

归纳假设 $n = k$ 时引理 1 成立，要证 $n = k+1$ 时引理 1 成立。

据归纳假设，$\sigma\ (X, A_1|B, Y_1, Z_1, \ldots, A_k|B, Y_k) \to \sigma\ (X, A_1, Y_1, \ldots, A_k, Y_k)|B$ 在公理表述中成立。根据 A5 和“σ”的定义，有 $\sigma\ (A_{k+1}|B, Y_{k+1}) \to \sigma\ (A_{k+1}, Y_{k+1})|B$。对这两个结果运用“•”的单调律，得：

$\sigma\ (X, A_1|B, Y_1, \ldots, A_k|B, Y_k) \bullet \sigma\ (A_{k+1}|B, Y_{k+1}) \rightarrow$

$\rightarrow \sigma\ (X, A_1, Y_1, \ldots, A_k, Y_k)|B \bullet \sigma\ (A_{k+1}, Y_{k+1})|B$

对前件运用“σ”的定义，对后件运用 A6 和“σ”的定义，最后得：

$\sigma\ (X, A_1|B, Y_1, \ldots, A_k|B, Y_k, A_{k+1}|B, Y_{k+1}) \rightarrow \sigma\ (X, A_1, Y_1, \ldots, A_k, Y_k, A_{k+1}, Y_{k+1})|B$ ■

引理 1 获证。

定理 9 LLCW′的公理表述与根岑表述等价。[①]

G $\vdash X \Rightarrow A$ 当且仅当 A $\vdash \sigma\ (X) \rightarrow A$

从左到右：证明在 G 中运用定义 46 中 14 条规则时断言成立。

LLCW′中 L 的 G 的规则满足断言，参见第二章第二节。

假设$|R$ 规则的前提满足断言，即：$\sigma\ (X, A_1, Y_1, \ldots, A_n, Y_n) \rightarrow .$ 在 A 中成立。根据 D6，有$\sigma\ (X, A_1, Y_1, \ldots, A_n, Y_n)|C \rightarrow C$。根据引理 1：$\sigma\ (X, A_1|C, Y_1, \ldots, A_n|C, Y_n) \rightarrow \sigma\ (X, A_1, Y_1, \ldots, A_n, Y_n)|C$ 在 A 中成立，传递得$\sigma\ (X, A_1|C, Y_1, \ldots, A_n|C, Y_n) \rightarrow C$ 在 A 中成立。

假设$|L$ 规则的两个前提都满足断言，即$\sigma\ (Y) \rightarrow$和$\sigma\ (X, B, Z, A, W) \rightarrow C$ 在 A 中成立。根据 A4 和“σ”的定义有：$\sigma\ (Z, A|B) \rightarrow \sigma\ (Z, A)|$。依据和积算子的单调性，可得$\sigma\ (B, Z, A|B) \rightarrow \sigma\ (B, Z, A)$。根据积算子的单调性有：$\sigma\ (X, B, Z, A|B, W) \rightarrow \sigma\ (X, B, Z, A, W)$。据此由题设$\sigma\ (X, B, Z, A, W) \rightarrow C$ 传递得：$\sigma\ (X, B, Z, A|B, W) \rightarrow C$。利用积算子的单调性从另一题设$\sigma\ (Y) \rightarrow B$ 传递得：$\sigma\ (X, Y, Z, A|B, W) \rightarrow \sigma\ (X, B, Z, A|B, W)$。再经过传递得：$\sigma\ (X, Y, Z, A|B, W) \rightarrow C$。这表明$|L$ 的结论满足断言。

假设$[]_i R$ 的前提满足断言，即：$\sigma\ (\Gamma) \rightarrow B$ 在 A 中成立。根据公理规则 A8，有 $B \rightarrow [B]_i$，据 A 中的传递规则得：$\sigma\ (\Gamma) \rightarrow [B]_i$。即$[]_i R$ 的结论也在 A 中成立。

---

① 以下用 G 表示根岑（Gentzen）表述，用 A 表示公理表述。

$[]_{i}L$ 的证明类似。

假设 W' 的前提满足断言，即：$\sigma\ (X, (A, (B|B, C)), Y) \to D$ 在 A 中成立。要证在 A 中：$\sigma\ (X, (A, C), Y) \to$ D 也成立。据公理 A10 由"•"的单调律有：$X \cdot (A \cdot C) \cdot Y \to X \cdot (A \cdot (B|B \cdot C)) \cdot Y$。根据"$\sigma$"的定义得：$\sigma\ (X, (A, C), Y) \to \sigma\ (X, (A, (B|B, C)), Y)$。用 A 中的传递规则得：$\sigma\ (X, (A, C), Y) \to D$ 在 A 中成立。

易证 C 规则满足断言。

从右到左：证明在 A 中运用 11 条公理和 7 条规则时断言成立。

证明 A1-A3 在 G 中可推出：

A1 的 σ 模式为：$A \to A$，要证在 G 中可以推出 $A \Rightarrow A$。从 id 可以直接得到。

A2 的 σ 模式为：$\sigma\ (A \cdot (B \cdot C)) \to (A \cdot B) \cdot C$。要证在 G 中可以推出 $A \cdot (B \cdot C) \Rightarrow (A \cdot B) \cdot C$。

$$\dfrac{\dfrac{\dfrac{\dfrac{\dfrac{}{A \Rightarrow A}Ax \quad \dfrac{}{B \Rightarrow B}Ax}{A, B \Rightarrow A \cdot B}\cdot R \quad \dfrac{}{C \Rightarrow C}Ax}{A, B, C \Rightarrow (A \cdot B) \cdot C}\cdot R}{A, B \cdot C \Rightarrow (A \cdot B) \cdot C}\cdot L}{A \cdot (B \cdot C) \Rightarrow (A \cdot B) \cdot C}\cdot L$$

这表明 A2 在 G 中成立。

A3 的 σ 模式为：$\sigma\ ((A \cdot B) \cdot C) \to A \cdot (B \cdot C)$。要证在 G 中可以推出 $(A \cdot B) \cdot C \Rightarrow A \cdot (B \cdot C)$。

$$\dfrac{\dfrac{\dfrac{\dfrac{}{A \Rightarrow A}Ax \quad \dfrac{\dfrac{}{B \Rightarrow B}Ax \quad \dfrac{}{C \Rightarrow C}Ax}{B, C \Rightarrow B \cdot C}\cdot R}{A, B, C \Rightarrow A \cdot (B \cdot C)}\cdot R}{A \cdot B, C \Rightarrow A \cdot (B \cdot C)}\cdot L}{(A \cdot B) \cdot C \Rightarrow A \cdot (B \cdot C)}\cdot L$$

这表明 A3 在 G 中成立。

A4 的σ 模式为：$\sigma(A \bullet D|C) \to (A \bullet D)|C$，要证在 G 中可以推出 $A, D|C \Rightarrow (A \bullet D)|C$。利用$|R$，令前提中 $X = A$，$A_1 = D$，$Y_1 = \ldots = Y_n = A_2 = \ldots = A_n = \varnothing$，于是有：

$$\cfrac{\cfrac{A \Rightarrow A \quad D \Rightarrow D}{A, D \Rightarrow A \bullet D} \bullet R}{A, D \mid C \Rightarrow (A \bullet D) \mid C} \mid R$$

这表明 A4 在 G 中成立。

A5 的σ 模式为：$\sigma(A|D \bullet C) \to (A \bullet C)|D$，要证在 G 中可以推出 $A|D, C \Rightarrow (A \bullet C)|D$。利用$|R$，令前提中 $A_1 = A$，　$Y_1 = D$，$X = Y_2 = \ldots = Y_n = A_2 = \ldots = A_n = \varnothing$，于是有：

$$\cfrac{\cfrac{A \Rightarrow A \quad D \Rightarrow D}{A, D \Rightarrow A \bullet D} \bullet R}{A \mid C, D \Rightarrow (A \bullet D) \mid C} \mid R$$

这表明 A5 在 G 中成立。

A6 的σ 模式为：$\sigma(A|C \bullet D|C) \to (A \bullet D)|C$，要证在 G 中可以推出 $A|C, D|C \Rightarrow (A \bullet D)|C$。利用$|R$，令前提中 $A_1 = A$，　$A_2 = D$，$X = Y_1 = \ldots = Y_n = A_3 = \ldots = A_n = \varnothing$，于是有：

$$\cfrac{\cfrac{A \Rightarrow A \quad D \Rightarrow D}{A, D \Rightarrow A \bullet D} \bullet R}{A \mid C, D \mid C \Rightarrow (A \bullet D) \mid C} \mid R$$

这表明 A6 在 G 中成立。

A7 的σ 模式为：$\sigma(E \bullet D|E) \to E \bullet D$，要证在 G 中可以推出 $E, D|E \Rightarrow E \bullet D$。利用$|L$，令前提中 $X = Z = W = \varnothing$，$Y = B = E$，$A = D$，于是：

$$\cfrac{E \Rightarrow E \qquad \cfrac{E \Rightarrow E \qquad D \Rightarrow D}{E, D \Rightarrow E \bullet D} \bullet R}{E, D \mid E \Rightarrow E \bullet D} \mid L$$

这表明 A7 在 G 中成立。

A8 的σ 模式为：$\sigma(B) \to [B]_i$，要证在 G 中可推出 $B \Rightarrow [B]_i$。根据$[]_iR$，

令前提中$\Gamma = B$,于是有：

$$\frac{B \Rightarrow B}{B \Rightarrow [B]_i}[]_i R$$

这表明 A8 在 G 中成立。

A9 的σ 模式为：σ $([B]_i) \to B$。要证在 G 中可以推出$[B]_i \Rightarrow B$。利用$[]_i L$，令前提中 $X = Y = \varnothing$，$D = B$，则有：

$$\frac{B \Rightarrow B}{[B]_i \Rightarrow B}[]_i L$$

这表明 A9 在 G 中成立。

A10 的σ 模式为：σ $(A \cdot C) \to A \cdot (B|B \cdot C)$。要证在 G 中可以推出 $A, C \Rightarrow A \cdot (B|B \cdot C)$。利用 W'，令前提中 $X = Y = \varnothing$，则有：

$$\dfrac{\dfrac{A \Rightarrow A \quad \dfrac{B|B \Rightarrow B|B \quad C \Rightarrow C}{B|B, C \Rightarrow B|B \cdot C} \cdot R}{A, (B|B, C) \Rightarrow A \cdot (B|B \cdot C)} \cdot R}{A, C \Rightarrow A \cdot (B|B \cdot C)} W'$$

这表明 A10 在 G 中成立。

A11 的σ 模式为：σ $(A) \to A \cdot A$。要证在 G 中可以推出 $A \Rightarrow A \cdot A$。利用 C，令前提中 $X = Y = \varnothing$，则有：

$$\dfrac{\dfrac{A \Rightarrow A \quad A \Rightarrow A}{A, A \Rightarrow A \cdot A} \cdot R}{A \Rightarrow A \cdot A} C$$

这表明 A11 在 G 中成立。

再证明公理表述的推演规则 D1-D5 满足断言，参见第二章定理 3 的证明。

推演规则 D6：$\dfrac{A \to B}{A|C \to B|C}$。假定 D6 的前提满足断言，即 $A \Rightarrow B$ 在 G 中成立。利用$|R$，令前提中 $X = Y_1 = \ldots = A_n = Y_n = \varnothing$，$A_1 = A$，则有：

$$\frac{A \Rightarrow B}{A|C \Rightarrow B|C}|R$$

这表明 D6 在 G 中成立。

推演规则 D7：$\dfrac{B \to C}{[B]_i \to [C]_i}$。假定 D7 的前提满足断言，即 $B \Rightarrow C$ 在 G 中成立。利用$[]_i L$，令前提中 $X = Y = \varnothing$，$D = C$，则有：

$$\dfrac{\dfrac{B \Rightarrow C}{[B]_i \Rightarrow C}[]_i L}{[B]_i \Rightarrow [C]_i}[]_i R$$

这表明 D7 在 G 中成立。

因此，LLCW′的公理表述与根岑表述等价。 ■

（二）可判定性

LLCW′是在 L 基础上扩展得到的逻辑系统，其公理表述包括 L 的所有公理和推导规则，所以 LLCW′的公理表述自然也承认传递规则，因而导致无法解决判定问题。这就要借助其根岑表述，如果能够证明与传递规则等价的 *Cut* 规则在其根岑表述中可以消去，就能够证明 LLCW′可判定。

下面先来证明 LLCW′系统的 *Cut* 规则消去定理，说明 LLCW′中的每个推演都可以用不含 *Cut* 规则的形式表示出来。其中涉及竖线算子规则的两种情况证明是对 Jäger 证明的修正版本。[①]

定理 10　LLCW′的 *Cut* 消去定理

若 $\underset{\cdot}{X} \Rightarrow A$ 在根岑表述中是有效的推演，则在根岑表述中一定存在一个不使用 *Cut* 规则的 $\underset{\cdot}{X} \Rightarrow A$ 推演。

证明：先给出 *Cut* 规则的表述如下：

$$\dfrac{\Delta \Rightarrow A \quad \Gamma, A, \Gamma' \Rightarrow C}{\Gamma, \Delta, \Gamma' \Rightarrow C} Cut$$

对 *Cut* 规则的前提通常分为三类情况讨论（其中关于左右斜线和积算子的证明参见第二章定理 2）：

① 参考 Jäger（2005）125-126 页的证明，本书对其中的几处错误做了订正。

第一类指 *Cut* 规则的至少一个前提是等同公理[*Ax*]。这种情况易证，这里从略。

第二类指 *Cut* 规则的左右前提都是运用逻辑连结词规则的结果，且两个前提中的 *Cut* 公式是含有连结词的活动公式。在这种情况下，两个前提一定是分别使用 *R* 规则和 *L* 规则的结果，才能保证将这个含有连结词的活动公式被切割掉。第二类中与$[]_i L$和$[]_i R$有关的情况为：

$$\dfrac{\dfrac{\Gamma \Rightarrow B}{\Gamma \Rightarrow [B]_i}[]_i R \qquad \dfrac{X,B,Y \Rightarrow D}{X,[B]_i,Y \Rightarrow D}[]_i L}{X,\Gamma,Y \Rightarrow D}Cut$$

$$\Downarrow$$

$$\dfrac{\Gamma \Rightarrow B \quad X,B,Y \Rightarrow D}{X,\Gamma,Y \Rightarrow D}Cut$$

可以看出，以$[]_i R$和$[]_i L$为 *Cut* 规则两个前提时，化归前的 *Cut* 规则使用涉及两个含有一元算子$[]_i$的范畴，化归后的 *Cut* 规则使用不再含有$[]_i$算子，公式系列的复杂度显然降低。所以 *Cut* 规则的使用在此情况下可以逐步消去。

与竖线算子有关的情况为：

$$\dfrac{\dfrac{U,D_1,V_1,\ldots,D_n,V_n \Rightarrow A}{U,D_1|B,V_1,\ldots,D_n|B,V_n \Rightarrow A|B}|R \qquad \dfrac{Y \Rightarrow B \quad X,B,Z,A,W \Rightarrow C}{X,Y,Z,A|B,W \Rightarrow C}|L}{X,Y,Z,U,D_1|B,V_1,\ldots,D_n|B,V_n,W \Rightarrow C}Cut$$

$$\Downarrow$$

$$\dfrac{Y \Rightarrow B \quad \dfrac{\dfrac{}{B \Rightarrow B}id \quad \dfrac{U,D_1,V_1,\ldots,D_n,V_n \Rightarrow A \quad X,B,Z,A,W \Rightarrow C}{X,B,Z,U,D_1,V_1,\ldots,D_n,V_n,W \Rightarrow C}Cut}{X,B,Z,U,D_1|B,\ldots,D_{n-1}|B,V_{n-1},D_n,V_n,W \Rightarrow C}\text{使用n}-1\text{次}|L}{X,Y,Z,U,D_1|B,V_1,\ldots,D_n|B,V_n,W \Rightarrow C}|L$$

上面的化归表明：以|*R* 和|*L* 为 *Cut* 规则两个前提的情况，化归前 *Cut* 规则的使用涉及 2(*n*+1)个含有“|”的照应范畴，化归后使用 *Cut* 规则的复杂度明显比化归前低。继续这个过程，可以消去 *Cut* 规则的使用。

第三类指 *Cut* 规则的至少一个前提不是活动公式。这一类中与竖线算子有关的情况是：

$$\dfrac{\dfrac{X,A_1,Y_1,\ldots,A_n,Y_n\Rightarrow B_i}{X,A_1|C,Y_1,\ldots,A_n|C,Y_n\Rightarrow B_i|C}|R\quad \dfrac{Z,B_1,W_1,\ldots,B_m,W_m\Rightarrow D}{Z,B_1|C,W_1,\ldots,B_m|C,W_m\Rightarrow D|C}|R}{Z,B_1|C,W_1,\ldots,X,A_1|C,Y_1,\ldots,A_n|C,Y_n,\ldots,B_m|C,W_m\Rightarrow D|C}Cut$$

$$\Downarrow$$

$$\dfrac{\dfrac{X,A_1,Y_1,\ldots,A_n,Y_n\Rightarrow B_i\qquad Z,B_1,W_1,\ldots,B_m,W_m\Rightarrow D}{Z,B_1,W_1,\ldots,X,A_1,Y_1,\ldots,A_n,Y_n,\ldots,B_m,W_m\Rightarrow D}Cut}{Z,B_1|C,W_1,\ldots,X,A_1|C,Y_1,\ldots,A_n|C,Y_n,W_i,\ldots,B_m|C,W_m\Rightarrow D|C}|R$$

从结论看，化归后的公式序列比化归前的公式序列至少要少 $n+m$ 个竖线算子，复杂度显然已经降低，继续这个过程，*Cut* 规则的使用最终会被完全消去。 ■

上述每个例证化归后所用的 *Cut* 规则的复杂度比化归前使用的 *Cut* 规则的复杂度都要低，继续这个过程，*Cut* 规则最终将完全被消去。

其次，LLCW′系统不但在“|*L*”规则中涉及受限的弱缩并规则 *C*，还包含一条受限的强缩并结构规则 *W*′。从子结构逻辑与结构规则表 2.1 我们可以看到，系统 LLCW′位于经典命题逻辑和兰贝克演算之间，是子结构逻辑家族的一员。由于 *W*′的奇特性，在具有结构身份之外，还涉及连结词的出现不满足子公式性质的情况。所以我们还需证明：

定理 11　LLCW′的 W′消去定理

证明：

$$\dfrac{\dfrac{A\Rightarrow B\quad X,B,B,C,Y\Rightarrow D}{X,A,B|B,C,Y\Rightarrow D}|L}{X,A,C,Y\Rightarrow D}W'$$

$$\Downarrow$$

$$\dfrac{A\Rightarrow B\quad \dfrac{X,B,B,C,Y\Rightarrow D}{X,B,C,Y\Rightarrow D}C}{X,A,C,Y\Rightarrow D}Cut$$ ■

我们可以把运用 *W*′的推演化归成消去 *W*′的推演，化归后的推演复杂度显然小于化归前的推演复杂度。

定理 12 LLCW′的根岑表述的判定性

LLCW′的根岑表述的判定性是有解的。

证明：对于每个不含 W'规则和 Cut 规则的证明过程来说，结论所包含的连结词总比前提多（因为前提中的每个公式均在结论中作为子公式出现，且每条规则都会引入一个逻辑连结词）。此外，存在有穷多种方法将某条规则的结论与一给定公式序列进行匹配。因此，总是有至多有穷多种选择做自底向上的证明搜索，且每一个证明搜索树的分支都是有穷的，即整个证明搜索空间是有穷的。

所以，在 LLCW′的根岑表述中，判定性是有解的。 ■

三、LLCW′的 ND 表述及与根岑表述等价

在 LLCW′系统中，与根岑表述相对应的 ND 表述如定义 48 所示：

定义 48 LLCW′的 ND 表述

（1）$\dfrac{}{A \Rightarrow A}id$ （2）$\dfrac{X \Rightarrow A \quad Y,A,Z \Rightarrow B}{X,Y,Z \Rightarrow B}Cut$

（3）$\dfrac{X,A \Rightarrow B}{X \Rightarrow B/A}/I$ （4）$\dfrac{X \Rightarrow A/B \quad Y \Rightarrow B}{X,Y \Rightarrow A}/E$

（5）$\dfrac{A,X \Rightarrow B}{X \Rightarrow A\backslash B}\backslash I$ （6）$\dfrac{X \Rightarrow A \quad Y \Rightarrow A\backslash B}{X,Y \Rightarrow B}\backslash E$

（7）$\dfrac{X \Rightarrow A \quad Y \Rightarrow B}{X,Y \Rightarrow A \bullet B}\bullet I$ （8）$\dfrac{X \Rightarrow A \bullet B \quad Y,A,B,Z \Rightarrow C}{Y,X,Z \Rightarrow C}\bullet E$

（9）$1 \leqslant i \leqslant n$

$$\frac{Z_i \Rightarrow A_i \mid C \quad X,A_1,Y_1,\ldots,A_n,Y_n \Rightarrow B}{X,Z_1,Y_1,\ldots,Z_n,Y_n \Rightarrow B \mid C}\mid I$$

（10）$\dfrac{X \Rightarrow A \quad Y \Rightarrow B \mid A \quad Z,A,W,B,U \Rightarrow C}{Z,X,W,Y,U \Rightarrow C}\mid E$

（11）$\dfrac{X \Rightarrow B}{X \Rightarrow [B]_i}[]_i I$ （12）$\dfrac{X \Rightarrow [B]_i \quad Z,B,Y \Rightarrow C}{Z,X,Y \Rightarrow C}[]_i E$

（13）$\dfrac{X,(A,(B|B,C)),Y \Rightarrow D}{X,(A,C),Y \Rightarrow D}W'$　（14）$\dfrac{X,\ A,\ A,\ Y \Rightarrow D}{X,\ A,\ Y \Rightarrow D}C$

定理 13　LLCW′的 ND 表述与根岑表述等价。

证明：

依据定义 48，LLCW′的 ND 表述共有 14 条规则，第二章第四节已经说明，ND 表述与根岑表述中的 *id* 规则相同，而°*I* 和°*E* 分别对应根岑表述中的°*R* 和°*L* 规则（°代表二元连结词 •，/和\），所以前 8 条规则在 L 系统中与 L 的根岑表述等价。此外，因为在两种表述中，结构规则 *W′*和 *C* 相同，所以若要证 LLCW′的 ND 表述和根岑表述等价，只需证|*I* 与|*R*，|*E* 与|*L*，$[]_iR$ 与$[]_iI$，$[]_iL$ 与$[]_iE$ 可以互相推出即可：

1. |*I* 与|*R* 相互推出：

从|*I* 推出|*R*：假设|*R* 的前提满足断言，即 $X, A_1, Y_1,\ldots, A_n, Y_n \Rightarrow B$ 在 ND 表述中成立，要证 $X, A_1|C, Y_1,\ldots, A_n|C, Y_n \Rightarrow B|C$ 在 ND 表述中也可以推出。据规则|*I*，令前提中 $Z_i = A_i|C$，则有：

$$\dfrac{\dfrac{}{A_i \mid C \Rightarrow A_i \mid C}id \quad X,A_1,Y_1,\ldots A_n,Y_n \Rightarrow B}{X,A_1 \mid C,Y_1,\ldots A_n \mid C,Y_n \Rightarrow B \mid C}\mid I$$

这表明 |*R* 的结论在 ND 表述中可以推出。

从|*R* 推出|*I*：假设|*I* 的两个前提满足断言，即 $Z_i \Rightarrow A_i|C$ 和 $X, A_1, Y_1, \ldots, A_n, Y_n \Rightarrow B$ 在根岑表述中成立，要证 $X, Z_1, Y_1, \ldots, Z_n, Y_n \Rightarrow B|C$ 在根岑表述中也成立。

$$\dfrac{Z_i \Rightarrow A_i \mid C \quad \dfrac{X,A_1,Y_1,\ldots,A_n,Y_n \Rightarrow B}{X,A_1 \mid C,Y_1,\ldots,A_n \mid C,Y_n \Rightarrow B \mid C}\mid R}{X,Z_1,Y_1,\ldots,Z_n,Y_n \Rightarrow B \mid C}n\text{次使用}Cut\text{规则}$$

这表明 |*I* 的结论在根岑表述中可以推出。

2. |*E* 与|*L* 相互推出：

从|*E* 推出|*L*：假设|*L* 的前提满足断言，即 $X \Rightarrow A$ 和 $Z, A, W, B, U \Rightarrow C$

在 ND 表述中成立，要证 $Z, X, W, B|A, U \Rightarrow C$ 在 ND 表述中也成立。根据$|E$ 规则，令前提中 $Y = B|A$，则有：

$$\frac{X \Rightarrow A \quad \dfrac{}{B \mid A \Rightarrow B \mid A}id \quad Z,A,W,B,U \Rightarrow C}{Z,X,W,B \mid A,U \Rightarrow C}|E$$

这表明$|L$ 的结论在 ND 表述中可以推出。

从$|L$ 推出$|E$：假设$|E$ 的前提满足断言，即 $Y \Rightarrow B$, $U \Rightarrow A|B$，$X, B, Z, A, W \Rightarrow C$ 在根岑表述中成立，要证 $X, Y, Z, U, W \Rightarrow C$ 在根岑表述中也成立。使用$|L$ 和 Cut 规则有：

$$\frac{U \Rightarrow A \mid B \quad \dfrac{Y \Rightarrow B \quad X,B,Z,A,W \Rightarrow C}{X,Y,Z,A \mid B,W \Rightarrow C}|L}{X,Y,Z,U,W \Rightarrow C}Cut$$

这表明$|E$ 的结论在根岑表述中可以推出。

3. $[]_iI$ 和$[]_iR$ 的互推显然。

4. $[]_iE$ 与$[]_iL$ 相互推出：

从$[]_iE$ 推出$[]_iL$：假设$[]_iL$ 的前提满足断言，即 $Z, B, Y \Rightarrow D$ 在 ND 表述中成立，要证 $Z, [B]_i, Y \Rightarrow D$ 在 ND 表述中也成立。使用$[]_iE$，令前提中 $X= [B]_i$，$C = D$，则有：

$$\frac{\dfrac{}{[B]_i \Rightarrow [B]_i}id \quad Z,B,Y \Rightarrow D}{Z,[B]_i,Y \Rightarrow D}[]_i E$$

这表明$[]_iL$ 的结论在 ND 表述中可以推出。

从$[]_iL$ 推出$[]_iE$：假设$[]_iE$ 的前提满足断言，即 $X \Rightarrow [B]_i$ 和 $Z, B, Y \Rightarrow C$ 可以在根岑表述中推出，要证 $Z, X, Y \Rightarrow C$ 也可以在根岑表述中推出。使用$[]_iL$ 和 Cut 规则有：

$$\frac{X \Rightarrow [B]_i \quad \dfrac{Z,B,Y \Rightarrow C}{Z,[B]_i,Y \Rightarrow C}[]_i L}{Z,X,Y \Rightarrow C}Cut$$

这表明$[]_i E$的结论在根岑表述中可以推出。

因此，LLCW′系统的ND表述与根岑表述等价。 ■

四、LLCW′的加标树模式表述

（一）加标树模式表述

在LLCW′的证明树上，一个ND矢列$X \Rightarrow M : A$在树模式表述中可以推出（其中M是A的语义表达，参见第二章第四节的介绍），当且仅当，存在一个证明树α，X是α未消去的假设前提，$M : A$是α的唯一结论。LLCW′的ND表述可以用树模式的形式表述为定义49中的形式，这里面的树模式是加标的，每一棵树上都包含三方面信息：语义λ-项、对应的范畴和该步运算所依据的规则。

定义49　LLCW′的加标树模式表述

LLCW′的加标树模式表述是在L的加标树模式表述（见定义22）上增加以下五条规则得到的：

(i)（$|I$）令α是一棵以序列$X, M_1 : A_1|B, Y_1, \ldots, M_n : A_n|B, Y_n$为结论的证明树，β是一棵以序列$X', x_1 : A_1, Y_1', \ldots, x_n : A_n, Y_n'$为前提、以$N : C$为结论的证明树，（其中$X', Y_i'$对$X, Y_i$中所有公式进行了编码）。那么经过以下几步得到的γ也是一棵证明树：（1）用$M_i(y)$替换β中所有x_i的出现（y为范畴为B的先行词假设）；（2）将X'，Y_i'中所有变元的出现替换为X，Y_i中的对应项；（3）将α与经过1、2步得到的结果合并，合并同下标的节点，令每一个$M_i : A_i|B$直接统治$M_i(y) : A_i$；（4）扩充3步得到的结果，以$N : C$为前提，以$[\lambda y N : C|B]_{|I}$为结论。

(ii)（$|E$）如果α是以序列$X, M : A, Y, N : B|A, Z$为结论的证明树，那么，用$M : [A]_i$（i是一个没有使用过的下标）替换$M : A$、且以$N : B|A$为唯一前提、以$[N(M) : [B]_i]_{|E}$为结论的α′也是一棵证明树。

**在此要特别说明的是，在LLC系统中，被照应范畴的标记往往添加在整个被照应词条上，比如一个词条$M : A$，它加标后的形式是$[M : A]_i$。但是事实上，竖线算子只是对范畴执行操作，所以下标的添加和消去只针对范畴而言，这种操作不影响λ-项之间的λ-运算，因此，自此向下，在加标树模式表述中一元模态算子$[]_i$只标记范畴。如定义50中的规则（g），（i）

和（j）。**

（iii）（$[]_iI$）如果α是一棵以 $M:B$ 为唯一结论的证明树，那么α′是也一棵证明树，α′是以 $M:[B]_i$ 为唯一结论的证明树，i 是未使用过的下标序号。

（iv）（$[]_iE$）如果α是一棵以 $M:[B]_i$ 为唯一结论的证明树，那么，α′也是一棵证明树，α′是以 $M:B$ 为唯一结论的证明树。

（v）（W'）如果α是以 $X, M:A, N:C, Y$ 为结论的证明树，那么α的延伸α′也是一棵证明树，α′经过以下两个步骤得到：（1）扩充α的结论，以 $M:A$, $N:C$ 为前提，以新节点 $[M:A, \lambda x.x: B|B, N:C]_{W'}$ 为结论；（2）序列 $\lambda x.x: B|B$ 先与 $N:C$ 做贴合运算。

LLCW′的加标树模式表述相对其 ND 表述做了两件事：

（1）增加了表示语义的λ-项，保证句法和语义可以并行推演；

（2）使得语言符号串的横向矢列排列变成了纵向树模式的排列，便于表述非连续现象的推演。

两种表述之间存在等价关系：

定理 14　LLCW′的 ND 表述与加标树模式表述等价。

ND 表述与加标树模式的等价证明需要使用αβγ-等价以及加标的积算子封闭两个概念，在此不予展开，感兴趣读者可参照 LLC 系统的 ND 表述与加标树模式的等价证明。（Jäger 2005：132-134）

（二）加标树模式的演绎图示

用演绎图示表示这五条规则，加上 L 系统关于三个二元连结词的的六条规则，得到 LLCW′系统的加标树模式规则的演绎图示：

定义 50　LLCW′的加标树模式演绎图示

a. $$\frac{M:A/B \quad N:B}{M(N):A}/E$$

b. $$\frac{\dfrac{\vdots \quad \vdots \quad \dfrac{}{x:A}i \atop \vdots}{M:B}}{\lambda xM:B/A}/I,i$$

c. $$\frac{M:A \qquad N:A\backslash B}{M(N):B}\backslash E$$

d. $$\frac{\dfrac{\overline{x:A}^{i}\quad \vdots\ \vdots}{\vdots}}{\dfrac{M:B}{\lambda xM:A\backslash B}}\backslash I,i$$

e. $$\frac{M:A \qquad N:B}{\langle M,N\rangle:A\bullet B}\bullet I$$

f. $$\frac{M:A\bullet B}{(M)_0:A \qquad (M)_1:B}\bullet E$$

g. $$M:[A]_i\cdots\frac{N:B|A}{N(M):B}|E,i$$

h. $$\frac{\vdots\ \vdots\quad \dfrac{\vdots\ \dfrac{\dfrac{M_1:A_1|B}{M_1x:A_1}i_1}{\vdots}}{\vdots}\ \vdots\quad \vdots\ \dfrac{\vdots\ \dfrac{\dfrac{M_2:A_2|B}{M_2x:A_2}i_2}{\vdots}}{\vdots}\ \vdots\quad \vdots\ \dfrac{\vdots\ \dfrac{\dfrac{M_n:A_n|B}{M_nx:A_n}i_n}{\vdots}}{\vdots}\ \vdots\ \vdots}{\dfrac{N:C}{\lambda xN:C|B}|I,i_1,i_2,\ldots,i_n}$$

i. $$\frac{M:B}{M:[B]_i}[]_i I$$

j. $$\frac{M:[B]_i}{M:B}[]_i E$$

k. $$\frac{M:A \qquad\qquad N:C}{M:A \qquad\qquad\qquad}W'$$

$$\lambda x.x:B|B \quad N:C$$

规则（i）和（j）是关于方框下标的添加和消去规则。它们说的是，对于任一范畴，都可以得到其添加方框下标的相应形式；反过来，对于已经有方框下标的范畴，为保证运算可以继续进行，可以使用（j）规则将其去掉。如此一来，就为被照应范畴添加了方框下标、范畴运算过程中方框下标的延续，以及消去方框下标继续进行贴合运算等情况给出了统一的理论支撑，但没有影响到代表语义的λ-项。换而言之，这两条规则使得照应范畴以及被照应范畴的方框下标的添加和消去有据可依。规则（k）对应受限的强缩并规则，说明在两个生成树之间可以引入一个照应假设，这个新引入的照应假设先与其**右侧**的词项进行运算。由于照应假设在句法上可以实现语义资源的重复使用，如果能够利用 *W'*引入，则可以看作为代词性语词省略的现象做类型逻辑刻画之福音。

以上我们构造了 LLCW′的完整系统。LLCW′系统通过向 LLC 系统添加受限的缩并结构规则 *W'*和方框下标的引入与消去规则得到。根据类型逻辑语法的惯例，我们给出 LLCW′的四种表述，并证明这些表述相互等价。

我们在公理表述下证明了系统是可靠并完全的，利用根岑表述确立了系统的可判定性，并在 ND 表述的基础上构造了加标树模式的表述，以便于更加直观地描述汉语中的非连续现象。

第三节　LLCW′系统的特色

一、下标

LLCW′系统的$[]_iI$和$[]_iE$规则有两个功能：

① 区别作为变元编码的下标与作为同指标记的方框下标，弥补照应规则在标记使用上的缺陷；

② 为进一步细分范畴做准备。

在 LLCW′模型中，添加了方框下标的范畴$[B]_i$在语义上被定义为$\{x|x\sim g(B)\}$，所以$[B]_i$就是由与范畴 B 中特定代表相似的那一类对象构成的集合。对比照应范畴 $A|B$ 的语义定义$\|A|B\|_{\mathcal{M}}$：$\{x|\exists y[Sxyg(B)\ \&\ y\in\|A\|_{\mathcal{M}}]\}$，$\|A|B\|_{\mathcal{M}}$ 说的是由满足以下条件的 x 组成的集合，x 能够找到一个与 $g(B)$ 相似的对象做其先行词。比较两种范畴的语义可以知道，$[B]_i$ 指的就是那些可以做照应先行词的范畴。由此保证方框下标不是随意添加的，只有与照应词所需范畴有相似关系的才会被添加方框下标。而对于有方框下标的范畴，在不需要的时候就可以根据$[]_iE$规则将其消去。

那么现在还有一个问题，**对于方框下标的引入，是否可以更加简化，直接在词库中完成，只保留方框下标的消去规则$[]_iE$ 呢**？是否可以在词库中对所有可能做先行词的语词，范畴上都提前编好方框下标呢？答案是否定的，其原因在上一章中曾多次提到：照应先行词不一定总是词库中的现成语词，有时是运算的结果，如“是”类 VP 省略句（4）：

（4）小明不应该来，小赵也是。

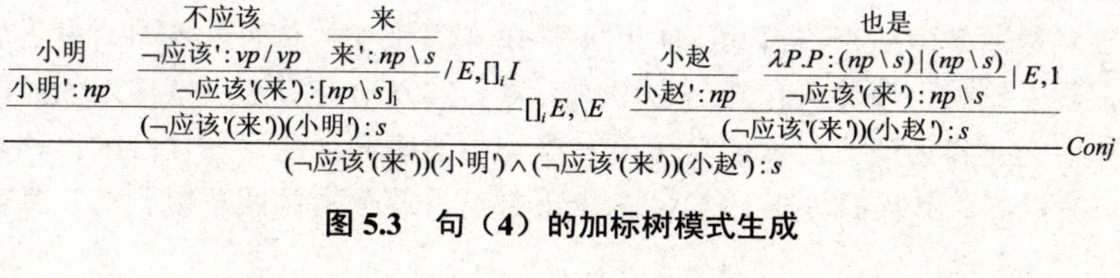

图 5.3　句（4）的加标树模式生成

其中做先行词的是“¬应该′”和“来′”毗连后生成的表达式。因此，下标的引入更需要一个后天机制，可以为在运算中生成的、可做照应先行词的范畴添加下标编码。

有了$[]_iI$和$[]_iE$，我们可以把方框下标的添加分为两种情况：一种是从词库中出来为运算需要直接使用$[]_iI$规则添加方框下标，一种则是运算过程中添加的方框下标。前一种以“John loves himself”为例，对比它在LLCW′和LLC框架下的具体分析：

$$\dfrac{\dfrac{\dfrac{\dfrac{John}{JOHN':np}}{JOHN':[np]_i}[]_iI}{JOHN':np}[]_iE \qquad \dfrac{\dfrac{loves}{LOVE':(np\backslash s)/np} \qquad \dfrac{\dfrac{himself}{\lambda x.x:np\,|\,np}}{JOHN':np}|E,i}{LOVE'(JOHN'):np\backslash s}}{LOVE'(JOHN')(JOHN'):s}$$

图 5.4 “John loves himself”在 LLCW′下的分析

$$\dfrac{\dfrac{John}{JOHN':[np]_i} \qquad \dfrac{\dfrac{loves}{LOVE':(np\backslash s)/np} \qquad \dfrac{\dfrac{himself}{\lambda x.x:np\,|\,np}}{JOHN':np}|E,i}{LOVE'(JOHN'):np\backslash s}}{LOVE'(JOHN')(JOHN'):s}$$

图 5.5 “John loves himself”在 LLC 下的分析

比较5.4和5.5中两个生成图可以发现，前者只比后者多了对先行词进行方框下标添加和消去两步操作，使得在竖线算子进行操作的时候，方框下标的添加和消去可以遵循相应的逻辑规则。本章开始时已经讨论过，如果没有专门的方框下标添加和消去规则，那么在“$|E$”和“$|I$”规则中出现的下标存在三个问题：① 如何区分$|E$运算中的同指下标和$|I$规则中类似变元角标的编码下标；② $|E$中同指下标的添加没有逻辑依据；③ 添加了同指下标的先行词如果没有消去规则，无法与其他词项继续运算。如图5.5中“$JOHN'$: $[np]_i$”与“$LOVE'(JOHN')$: $np\backslash s$”由于方框下标的原因，理论上没有办法做运算。更准确地说，图5.5是一个理想化的生成过程。

二、照应假设的引入

从第二节中的讨论得知，使用规则W'引入的照应假设合适且合法。如此，新系统就可以覆盖自然语言中绝大多数涉及语义资源重复使用的照应现象，无论作为研究对象的自然语言语句中的照应词是否有显性的语词表现。所以，以下我们将在LLCW′系统下尝试重新分析第四章提到的几类需要引入照应假设[①]的语言现象。

（5a）张三说 *e* 看见李四了。

（5b）妈妈送哥哥参军。

（5c）小张走去开门。

（5d）小李送小赵礼物了，妈妈也送了。

由于（5a）句主语“张三”的前面没有出现被强调的话题，*e* 在此是空代词，而非话题留下的语迹，所以可以使用 *W′*得到完整的生成图 5.6。

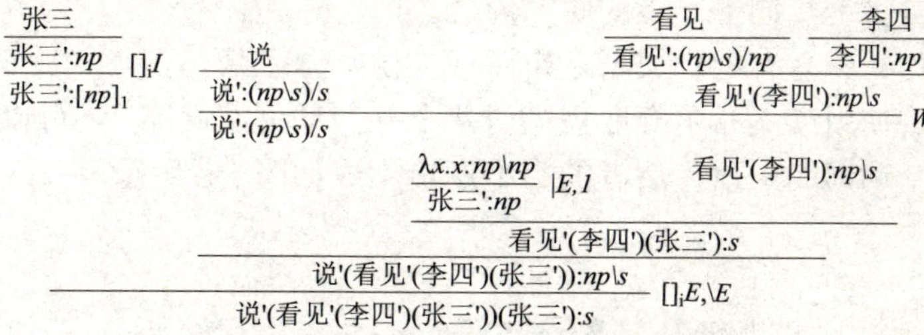

图 5.6　句（5a）的类型逻辑语法生成图

我们在第二节给出了语句（5b）的公理推导，使用了公理版本的 *W′* 规则，接下来我们尝试使用树模式的 *W′*规则对语句（5b）做自然演绎生成：

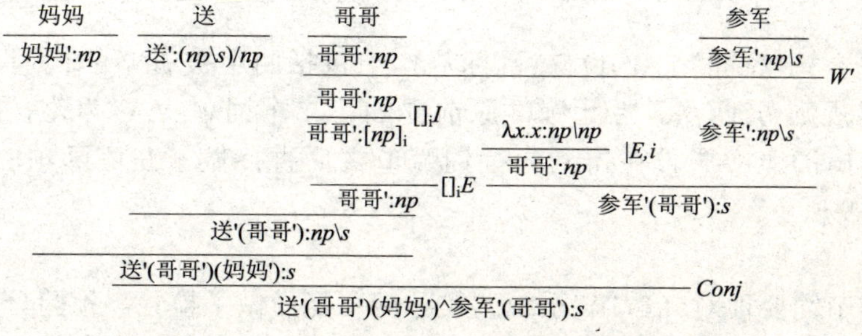

图 5.7　句（5b）使用 *W′*规则的加标树模式生成

考察图 5.7 的生成过程：先使用规则 *W′*在“哥哥′”和“参军′”之间引入一个照应假设，借用$[]_i I$为“哥哥′: *np*”编码；接下来的生成分成两股，一边是照应假设与“哥哥′”贴合，消去照应算子，得到的词项“哥哥′: *np*”

① 照应假设是范畴为 *XP*|*XP* 的假设，而非范畴为 *np* 或者 *vp* 的普通假设。

与“参军′: *np**s*”做贴合运算，得到范畴为 *s* 的语句表达式；一边是“送′”与其左右两侧的论元结合，生成范畴为 *s* 的语句表达式，最后两个语句表达式使用广义布尔合取规则做合取。

当然，如果认为兼语句中 V_1 位置能够出现的动词应对应范畴 (*np**s*)/*np*/(*np**s*)，即认为这时的 V_1 应该是一个带有三个论元—即其后的名词、不及物动词，以及其前的名词—的函项，那此处的处理就需要重新考虑了。这种想法冯志伟先生（2011）提出过。我们认为，避免出现这种分歧的一种方法就是在构造核心词库时，需要认真考虑词库中每个语词的句法语义赋值。在此基础上既可以达到更精确的分析结果，也避免了不必要的分歧。这将是我们下一步的研究内容。

连动句（5c）有两种类型逻辑生成方法，除了像第四章第三节中给出的那样直接使用广义布尔合取规则对两个并列动词做毗连，还可以使用 *W′* 补出第二个动词的主语，后者的类型逻辑生成如图 5.8 所示。

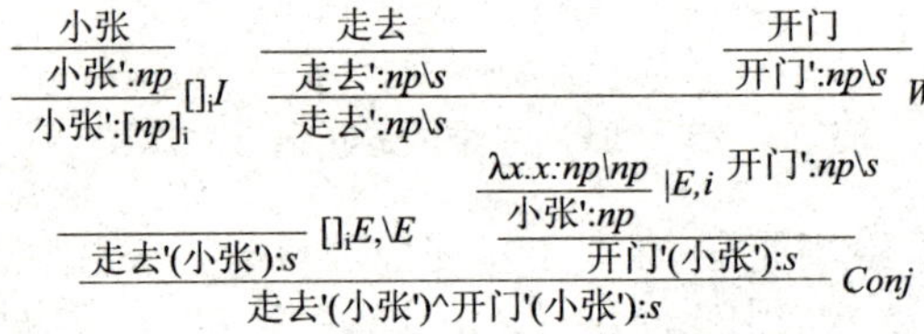

图 5.8　句（5c）使用 *W′* 规则的加标树模式生成

由于 VP 省略句（5d）在目标从句中包括两个被省略的代词，所以要使用规则 *W′* 两次，且此例中原前提的第二个词项 *N*: *C* 为空，如此一来，补出的照应假设在得到先行词赋值之后直接做其左侧函项的论元，如图 5.9 所示。

本节简要地对 LLCW′系统的实际应用能力做了检验。检验分为两部分，分别包括新系统的两个新特色：方框下标的使用和照应假设的引入。由此，对第四章中提到的 LLC 系统处理得不妥当的汉语语句，以及 LLC 系统不能处理的汉语句式都进行了类型逻辑分析，得到了不错的效果，证实了 LLCW′的理论价值。我们将在下一章中尝试对 LLCW′系统的刻画能力做更深入的考察和语言学思考，试图完成对汉语中更多相关现象的类型逻辑刻画。

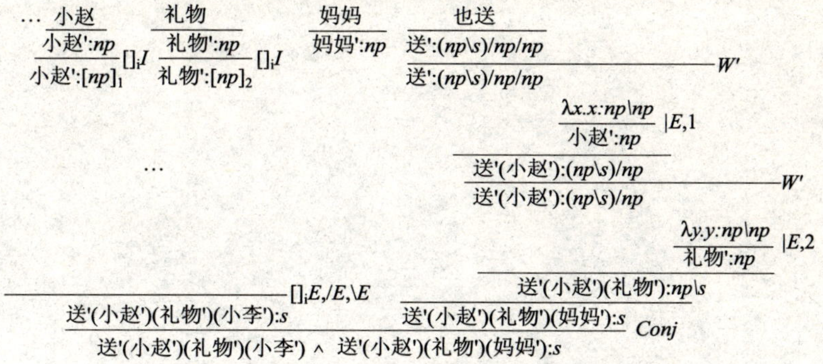

图 5.9 句（5d）使用 *W′* 规则的加标树模式生成

第六章

基于LLCW′的汉语照应省略现象分析

第五章已经给出LLCW′系统的四种表述，证明了四种表述是等价的，解决了系统的可靠性、完全性、可判定性等问题，并用新的规则为第四章提出的代词照应、空代词等现象做了一个初步的应用。本章的任务是挖掘更多的汉语空代词现象以及照应省略现象，尝试在新系统LLCW′下，对它们进行类型逻辑刻画，并对以上几种句型做全面的考察，以求达到更深入的语言学思考。我们将在第一节中首先尝试处理黄正德提出的几种句内回指的空代词现象，在第二、三节对重动句和兼语句做更加系统、详细的讨论。第四节对涉及致使义的NP+VP_1 +得+NP_2+VP_2型“得”字结构提出一种新的处理思路，并对部分兼语句的生成做更精确的处理。最后考察汉语非成分并列的几种情况。

第一节　空代词与话题

一、背景

早在20世纪80年代，生成语法学派就注意到自然语言中经常会使用零型代词，这些代词在句法上为空、没有语音语形表现，但在语义上非空。如（1）a，不定式短语前有一个零型代词PRO，完整形式应为John$_i$ tried [e_i to come]（其中e表示空位，具有相同下标的语词具有相同指称）。空代词的使用情况因语言而异。英语中的空代词只能用在无时态从句（即不定式和动名词结构）的主语位置，所以空代词只能在不定式和动名词结构中使用。相比之下，汉语中的空代词使用更广泛，几乎可以出现在代词所能出现的任何合法位置。(Huang 1984)

（1）a. John tried [PRO to come].

b. 我不知道 pro 上了多少级石阶……（刑欣 2004：40）

徐烈炯（1994）认为，空语类按照[+/-照应词性]和[+/–代词性]两个特征可以分为四个小类：NP-语迹，wh-语迹，PRO 和 pro。其中 PRO 和 pro 统称为空代词，它们不是使用移位规则得到的。PRO 和 pro 的**区别**在于，PRO 不具有词汇表面的有形形式，没有显性 NP 可以替换它，它既有照应词特征，又有代词特征，一般在没有曲折变化的结构中充当主语，如（1）a；pro 则相当于代名词，一般指具有主谓一致特征结构中被省略的主语代词，如（1）b。由于汉语不具有显性的曲折变化，所以 PRO 和 pro 的区分比较模糊，汉语是否需要区分两种空代词也存在分歧。黄正德坚持汉语中有 pro，而徐烈炯认为汉语中不必区分 PRO 和 pro。在第四章第一节中我们已经提到过空代词，发现若要对含有空代词的汉语语句做正确的类型逻辑分析，就需要将空代词补出，才能得到完整的语义解读。这似乎支持了黄正德的说法，汉语中有 pro。当然，本书的重点旨在做空代词的类型逻辑讨论，故暂不区分 PRO 和 pro，只将相关现象按照习惯统称为空代词。但在第一节，我们将首先区分空代词和移位造成的**语迹** Trace，因为两种情况在类型逻辑框架下对应本质上不同的两种处理。

二、空代词与话题的不对称

黄正德（1984）指出，汉语中主语和宾语位置上的空代词具有不对称分布，如(2)和(3)两组语句，宾语空代词不能与**主句主语**(Matrix Subject)同指，但是它可以受主句主语之前的话题约束，如（4）b。相反，主语空代词则不能与话题同指，如（4）a。

（2）a. 张三 $_i$ 希望[e_i 可以说服李四]

* b. 张三 $_i$ 希望[李四可以说服 e_i]

（3）a．张三$_i$知道[e_i没办法说服李四]

　　*b. 张三$_i$知道[李四没办法说服 e_i]

（4）*a.马莉$_i$，张三希望[e_i可以看见李四]。

　　b. 马莉$_i$，张三希望[李四可以看见 e_i]。

总的来说，主语和宾语位置的空代词本质上有所不同。主语空代词是真正的零型代词，不涉及任何移位；宾语位置上的空代词是宾语名词被话题化之后（即宾语移位至主主语之前、或之外的位置后）留下的一个语缺/语迹。从类型逻辑生成角度看，涉及移位现象的宾语空代词可以借助邹崇理确立的汉语灵活语序的多模态范畴机制加以生成，请参阅邹崇理（2006b）。但是，对于主语空代词来说，由于它不是任何类似话题的移出成分所留下的语迹［（4）a 就说明主语空代词不是话题移出时留下的语缺］，虽然具有独立的论旨角色，但在语词表面上缺少相应的 NP 形式，不能像宾语空代词那样通过移动语词符号来实现语句的形式生成（即使能够移动，也需要首先补出零型代词本身）。所以，若要生成含有主语空代词的语句，需要首先借助照应假设将空代词显性化。以（2）a 为例，只有将 e 作为代词显性化，才能够使内嵌从句生成范畴为 s 的表达式。上面已经提过，这个任务普通假设是不能胜任的，如图 6.1 所示。

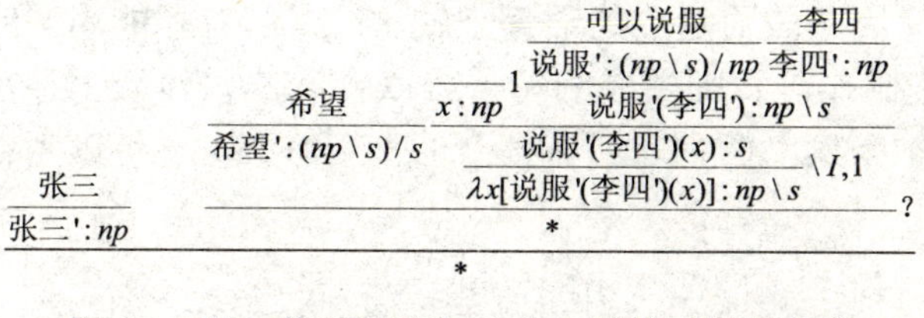

图 6.1　引入普通假设为（2）a 做类型逻辑生成

由于普通假设必须在生成完整的树之后做λ-抽象封闭额外引入的假设，而且对引入的普通假设还有位置要求，必须在生成树的边缘位置，才能在假设所在的类型逻辑树完成运算之后，再运用斜线算子引入规则（\I 或者/I）将假设消去。所以，为（2）a 引入普通假设只有图 6.1 一种可能的生成情况，运算到一半便行不通了。如果借助受限的缩并规则 W′，问题迎刃而解。①

① Steedman（1995）的方法也能解决图 6.1 的生成问题，他假设“希望”一类的心理控制类动词本身具有照应性质，对应<((np\s)/vp)/np: λx. λp. λy. 希望′(p(ana′x))xy>，ana 代表照应特征。Steedman 采用的是词汇法的思路。

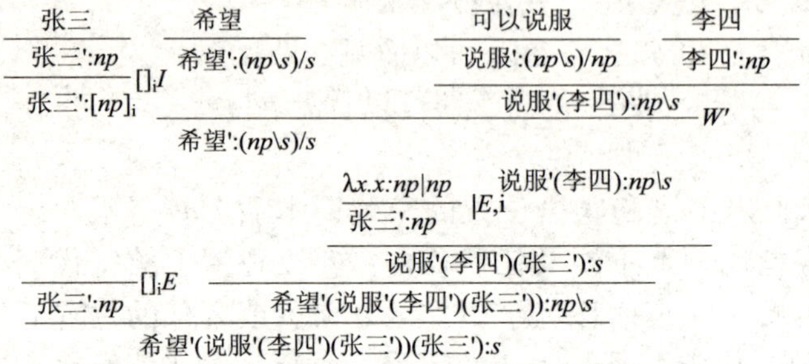

图 6.2　使用 W'为（2）a 做类型逻辑生成

容易理解，如果正常的范畴推演能够推出完整的语句范畴、给出正确的语义刻画，那么就轮不到 W'的使用。以涉及移位的主题句为例，因为句中所留下的语迹是移位造成的，而不是语义资源重复使用被删去的结果，在这种情况下，如果凭空在语迹处补出一个照应假设 x，那么，等 x 找到先行词后，这个位置就多了一个有句法表现的语词，必然导致移出的主题变成冗余成分，从而导致生成搁浅，或者出错。

顺着这一思路，我们就要注意：**给定一个空代词现象，我们要区分它是由语义资源重复**（哪怕是对语用、语境上语义资源的重复）**使用而造成的删略**[①]**，还是因移位而造成的语词空缺**。只有前者才能用照应假设补出空代词，做回指操作，否则生成的句子难以合法。以传统上存在歧义的施受关系句（5）a 为例，两种歧义解读（5）b 和（5）c 可以用补足成分的方法分别得到。

（5）a. 鸡不吃了。

b. 鸡 $_i$〈我〉不吃〈e_i〉了。

c. 鸡不吃〈食〉了。

显然，（5）b 和（5）c 中语词空位的生成途径是不同的。（5）b 是将“吃”的宾语“鸡”从“吃”后移位出来形成的话题句；而（5）c 至少是

① 由于汉语没有主谓一致、从句是否含有时态等因素的干扰，汉语中主语空代词语句的情况也可以做类似考虑，把嵌入从句主语位置的空代词看作是因为重复使用了主句主语的语言资源而被省略，如（2）a 可以补全，为“张三 $_i$ 希望自己 $_i$ 可以说服李四”。

在说话者和听者双方的共同背景中有“鸡在吃食”这件事，在说出（5）c时省略了重复的语义资源“食”。如果用*W′*规则补出照应假设来计算（5）b的语义，得到的就是图6.3a这个不符合说话人想法的语句。究其原因，（5）b中缺省部分是移位留下的空缺、而非因语义资源重复使用而被删略的结果，所以当我们使用照应算子找到前面的名词当做先行词处理时，就产生了问题，生成语义为“鸡不吃鸡”的句子。

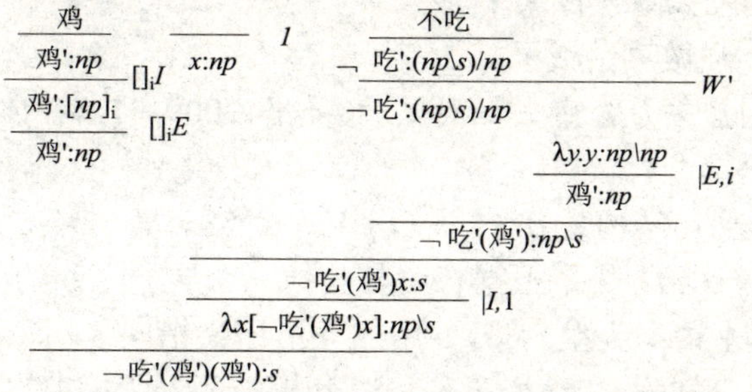

图6.3a 引入照应假设为（5）b做类型逻辑生成

依据本节上面的讨论，话题句（5）b应该按照话题多模态生成机制来生成。空代词语例（5）c的生成则可以借助照应假设的引入，如图6.3b：

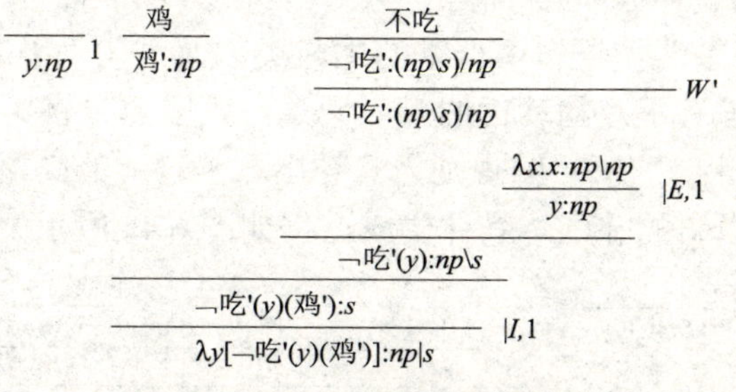

图6.3b （5）c的类型逻辑生成

李艳惠（2005：10）指出，在生成语法学界，汉语中的空宾语应该分析为空位代名词还是受到一个空话题约束的变项，一直以来都存在着争议。通过上面的分析我们发现，空位代名词一般可以用*W′*处理，而空话题约束的变项（或者说话题化）则需要另寻方法处理。从我们对施受事歧义句（5）a的生成上看，在（5）a的第一种解读（5）b中，宾语是受空话题约束的变项，而在其第二种解读（5）c中，宾语是零型代名词。所以，汉语中空宾语的产生有两个原因，具体处理方式要为具体情况所定。

总而言之，比之英语，因为汉语中存在更加丰富的空代词语例资源，所以空代词的形式化分析对汉语研究也应具有更加重要的意义，反过来，汉语也是研究空代词问题最合适的着手点。下面将考察一些汉语的多动词连用句。

第二节 重 动 句

（6）a. 刘强擦窗户擦累了。

b. 刘强做菜做咸了。

c. 刘强去办公室去得很早。（吴平 2009：145-146）

典型的重动句结构是 S + V + O + V + C（S、V、O、C 分别代表主语、谓语、宾语和补语）。吴平根据补语与其他三个成分之间的关系，归纳出重动句的三种基本语义类型。（6）a 中的补语语义指向 S，两个动词的共享论元是主句主语“刘强”，整个事件可以分析为“刘强擦窗户”+“刘强擦累了”；（6）b 中的补语语义指向 O，宾语“菜”是二者的共享论元，整个事件同样可以分析为“刘强做菜”+“菜做咸了”；但是对于（6）c 这类情况，吴平认为，补语的语义是指向谓语动词的，语句事实上只有一套主谓，（6）c 相当于“刘强去办公室很早”。

（6）a 在目前类型逻辑框架下的生成类似兼语句“小李走去开门”，如果假设“擦”没有不及物动词的对应词条，则需要先在第二个“擦”受到“累了”限制之后，①借助 *W'* 规则为其补出一个合适的宾语，才可以实现两组不及物动词短语的并列。具体生成过程如图 6.4a 所示。

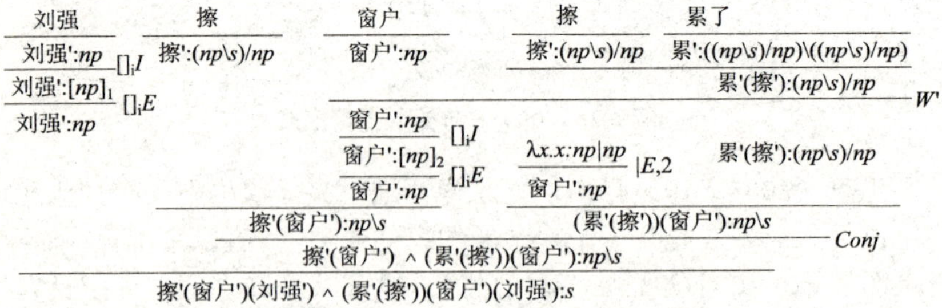

图 6.4a （6）a 使用一次 *W'* 的生成图

① 在形式语义学中，谓词修饰语与谓词之间是限定性关系。修饰语对谓词所表示的性质加以限制，将谓词的所指限制在它所具有某个性质的个体所组成的子集上。所以以下遇到谓词和谓词修饰语相毗连的情况，我们都先做二者的毗连，再在需要的时候用 *W'* 引入照应假设。

当然，也可以使用两次 *W′*规则，分别引入第二个“擦”的宾语和主语，像上一章给出的连动句的第二种生成一样，在最后一步使用广义布尔合取规则，如图 6.4a′所示：

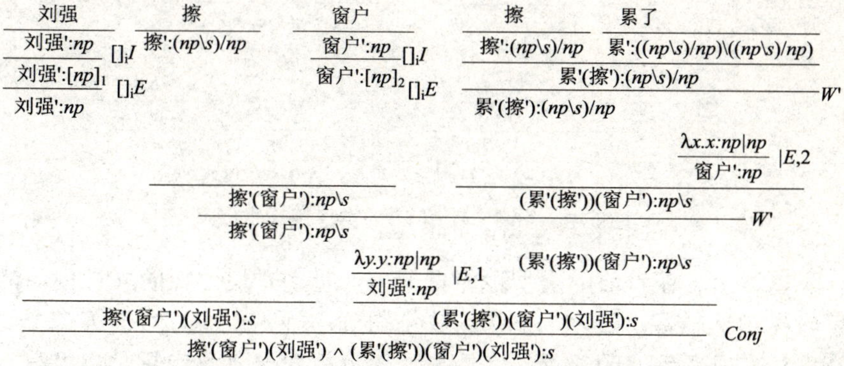

图 6.4a′　（6）a 使用两次 *W′*的生成图

（6）b 的情况稍有不同，由于补语的语义指向是宾语，但补语与宾语之间相隔一个动词 V，也就是说，补语“咸”不能直接与其所修饰对象毗连，但它又不足以修饰其左侧的动词，所以我们需要先借助 *W′*补出“咸”的被修饰语，得到“咸′(菜′)”之后使其作为第二个“做′”的论元，再利用广义布尔合取规则，就可以得到正确的生成，如图 6.4b 所示。另外，也可以类似图 6.4a′使用两次 *W′*规则，把“做菜”和“做咸了”之间的空代词引出来，最后利用广义布尔合取规则对两个语句表达式进行毗连。

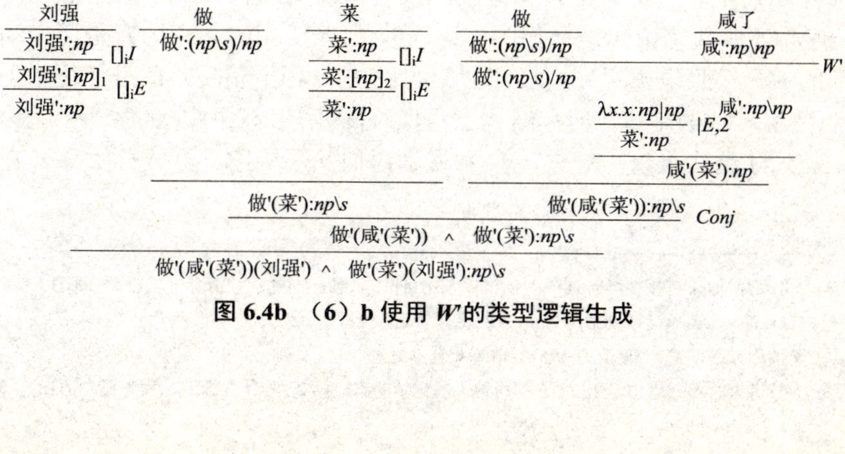

图 6.4b　（6）b 使用 *W′*的类型逻辑生成

（6）c 的生成类似（6）a，如图 6.4c 所示[①]：

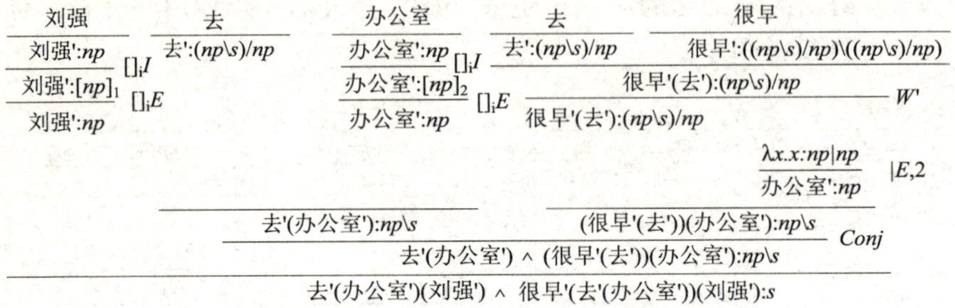

图 6.4c （6）c 使用 W'的类型逻辑生成

可以看出，在目前的类型逻辑框架内，重动式最主要的三种使用情况都可以在 *W'* 与 *Conj* 规则的通力合作下得到正确的生成。对于第二个动词含有表状态或者程度的“得”字情况，为分析简便，我们暂时将“得”字忽略，不做考虑，如图 6.4c。“得”字除了表状态、可能和程度，在特定句式和情况下还有致使含义，我们将在第四节做专门讨论。

第三节 兼 语 句[②③]

一、兼语句的致使义

典型的兼语式结构可以表示为 V_1+N+V_2，它与重动式最直接的区别就是，所牵涉的两个动词 V_1 和 V_2 非同一动词，即 $V_1 \neq V_2$；与连动式最主要的区别在于，V_1 和 V_2 之间的 N 兼有主语和宾语两种资格。（赵元任 1952）尽管连动式与兼语句都有共有论元，共有论元在两种句式中的语法性质不同，连动式的共有论元是全句的主语 NP，而兼语句的共有论元是两个动词之间的 N。按照朱德熙先生（2007）的说法，兼语句的 N 在语义关系上是 V_1 的受事，V_2 的施事，但在结构上只做 V_1 的宾语不做 V_2 的主语。无论如何，从句法结构上讲，V_1 与 V_2 都做谓语但又不构成并列成分关系，在句

① “得”后面如果直接接形容词或副词可以表示可能、状态和程度三种情况。（朱德熙 2007：132-139）为了分析过程简单，避免不必要的干扰，在此将其省略，未作分析。

② 又被称为递系式，（见王力 1954）取递相连系之意。

③ 本节讨论的部分思想已于 2011 年刊发于《哲学动态》第 2 期。（孔繁清，满海霞 2011a）。

法上很难将其直接切分开。根据**θ-理论**[①]，一个论元只能带一个题元角色，所以邢欣（2004）认为，兼语句需要增加一个空代词 *e*，因为题元理论要求一个句法成分不能有兼职现象，NP_2 做兼语的做法违背了题元理论的要求。比如语句“张三让李四来”的生成树就应该表示为：

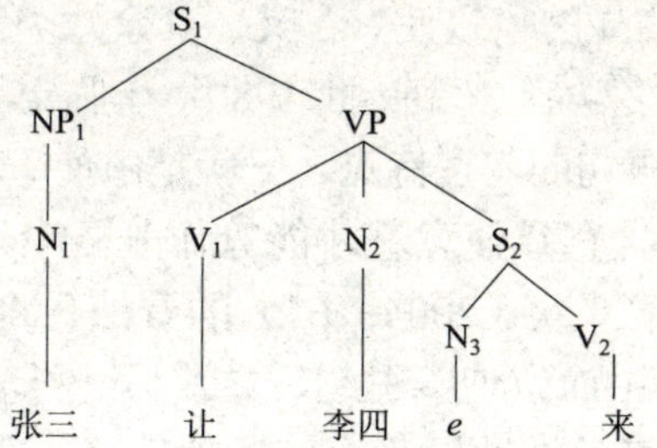

图 6.5　“张三让李四[e]来”的树形图

邢欣的看法与我们在第五章第三节对语句“妈妈送哥哥参军”的操作（图 5.7）基本一致。我们认为，在“哥哥”和“参军”之间存在一个含有省略语词的槽位，这个槽位中含有一个空代词，在做类型逻辑生成时需要借助 *W′*引入这个照应词，从而得到“妈妈送哥哥+哥哥参军”的语义。

但是，对于图 6.5 中的句子“张三让李四来”，即使在“李四”和“来”之间引入了空代词，也不能简单地将其语义表示为“张三让李四+李四来”，因为这句话中的“让”有很强的“致使”、“使令”含义，第二个动词的出现是由第一个动词所导致的。邢欣综合了主要语法著作对兼语句中 V_1 的讨论，给出了 10 类可以用在兼语句中 V_1 位置上的动词：

（7）10 类动词：

❶ 使、叫、让、要、令（封闭类）；

❷ 命令、禁止、强迫，逼、催、鼓舞，请、请求等；

❸ 布置、安排、配合、安置；

❹ 教、交、托、供、给等；

❺ 嘱咐、通知、告诉等；

❻ 推荐、称…为、选、调、追认等；

❼ 帮、陪、扶、送等；

---

① **题元理论**（θ-Criterion）：每个论元都带有且仅带有一个题元角色，每个题元角色也被且仅被赋给一个论元。这是转换生成语法（尤其管约论）中的一条规则，要求论元和题元角色一一对应。

❽ 打、找、吹等；

❾ 嫌、喜欢、讨厌等；

❿ 有、是、没（有）。

其中前两类带有明显的“致使”含义，其余八类都不明显、甚至不含有“致使”含义。尽管很多学者（吕叔湘 1980；李临定 1986；胡玉树 1987；孟琮 1987）都坚持兼语句的句型特点之一就是由使令动词构成，但如果从严格意义上认为只有 V_1 含有致使意义才能算作兼语句，则不免把兼语句的范围划得过窄。本书同意邢欣（2004：64）的看法，将这个[+致使]含义限定为，“由一类动词的作用而致使、引起、导致另一类动作的出现，并成为前一类动词的结果，则前一类动词具有[+致使]特征。”根据这一限定，能够用在兼语句中做 V_1 的动词就被圈定为❶、❷、❸中动词和❹、❼中的一部分动词。划定了兼语句的范围，我们便可以考虑推广语句“妈妈送哥哥参军”的类型逻辑分析成果。

经过观察我们发现，对于能够进入兼语式的五类动词，❶、❷、❸类致使义最强，❹和❼中的致使义渐弱，在不严格的情况下，“教”和“扶”、“送”都可以暂时脱离致使义限制。如果连续地看待这些动词，它们则构成了一个渐变的连续统，❶类和“送”类分别位于连续统的两端，前者具有典型的致使义，后者典型地不含致使义，剩余动词居于中间，既有致使含义，又有动词本身的语义。在这个连续统上，只有最弱一端的“送”类可以借助 *W'* 做空代词的引入分析，（具体过程类似语句“妈妈送哥哥参军”）而由另一端和中间组的动词所组成的兼语句不能做相似生成。原因在于，这两类情况的致使义太强，语句的语义不能简单分析为“$(N_1+V_1+N_2)+(N_2+V_2)$”。

但是，有了“送”类兼语句的生成，我们还希望能够攻克连续统上其他类兼语句的情况，我们希望能够更准确全面地刻画兼语句。在此打算从类型逻辑的语义赋值着手，讨论如何对具有致使含义的兼语句做类型逻辑生成，并在第四节将结果应用于“NP_1+VP_1+得+NP_2+VP_2”型“得”字句的分析。

二、致使类兼语句

首先仍以（8）句为例，按照上一小节的定义，第一个“让”引起第二个动作的出现，它导致“李四”执行“来”的动作。也就是说，“让”向右结合了一个它所引发的事件（范畴为 *s*），然后向左结合了一个 *np*，最终得

到一个语句 s，所以应具有范畴$(np\backslash s)/s$。由于“让”具有典型的致使含义，在其语义λ-项中，我们纳入一个致使义算子 Res（即 Resultative）来表达其致使含义。“让”的句法范畴和语义λ–项如（9）所示。

（8）张三让李四来。

（9）让 —— $\lambda P_t\lambda x_e[\mathrm{Res}(P)(x)]$：$(np\backslash s)/s$

有了“让”的语义，我们就可以为（8）做相应的类型逻辑生成。具体生成过程如图 6.6：

$$\dfrac{\dfrac{\text{张三}}{\text{张三}':np} \quad \dfrac{\dfrac{\text{让}}{\lambda Q\lambda x[Res(Q)(x)]:(np\backslash s)/s} \quad \dfrac{\dfrac{\text{李四}}{\text{李四}':np}\quad\dfrac{\text{来}}{\text{来}':np\backslash s}}{\text{来}'(\text{李四}'):s}}{\lambda x[Res(\text{来}'(\text{李四}'))(x)]:np\backslash s}}{Res(\text{来}'(\text{李四}'))(\text{张三}'):s}$$

图 6.6 （8）的类型逻辑生成

由于邢欣（2004：62）给出的第一类动词在构成兼语式时，“都达到了词义的基本一致，只表示‘致使’义”，这些词甚至都可以抽象等同为[+致使]的语义特征，所以，这五个动词均可与“让”获得相同赋值。

对于其他能用在兼语句中具有致使义的动词，由于它们除了致使义之外还具有动词本身所含有的语义，如（10）a-c 中划线标注的动词，我们认为在为其赋以语义表达式时，有必要既保留动词本身的含义，又能表达致使含义，故令（10）a-c 中的划线动词分别对应（11）a-c 中的解释。

（10）a. 妈妈请求你谅解。
　　b. 上级安排我搞旅游。
　　c. 她们都托她买东西。

（11）a. 请求——$\lambda P_t\lambda x_e[\text{请求}'_{Res}(P)(x)]$：$(np\backslash s)/s$
　　b. 安排——$\lambda P_t\lambda x_e[\text{安排}'_{Res}(P)(x)]$：$(np\backslash s)/s$
　　c. 托——$\lambda P_t\lambda x_e[\text{托}'_{Res}(P)(x)]$：$(np\backslash s)/s$

如此一来，这些动词的致使义都在其语义表达式中得到了标注和表示，含有这些动词的兼语句也可以通过类似图 6.6 的衍生得到正确的形式演算。

这种处理方法得益于类型逻辑语法的语义部分，正是这一部分成为特殊含义的载体，是十分有益的尝试。加上本节最初提到的对“送”类兼语句使用规则 *W′* 来做类型逻辑生成的操作，我们已经能够在目前的框架下对兼语句实现全面的类型逻辑刻画。

第四节 “NP_1+VP_1+得+NP_2+C”型“得”字结构[①]

第二节在分析“刘强去办公室去得很早”时，为避免干扰，我们忽略了表示状态的“得”字。但是，“得”字除了后跟形容词或副词表可能、状态或程度，还有一种“NP_1+VP_1+得+NP_2+C”格式的用法。吴平（2009：92）将这一格式分为三种情况，如（12）a-c：

（12）a. 刘强笑得旁人莫名其妙。

b. 刘强擦得皮鞋乌黑锃亮。

c. 上山的路爬得王玮叫苦连天。

如果忽略例句中“得”字的干扰，可以看到（12）a 中的行为由 NP_1 发出，主谓结构补语表示 VP_1 的结果；（12）b 中的行为也是由 NP_1 发出，但是两个动作有一个共享论元 NP_2；（12）c 类语句的行为由 NP_2 发出，NP_2 也是两个动词的共享论元。按照第二节的分析，仅把“得”当做结构助词，在生成过程中忽略掉，（12）a 和 b 可以大致看成“刘强笑+旁人莫名其妙”和“刘强擦皮鞋+皮鞋乌黑锃亮”，二者都可以或者直接使用广义布尔合取规则 *Conj*，或者借 *W′*补出被省略的空代词来得到正确的刻画。但是，（12）c 的正确解读却是无论如何都无法生成的，因为动作“爬”的发出者是宾语“王玮”，按照正常的类型逻辑生成，只能按照语序自右向左（或自左向右）依次毗连。使用 *W′*引入“王玮”之后，前半句得到“爬′(王玮′)(上山的路′)”，即“上山的路爬王玮”，这种语义显然与（12）c 实际表达的语义相悖。

如果我们重新考察“NP_1+VP_1+得+NP_2+C”型“得”字结构的三种情况会发现，其实每种情况中的两个语句在语义上并非是简单的并列毗连关系。

---

① 这部分讨论的部分思想已在孔繁清，满海霞（2011）中发表。

与（7）中的❷型等动词构成的兼语句相类似，VP_1 导致其后整个事件的发生。唯一不同的是，这种致使含义不是由动词传达的，而是由该结构中的“得”字传达。这正好解释了为何（12）c 中动词 VP_1 要求主语位置是带施事性质的论元，但实际主语并不符合这个条件。“得”与 VP_1 结合之后所表达的致使义要求 NP_1 是致使产生的根源，在这种情景中，正是上山的路使得王玮爬得叫苦连天。顺着这一思路，既然“动词+得”表示致使含义，而且“VP_1+得”结构的后面一般要接一个范畴为 s 的事件表达式，如（12）a 中范畴为 $np\backslash s$ 的“笑”，以及（12）b 中范畴为 $(np\backslash s)/np$ 的“擦”与“得”结合后，“笑得”和“擦得”的范畴都变成了 $(np\backslash s)/s$。所以，我们尝试把“得”看作具有致使含义的范畴转换算子，它有（13）a 和 b 两种句法语义形式：

（13）a. 得 $_1$ —— $\lambda Q_{<e,\,t>}\lambda P_t\lambda x_e[(\mathrm{RES}(Q))(P)(x)]$：$(np\backslash s)\backslash((np\backslash s))/s)$

b. 得 $_2$ —— $\lambda Q_{<e,\,<e,\,t>>}\lambda P_t\lambda x_e[\mathrm{RES}(Q)(P)(x)]$：$((np\backslash s)/np)\backslash((np\backslash s)/s)$

“得 $_1$”和“得 $_2$”分别是对不及物动词和及物动词的致使转换算子。从二者所对应的句法范畴看，二者与及物动词或不及物动词结合之后，“动词+得”结构就自动转换为含有致使义、以范畴为 s 的语句和主语名词 np 为论元的表达式。如（12）a 的类型逻辑分析应该为：①

$$
\dfrac{\text{刘强'}:np \qquad \dfrac{\dfrac{\dfrac{\text{笑}}{\text{笑'}:np\backslash s} \quad \dfrac{\text{得}}{\lambda Q\lambda P\lambda x[(RES(Q)(P)(x)]:(np\backslash s)\backslash((np\backslash s)/s)}}{\lambda P\lambda x[(RES(\text{笑'}))(P)(x)]:(np\backslash s)/s} \quad \dfrac{\dfrac{\text{旁人}}{\text{旁人'}:np} \quad \dfrac{\text{莫名其妙}}{\text{莫'}:np\backslash s}}{\text{莫'}(\text{旁人'}):s}}{\lambda x[(RES(\text{笑'}))(\text{莫'}(\text{旁人'}))(x)]:np\backslash s}}{(RES(\text{笑'}))(\text{莫'}(\text{旁人'}))(\text{刘强'}):s}
$$

（刘强 / 刘强'：np）

图 6.7a （12）a 的类型逻辑分析

图 6.7a 的结果与前面对构成兼语句的第一类动词的处理结果比较类似，对比图 6.6 的最终生成结果“Res(来′(李四′))(张三′)”，两句话最后表示的核心都是致使含义，并表示主语 NP 是致事，它发出了致使动作 Res 或者 RES(V)，导致“李四来”或者“旁人莫名其妙”等事件的发生。

在这里我们区别“Res”和“RES”。可以看到，在图 6.7a 中，“得”作为一个含致使义的范畴转换算子，只有与“笑”结合之后得到的“RES(笑′)”才

① （12）a 也可以考虑成“刘强笑”导致“旁人莫名其妙”，把“得”处理成带有两个语句为其论元的致使算子。但是为了能够同时给致事做主语的动结式结构如“这件事哭得张三很累”、“这酒醉得张三爬不起来”等以正确的生成，我们选择为“得”赋以（13）a 的语义和范畴值。

具有与（9）中致使算子“Res”一样的功能，所以“Res”区别于“RES”。

同样，利用（13）b 中“得$_2$”的赋值，可以类似得到（12）b 的生成：

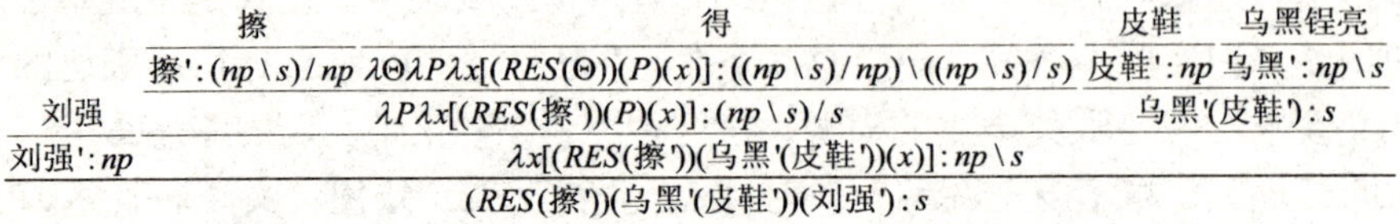

图 6.7b　利用得$_2$赋值得到的（12）b 的类型逻辑生成

图 6.7b 的运算结果与使用 *W'* 规则得到的结果有较大的差距（见图 6.7b′）。首先，在句型上，一个被处理成致使句，一个则被处理成并列句；其次，在句法词项上，图 6.7b′忽略了“得”字，为保证句法毗连运算的顺利进行，为“乌黑锃亮”引入了一个客体；而图 6.7b 则因为有了“得”在句法和语义上的转换，无须做任何辅助操作。通过对比，我们更倾向于图 6.7b 的分析。原因有二：

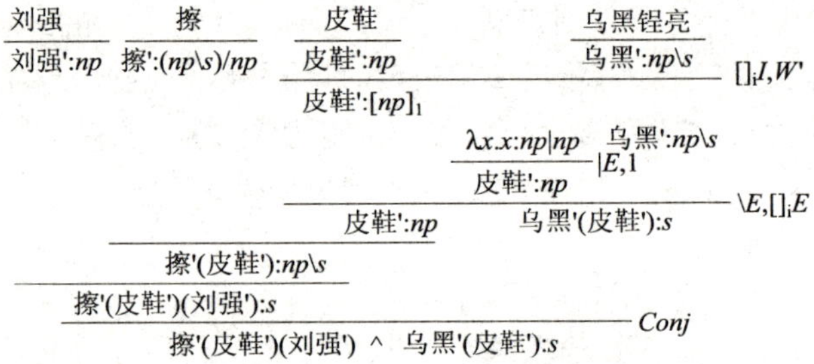

图 6.7b′　使用 *W'* 做（12）b 的类型逻辑生成

① 从语义功能来看，我们在第二节分析“刘强做菜做得咸了”一句话时忽略了“得”是因为这个“得”的取舍在语义上不会产生什么影响，我们也可以说“刘强做菜做咸了”。（12）b 则完全不同，“得”字有语义上的致使含义，不能轻易去掉，“刘强擦皮鞋乌黑锃亮”显然不是一个好句子；

② 对于范畴语法理论来说，在词库中通过赋值解决问题应该是最简单最直接的途径，所以本着能简则简的原则，图 6.7b 具有相对优势。

除此之外，由于（12）c 类“得”字句的主语为非生命的客体致事，真正的施事在动词之后，只有利用“得$_2$”的致使义赋值，才能解决让客体致事名正言顺地处于主语位置的问题。（12）c 的完整生成如图 6.7c 所示：

爬　　得　　王玮　　叫苦连天

爬':(np\s)/np　λQλPλx[(RES(Q))(P)(x)]:((np\s)/np)\((np\s)/s)　王玮':np　叫苦':np\s

上山的路　λPλx[(RES(爬'))(P))(x):(np\s)/s　叫苦'(王玮'):s

上山的路':np　λx[(RES(爬'))(叫苦'(王玮'))(x)]:np\s

(RES(爬'))(叫苦'(王玮'))(上山的路'):s

图 6.7c　（12）c 的完整生成图

黄正德（Huang 1984：542）按照“及物性”和“事件类”给汉语动结式结构分出了四个小类，每个小类中都包括表示致使的“得”字语例：

（14）① 二元通格不及物：（施事+结果类）张三追得满头大汗。
② 二元作格不及物：（经验者+结果类）张三醉得站不起来
③ 三元通格及物：（施事+受事+结果类）张三追得李四满头大汗。
④ 三元作格致使：（致事+经验者+结果类）这酒醉得李四站不起来。

按照图 6.7c 的分析，（14）④可做相同生成，如 6.8d 所示。

③ 的生成类似，读者可以自推。至于①、②两类中的语例，如果使用“得$_2$”和“得$_1$”来生成，则需要导致的结果是一个范畴为 s 的表达式，才能够做“V+得”的结果补语。以（14）①为例，需要借助 W' 先引入一个照应假设，如图 6.8a 所示。

醉　　得　　张三　　爬不起来

醉':(np\s)/np　λQλPλx[(RES(Q))(P)(x)]:((np\s)/np)\((np\s)/s)　张三':np　爬不起来':np\s

这酒　λPλx[(RES(醉'))(P))(x):(np\s)/s　爬不起来'(张三'):s

酒':np　λx[(RES(醉'))(爬不起来'(张三'))(x)]:np\s

(RES(醉'))(爬不起来'(张三'))(这酒'):s

图 6.8 d　（14）④的类型逻辑生成

张三　　追　　得　　满头大汗

张三':np　追':(np\s)/np　λQλPλx[(RES(Q))(P)(x)]:((np\s)/np)/((np\s)/s)　满头大汗':np\s

张三':[np]$_i$　[]$_i$I

[]iE　λPλx[(RES(追'))(P)(x)]:(np\s)/s

张三':np　λPλx[(RES(追'))(P)(x)]:(np\s)/s　W'

λx.x:np|np　|E,i　满头大汗':np\s

张三':np

满头大汗'(张三'):s

λx[(RES(追'))(满头大汗'(张三'))(x)]:np\s

(RES(追'))(满头大汗'(张三'))(张三'):s

图 6.8a　（14）①的类型逻辑生成

*W'*在图 6.8a 中的使用说明空隙槽的引入规则并不固定用于某种句式。任何含有省略槽、生成时需要还原所省成分的衍生过程都可以在它的辅助下得到正确的衍生结果。

本着由 *W'* 规则可以引入照应假设、照应假设可以实现语句中缺失的语义资源的思想，我们发现 *W'* 还可以简化范畴语法在上世纪八十年代末普遍关注的非成分并列现象的生成。我们将利用本章的最后一节对此做简要的探讨。

第五节　非成分并列

“非成分并列”在文献中通常被称为 NCC，即 Non-Constituent Coordination 的缩略。这里的“成分”源自于布鲁姆菲尔德所提出的**直接成分分析法**（Immediate Constituent Analysis）。完整地说，“非成分并列”应该称为“非直接成分并列”，指组成并列结构的两部分不是由直接成分构成的。如（15）中“Mary yesterday”和“Bill today”中的组成成分都不是某个成分的直接成分，或者说，（15）中局部成分“saw Mary yesterday”的划分应该是 6.9a，而非 6.9b。

（15）John saw Mary yesterday and Bill today.

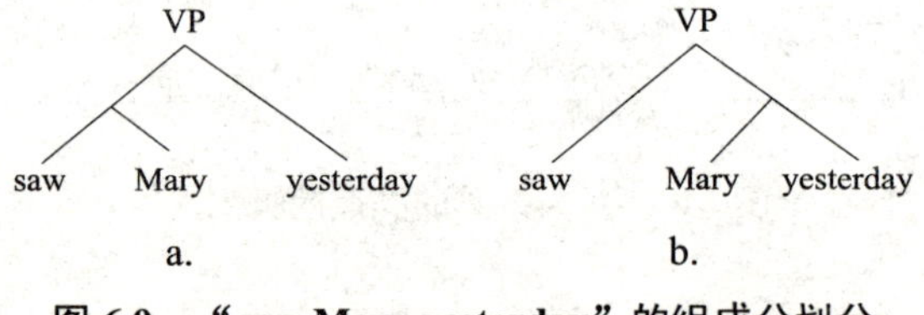

图 6.9　“saw Mary yesterday”的组成分划分

一般认为，只有相同成分才能并列，比如说“张三喜欢李四、讨厌王五”，其中并列的“喜欢”、“李四”和“讨厌”、“王五”都是更高一层语言单位“喜欢李四”和“讨厌王五”的直接成分。但是在实际的语用过程中，也存在许多非成分并列的情况，如上面提到的（15）。

一、英语中的非成分并列

按照通常的范畴赋值，（15）中的“Mary”和“Bill”具有 *np* 范畴，而“yesterday”和“today”是时间副词，对应范畴$(np\backslash s)\backslash(np\backslash s)$，二者不能直接贴合，也就无法与其他成分进行并列。最早发现这种结构的是Hudson（1982），他将其称之为**不完全并列**，认为这种结构不能看作与**豁口句**（Gapped Sentence）一样的成分①。Dowty（1988）②也同意豁口句与非成分并列句之间虽存在一些差异，但没有Hudson所说的那么明显。Dowty利用范畴提升规则③（CR）和函项组合规则（$FC_<$）得到了简单NCC句（15）的类型逻辑生成：

（16）a . $A \to (B/A)\backslash B$　　　　CR

　　　b. $B\backslash C + A\backslash C \to A\backslash C$　　　　$FC_<$

（15）的生成只需要提升Mary和Bill的范畴至$tv\backslash vp$，就可以与范畴为$vp\backslash vp$的“yesterday”、“today”使用$FC_<$结合，如图6.10：④

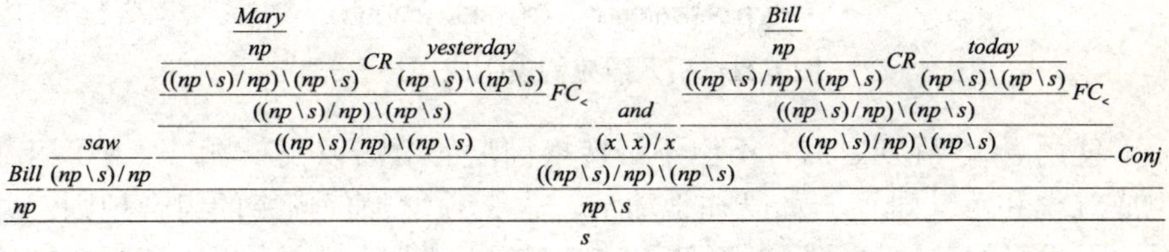

图6.10　使用CR和$FC_<$为（15）做范畴生成

Dowty的方案虽然能够令NCC结构的生成合法化，证明语言中非直接成分的毗连在某种程度上寄生于语法给出的“规范”成分上，但他完全基于类型的提升操作，迫使词项的语义表达式也被相应复杂化，而且新语义

① “John saw Mary and Bill, Sue”就是豁口句。Hudson（1982）指出，不完全并列与豁口句之间至少存在六点区别，如豁口句只能用and、or、nor做合法并列，但是不完全并列还可以用but；豁口句中，第二个合取支只能含有两个成分，一个在豁口前，一个在豁口后，而不完全并列句的第二个合取支也可以包含任何数目的成分等等。

② 此处按照本书的讨论习惯订正了Dowty（1988）对范畴的记述方法。

③ 事实上，Dowty是从类型的角度做的提升讨论。前面我们也讨论过，句法范畴和语义类型之间存在一一对应的映射关系，严格的说，（16）a应该表示为$\sigma(A) \to (\sigma(B)/\sigma(A))\backslash\sigma(B)$，此表达式中A、B代表类型。为符合我们的讨论思路，简化讨论过程，在此我们直接使用范畴提升的概念。

④ 对np范畴的词项做范畴提升意味着语义表达式也会相应复杂化。我们认为此处仅看范畴的操作能够更有助于清晰地理解Dowty的做法，故忽略语义表达式，避免不必要的干扰。图6.11同。

表达式间的繁琐运算是否合法则还有待考察。

按照我们的逻辑，导致非直接成分之间可以进行并列的根源在于某些语词成分的缺失。比如语句（15），如果我们在第二个合取支前引入一个范畴为 $v_tp|v_tp$（即$((np\backslash s)/np)|((np\backslash s)/np)$）的照应假设，就可以避免范畴提升、语义表达式复杂化、增加额外的组合规则等操作，如图 6.11 所示。

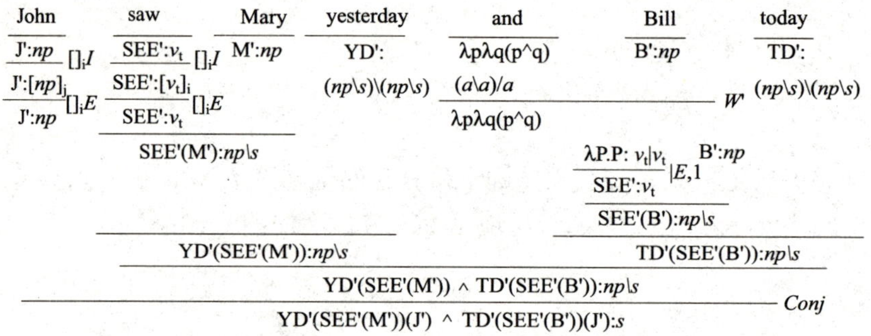

图 6.11 引入照应假设生成（15）

使用了 *W′*规则之后，不但不必转换词汇的范畴以及λ-项，保证了语义生成过程和范畴毗连一如既往地简洁，也无须增加任何新的组合规则。并且，因为我们已经证明了新系统 LLCW′具有可靠性、完全性、可判定性等良好的性质，使用 *W′*的方法似乎具有更大的优势。下一步我们准备尝试使用 *W′*规则对汉语中的四种非成分并列现象逐一做示例生成，考察此方法对汉语非成分并列现象的适用性。

二、汉语中的非成分并列

本节以韩玉国提出的四类汉语非成分并列现象为基础，以韩文给出的语例为代表，讨论它们在目前 LLCW′框架下的生成情况。（韩玉国 2005：146-147）①

① 国内讨论汉语非成分并列现象的文献为数不多，韩玉国的博士论文较为详细地对此类现象进行了分类和范畴语法方面的分析。可惜的是，韩文中给出的汉语 NCC 例句虽具有代表性，但是语句本身似乎还有些不太符合汉语说话习惯的地方。本章以下（17）-（20）选自韩玉国的博士论文，但也在必要的时候对例句做了一定修改。

（一）主语与状语结合为一个语言片段

（17）张三经常而李四很少抽烟。

如果目前的框架允许向后寻找先行词，则（17）的生成如图 6.12 所示：

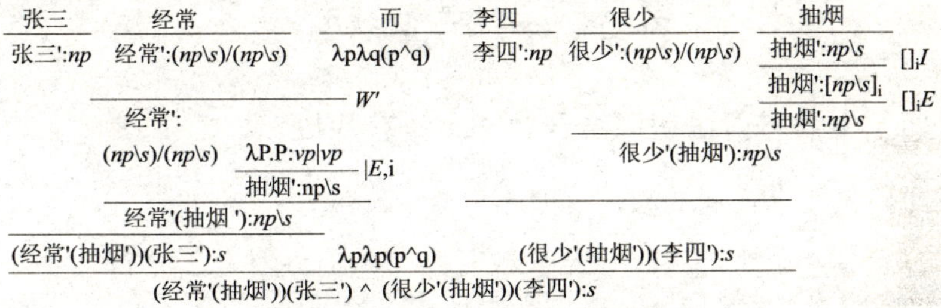

图 6.12　（17）的类型逻辑生成

（二）宾语与后置状语结合为一个语言片段

（18）张三喝啤酒很快而白酒很慢。

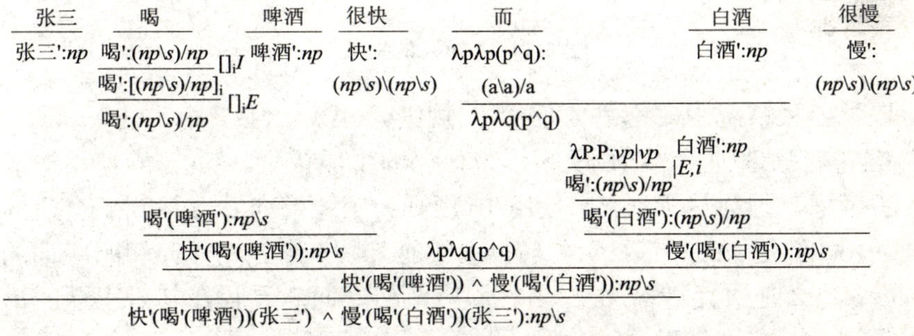

图 6.13　（18）的类型逻辑生成

（三）双宾语中的直接宾语与间接宾语结合为一个语言片段

（19）张三给了李四一本书，王五一盒磁带。①

① 原句为“张三给了李四一本书而王五一盒磁带”。（20）句也按照笔者的语感稍微修改了一下，原句为“张三喜欢而李四不喜欢喝啤酒”。

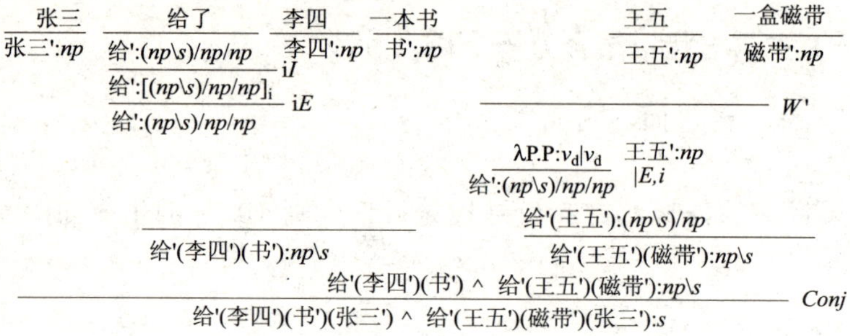

图 6.13 （19）的类型逻辑生成

（四）主语与谓语动词结合为一个语言片段

（20）张三喜欢喝啤酒，李四不喜欢。

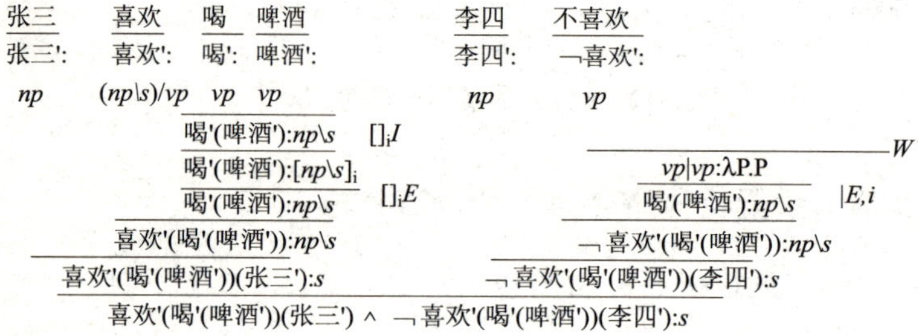

图 6.14 （20）的生成

以上四种情况中，都需要使用 W'规则。（A）-（D）中，（B）、（C）和（D）名正言顺地使用了 W'规则作为自己的生成依据。（A）的使用还需要进一步考虑，因为尽管（A）使用 W'规则为空隙槽向右寻找到了合适的先行词词项，但是 Jäger 的照应范畴以“居前关系”作为先行词和照应词的判定标准，那么是否允许借用 W'引入照应范畴并向右寻找在其后出现的语词做先行词，还需进一步论证。

结论与展望

本书到此，基本完成了四个既定目标：（1）梳理并对比类型逻辑框架下处理不连续结构的几种代表性方法，找到最简洁有效的一种——LLC 系统，即向兰贝克演算添加可以刻画照应现象的竖线算子而得到的逻辑系统。（2）使用 LLC 系统分析汉语的照应省略现象，发现系统在这方面刻画上的不足。（3）根据汉语的实际需要，构建一个新的逻辑系统，使类型逻辑工具能够针对汉语照应省略的特点进行分析。（4）检验新系统的刻画能力，从而扩大了类型逻辑语法可以对汉语非连续现象做形式刻画的范围。

本书的重点和难点，也是文章的创新之处是对以下两个问题的回答：

（1）如何为竖线算子在照应消去过程中引入和消去的下标提供合适的逻辑依据；

（2）如何使系统拥有引入照应假设的能力，从而满足汉语中普遍存在的空代词以及多动词单句在刻画上的要求。

我们向含有受限缩并规则的 LLC 系统添加方框下标$[]_i$的引入和消去规则以解决问题一，添加受限的强缩并规则 W'以解决问题二。

本书为新系统 LLCW′构造了四种等价的表述方式。公理表述探讨了系统的可靠性和完全性；根岑表述说明 LLCW′承认 *Cut* 消去定理和 W'消去定理，是可以判定的；ND 表述便于人们联系自然语言进行类型逻辑推演；而加标树模式表述则可以使不连续现象的刻画更形象。在对新系统完成逻辑上的讨论之后，我们在 LLCW′框架下对相关现象做了尝试性的推广刻画，得到了比较满意的结果。

回顾本书的研究，虽然核心问题都得到了较好的回答，而且汉语照应省略现象不同于英语的部分也基本上得到了满意的刻画，但是鉴于时间和个人学术能力所限，还存在一些遗憾和问题需要留待以后继续思考和解决：

（1）LLC 系统的完全性证明存在瑕疵，即只能证出其典范模型满足语义公设（4）的一个弱化版本，这个问题有待进一步思考。（2）在 Jäger 的讨论中，照应范畴以“居前关系”作为先行词和照应的判断标准，但也存在一些情况，先行词在照应词之后出现，如“Near him, Ben always keeps a gun.”，（Reinhart 1983: 104）这种问题是否能解决？如何解决？（3）对于兼语句与“V_1+N+V_2”型连动句，如何判断 V_2 前的空代词是选择 N 还是选择主主语为先行词？这个问题的回答可能还需要生成语法对 PRO 和 pro 的讨论，考察此处空代词的性质。（4）特殊句式的分析是否能够借鉴题元角色等语法理论得到更简洁的刻画？如果能，该采取何种方式等问题。

在搜集资料和写作的过程中，我们发现本研究还有两个可能的延伸方向：

（1）第六章中为使致使类语句的语义刻画更加精准，我们将致使算子编码在语句核心词汇的语义λ-项上，得到不错的生成效果，如果这种方法可行。我们认为可以考虑推广，对汉语中更多特殊句式做形式刻画，如“把”字句、“被”字句等等。也可以作为对该方法的检验。进而考虑构建一个基础的类型逻辑词库，对于词库和句法之间实现利益最大化。

（2）我们发现，与类型逻辑语法源于相同理论基础的组合范畴语法近来受到计算语言学界（尤其国际计算语言学界）的广泛关注。比之之前出现的词汇功能语法等，组合范畴语法不但可以更快地对语句做出需要的评价、准确度也相当高。但是，组合范畴语法在逻辑理论探讨上显得比较薄弱，且仍存在许多未能解决的语言学问题，其中包括不连续的语法结构之间的依存关系等。由于组合范畴语法以信息处理见长，鲜为逻辑构造做专门讨论，而类型逻辑语法则以逻辑讨论见长，对不连续结构、语词弱化现象等各种语言现象的理论研究已经较为成熟，若能利用类型逻辑语法理论层面的优势弥补组合范畴语法的不足，势必取得令人欣喜的成果。

时间与水平所限，文章多有考虑不周、未能深入之处。以上遗憾及新的研究思路，我将在未来的研究中改进，做更深入探索。

致　谢

京城的四月，草长莺飞，万木竞秀。我的论文也终于接近尾声，心情像这天气一样，暖暖的。

回望三年的社科时光，一路走来，仿如经历了一个四季的轮回。从入学的秋天，到彷徨的选题隆冬、开题后的明朗、直到写作几近完成的阶段性喜悦。

难忘入学的秋末，排山倒海的选修课、必修课和一摞摞需要恶补的专业知识。最初的一年半间，我就像一个采蘑菇的孩子，不分理由地爱上每一朵遇到的蘑菇，却不小心在前进的途中迷失了方向。小论文一次次的修改、投稿、被拒绝，读书越多越难下笔，毕业论文的选题摇摆不定，每一件事情都像一间黑屋子，让我陷入了难挨的黑暗。直到论文选定类型逻辑语法作为研究方向，才有初春的感觉，乍暖还寒。此时，论文即将定稿，翘首来时路，似乎有三两小果摇曳枝头，心中充满无限的感激。

三年里，我走的每一步、取得的每一点成绩，都与恩师的教诲与鞭策密不可分。邹老师为人和善、待人真诚，几十年如一日钻研学术、一丝不苟，赢得了学界老师和学生们的认可和尊敬。作为先生的学生，我始终心怀敬畏、如履薄冰，丝毫不敢懈怠，生怕亵渎了先生的威名。偶有松懈，总能被先生敏锐地洞察到，马上回到原来的轨迹。在我最迷茫的一段时期，先生始终以各种方式为我打气，提供许多宝贵的平台，让我有机会与学界泰斗接触，鼓励我向前迈出一步，再一步。从定题到定稿，先生与我几经修改新系统的构造方案，几次推翻、几次重来，不断地思考、参考各方面的反馈意见，反复修订，力图做到最好，将学术上的严谨作风贯彻到底。邹老师有如慈父，将我们视为己出，学业上严格要求，生活上关心备至。他时常组织集体活动，与我们家长里短，谈天说地，让“枯燥”的治学也像多彩的生活一样有滋有味。我们和导师间融洽的关系，经常让周围的好友羡慕不已。先生的好，岂是三言两语可以说清？！只能用我的实际行动，回报老师的悉心栽培。

特别感谢师母李北明女士。师母热心开朗，第一次见面就让我感觉相见恨晚。只要一有时间，师母就会参加我们的聚会，和我们打成一片，其乐融融。如果说邹老师是我们这个大家庭的慈父，那么师母就是我们的慈母。在儿童节送我们礼物，新学期为我们接风，为我们的博士生活平添了无限温情和回忆。

在这里还要感谢我的硕士导师吴平教授。感谢他将我领入形式语义学这片神圣的领域。吴平教授是我所见办事效率最高、最聪明的人之一。他虽然身兼学院的管理要职，但学术上成果卓著，始终与国际前沿接轨。吴平老师为人幽默，乐于助人，跟随吴老师学习的三年，我不但学到了治学的方法，更重要的是明白了很多做人的道理。我常想，我何德何能，如此幸运，遇到两位这么好的老师。唯有加倍努力，以谢恩师。

感谢美国马赛诸塞大学语言学系的 Babara H. Partee 教授。我有幸作为 Partee 教授 2007 年来华访问时的中方接待人员，与她相处几日，感触颇深。她虽身为国际语言学界最负盛名的大师之一，却丝毫没有大人物的架子，为人随和热心。在我论文选题举棋不定时、在与导师合写论文请她审校时，她总是第一时间回复疑问、悉心开导、给予建议、坦诚以待。

特别要感谢的还有几位学长：低调隐忍的李可胜师兄、思维敏捷的高东平师姐、总有无穷力气的张晓君师姐和年青有为的姚从军师兄。每次和你们一起上课、讨论问题，总能得到许多收获。尽管李可胜师兄因为工作关系只和我们一起上了一年的课，但是这一年间，我们一起跑课、组织读书班、郊游，虽非兄妹，但感情胜似兄妹。高东平学姐对知识的把握能力、张晓君学姐一往直前的冲劲，都令我受益匪浅。姚从军师兄在我毕业那年开始跟随邹老师做博士后，他精力充沛，成果颇丰，被我们对称为“男版张晓君”。感谢姚师兄几年来在学术上给予的鞭笞和帮助。

感谢哲学所的老师：老一辈的张家龙、张清宇、张尚水、刘培育、诸葛殷同、周云之和金顺福老师，中青年一代的杜国平、刘新文、夏素敏和胡义昭，你们对学生的关心、对学术的严谨、自由的言论都为我们营造了一个轻松而温馨的学术氛围。尤其感谢刘新文老师和夏素敏老师和我们一起学习模态逻辑课程，时时给予我中肯的意见和毫无保留的帮助。还要特别感谢中哲室的陈霞老师，科研处的雷继红老师和许国荣老师，感谢你们的默默关心和支持。

我是一个幸运的人，在我的成长过程中总能遇到毫不吝惜鼓励和溢美之辞的前辈、师长。哪怕仅仅微不足道的进步或成绩，他们都会真心诚意地为我而欣喜。不久前在由北京师范大学哲学系组织的逻辑与语言对话会上见到了许多前辈、同窗和孜孜以求的师弟师妹。席间，周北海、林允清、王欣等老师关心的话语、发自肺腑的肯定与鼓励令我动容。身为老师们的学生、如今亦为学生们的老师，我逐渐明白，“师”所承载的内容和含义，决非“三尺讲台”所能概括。“师”不但首先要有令人折服的专业素养，更要“掏心窝子”似地对待学生。我亲爱的师长们，您们无不是我的楷模与榜样。

感谢我的几位师妹：活泼开朗的陈珊、温文尔雅的张璐、热情大方的付瑶和正能量的崔佳悦。和你们的每一次相聚，你们带给我的所有快乐，都深深地印在我的心里。

感谢我的室友张鸣鸣，你的聪慧机智、对生活的独到见解，是我在研究生院生活期间一道独特的风景。感谢我在社科院的好友李楠、郭鹏和涂菲，感谢你们给我的关心，为我带来的欢乐和感动。同样需要感谢的还有几位已经毕业的学兄：语言所的完权、张定和哲学所的陈常燊。

最后要特别感谢的是我的父母和爱人。感谢父亲满荣久、母亲谷兰英，没有你们从不吝惜的肯定和鼓励、从小民主平等的家庭氛围，就不会有今天的我。我的所有成绩，都应该属于你们。感谢我的爱人杨大勇对“枯燥”学习的支持和理解。我将用更加努力的工作和认真的生活来回报你们。

参考文献

[1] ADES A, STEEDMAN M. On the order of words[J]. Linguistics and Philosophy, 1982, 4(4): 517-558.

[2] AJDUKIEWICZ K. Die syntaktische Konnexität[J]. Studia Philosophica, 1935, (1): 1-27.

[3] BACH E. Control in Montague Grammar[J]. Linguistic Inquiry, 1979, 10(4): 515-531.

[4] BALDRIDGE J, KRUIJFF, GEERT-JAN. Multi-Modal Combinatory Categorial Grammar[C]// Proceedings of 11th Annual Meetings of the European Association for Computational Linguistics. Budapest, 2003, 211-218.

[5] BAR-HILLEL Y. A quasi-arithmetical notation for syntactic description[J]. Language, 1953, 29(1): 47-58.

[6] BAR-HILLEL Y, GAIFMAN C, SHAMIR E. On categorical and phrase structure grammars[J]. Zeitschrift für Phonetik, Sprachweissenshaft und Kommunikationsforschung, 1961, 14: 143-172.

[7] BAR-HILLEL Y. Language and Information[M]. Reading, Massachusetts: Addison-Wesley Publishing Company, inc., Jerusalem: The Jerusalem Academic Press Ltd, 1964.

[8] BARKER C. A Gentle introduction to Type Logical Grammar, the Curry Howard correspondence, and cut-elimination[OL]., 2003, [2010-04-15]. http://semanticsarchive.net/Archive/DMzOTFiN/barker.gentle.tlg.pdf.

[9] BARWISE J, COOPER R. Generalized Quantifiers and Natural language. Linguistics and Philosophy. 1981. 4(2): 159-219.

[10] VAN BENTHEM J. The semantics of variety in categorial grammar[M]// Buszkowski W, Marciszewski W, van Benthem J (eds). Categorial Grammar. Amsterdam: John Benjamins, 1988a: 37-55.

[11] VAN BENTHEM J. Semantic Type-Change and Syntactiv Recognition[M]// Chierchia G, Partee B, Turner R (eds). Properties, Types and Meaning, vol I: Foundational Issues. Dordrecht: Reidel, 1988b: 231-249.
[12] BUSZKOWSKI W, MARCISZEWSKI W, VAN BENTHEM J (eds). Categorial Grammar[M]. Amsterdam: John Benjamins, 1988.
[13] BÜRING D. Binding Theory[M]. Cambridge: Cambridge University Press, 2005.
[14] CARPENTER B. Type-Logical Semantics[M]. Cambridge MA : MIT Press, 1997.
[15] CAPENTER B. The Turning-Completeness of multimodal categorical grammars[OL]. 1999 [2014-01-28]. http://citeseerx.ist.psu.edu/viewdoc/download?doi=10.1.1.50.226&rep=rep1&type=pdf.
[16] CHOMSKY, N. Three models for the description of language[J], IRE Transactions on Information Theory, 1956, (2).
[17] CHOMSKY, N. Syntactic structures [M]. The Hague/Paris: Mouton & Co, 1957/2002.
[18] CHOMSKY, N. On certain formal properties of grammars [J]. Information and control, 1959, 2: 137-167.
[19] CHOMSKY, N. Formal properties of grammars [A]. In R. D. Luce, R. R. Bush & E. Glanter (eds.). the Handbook of Mathematical Psychology[C]. New York & London: John Wiley and Sons, Inc, 1963: 323-418.
[20] CHOMSKY N. Lectures on Government and Binding: The Pisa Lectures[M]. Dordrecht: Foris Publications, 1988.
[21] CURRY H, FEYS R. Combinatory Logic, volume I[M]. Amsterdam: North-Holland Publishing Company, 1958.
[22] DOŠEN K. A brief survey of frames for the Lambek calculus[J]. Logik und Grunlagen Mathematik, 1992, 38(1): 179-187.
[23] GABBAY D, D'AGOSTINO. A Generalization of Analytic Deduction via Labeled Deductive systems I: Basic Substructural Logics[J]. Journal of Automated Reasoning, 1994, (13): 243-281.

[24] GABBAY D. Labeled Deductive systems: Principles and Applications (Vol. 1): Basic Principles[M]. Oxford: Clarendon Press,1996.

[25] DOWTY D. Word Meaning and Montague Grammar[M]. Dordrecht: Reidel publishing company, 1979.

[26] DOWTY D. Type raising, Functional Composition, and Non-constituent conjunction[M]// Oehrle T, E Bach, D Wheeler (eds). Categorial Grammars and Natural Language Structures. Dordrecht: D. Reidel Publishing Company, 1988: 153-198.

[27] KAMAREDDINE F, LAAN T & NEDERPELT R. A Modern Perspective on Type Theory: From its origins until today[M]. Dordrecht: Kluwer Academic Publishers, 2005.

[28] GAMUT L T F. Logic, Language and Meaning (I): Introduction to Logic[M]. Chicago: The University of Chicago Press, 1991a.

[29] GAMUT L T F. Logic, Language and Meaning (II): Intensional Logic and Logical Grammar[M]. Chicago: The University of Chicago Press, 1991b.

[30] GAZDAR G. A Cross-Categorial Semantics for Coordination[J]. Linguistics and Philosophy, 1980, 3: 407-409.

[31] GAZDAR G. Unbounded Dependencies and Coordinate Structure[J]. Linguistic Inquiry, 1981, 12(2): 155-184.

[32] GEACH P T. A Program for Syntax[J]. Synthese, 1970, 22(1-2): 3-17.

[33] GIRARD J.-Y. Linear Logic: its syntax and semantics[J]. Theoretical Computer Science, 1987, 50(1): 1-102.

[34] GIRARD J-Y, TAYLOR P, LAFONT Y. Proofs and Types[M]. Cambridge UK: Cambridge University Press, 1989.

[35] VAN HEIJENOORT J. From Frege to Gödel: A Source Book in Mathematical Logic, 1897-1931[M]. Harvard: Harvard University Press, 1977.

[36] HEIM I. The semantics of definite and indefinite noun phrases[D]. University of Massachusetts, Amherst, 1982.

[37] HEIM I. File change semantics and the familiarity theory of definiteness[M]// BÄUERLE R, SCHWARZE AND VON STECHOW A (eds). Meaning, Use and Interpretation of Language. Berlin: De Gruyter,

1983.
[38] HEIM I, KRATZER A. Semantics in Generative Grammar. Oxford: Blackwell Publishers, 1998.
[39] HEPPLE M. The Grammar and Processing of Order and Dependency: A Categorial Approach[D]. University of Edinburgh, 1990.
[40] HIGGINBOTHAM J, MAY R. Crossing, markedness, and pragmatics, 1979 [C]// BELLETTI A, RIZZI L (eds). Theory of Mardedness in Generative Grammar-Proceedings of the 1979 GLOW Colloquium. Annali della Scuola Normale Superiore, Classe de lettere e Filosofia: Pisa: 423-444.
[41] HIGGINBOTHAM J. Logical form, binding and nominal[J]. Linguistic Inquiry, 1983, 14(1): 395-420.
[42] HOWARD W. The formulae-as-types notion of construction[M/OL]// SELDIN J P, HINDLEY J R. TO H. B. CURRY: Essays on Combinatory Logic, Lambda Calculus, and Formalism, 1980: 479-490. [2014-01-28]. http://kreisel.fam.cx/webmaster/file/Howard1969-ThtFormulaeAsTypes NotationOfConstruction/index.html.
[43] HUANG C-T J. On the Distribution and Reference of Empty Pronouns[J]. Linguistic Inquiry, 1984, 15(4): 531-574.
[44] HUDSON R. Incomplete Conjuncts[J]. Linguistic Inquiry, 1982, 13(3): 547-550.
[45] HUMBERSTONE L. Geach's Categorial Grammar[J]. Linguistics and Philosophy, 2005, 28(June): 281-317.
[46] JACOBSON P. Raising as Function Composition[J]. Linguistics and Philosophy, 1990, 13(4): 423-475.
[47] JACOBSON P. Antecedent contained deletion in a variable-free semantics[C]. Proceedings of SALT 2. Ohio State University. 1992.
[48] JACOBSON P. i-within-I Effects in a Variable Free Semantics and a Categorial Syntax[C]// DEKKER P, STOKHOF M (eds). Proceedings of the Ninth Amsterdam Colloquium. ILLC/ Department of Philosophy: University of Amsterdam, 1993: 349-369.
[49] JACOBSON P. Binding connectivity in copular sentences[C]// HARVEY M, SANTELMANN L (eds). Proceedings of SALT IV. New York,

Cornell University, 1994: 161-178.

[50] JACOBSON P. The Locality of Interpretation: The case of binding and coordination, 1996a. [C]// GALLOWAY T, SPENCE J (eds). Proceedings of the Sixth Conference on Semantics and Linguistic Theory. Cornell: Cornell Working Papers in Linguistics: 111-135.

[51] JACOBSON P. The Syntax/semantics interface in categorical grammar[M]// VAN ROOY R, STOKHOF M (eds). Proceedings of the Thirteenth Amterdam Colloquium. ILLC/ Department of Philosophy: University of Amsterdam, 1996b: 150-155.

[52] JACOBSON P. Towards a variable-free semantics[J]. Linguistics and Philosophy, 1999, 22(2): 117-184.

[53] JACOBSON P. Paycheck pronouns, Bach-Peters sentences, and variable-free semantics[J]. Natural Language Semantics, 2000, 8(2): 77-155.

[54] JÄGER G. Anaphora and Type Logical Grammar[M]. Dordrecht: Springer, 2005.

[55] KAMP H. 1981. A Theory of truth and semantic representation[M]// GROENENDIJK J, JANSSEN T. AND STOKHOF M. (eds). Formal Methods in the Study of Language. Amsterdam: Mathematical Center. Reprinted in Groenendijk J, Janssen T, and Stokhof M (eds). Truth, Interpretation and Information. Dordrecht: Foris, 1984.

[56] LAMBEK J. The Mathematics of Sentences Structure[J]. The American Mathematical Monthly, 1958, 65(3): 154-170.

[57] LAMBEK J. Categorial and Category Grammars[M]// Oehrle T, E Bach, D Wheeler (eds). Categorial Grammars and Natural Language Structures. Dordrecht: D. Reidel Publishing Company, 1988: 297-318.

[58] LEWIS D. General Semantics[J]. Synthesis, 1972, 22(1/2): 18-67.

[59] LYONS J. Introduction to theoretical linguistics. Cambridge UK: Cambridge University press, 1968.

[60] MOORTGAT M Mixed Composition and Discontinuous Dependencies[M]// Oehrle T, E Bach, D Wheeler (eds). Categorial Grammars and Natural Language Structures. Dordrecht: D. Reidel Publishing Company,1988: 319-348.

［61］MOORTGAT M. Categorial Investigations: Logical and Linguistic Aspects of the Lambek Calculus[M]. Dordrecht: Foris Publications, 1988.

［62］MOORTGAT M. Categorial type logics[M]// van Benthem J, Meulen A (eds). Handbook of Logic and Language, Cambridge MA: MIT Press, 1996a: chapter 2.

［63］MOORTGAT M. Generalized quantification and discontinuous type constructors[C]// Bunt H, Horck A (eds). Discontinuous Constituency. New York: Monton De Gruyter, 1996b: 181-208.

［64］MOORTGAT M, MOOT R. CGN to Grail: Extracting a Type-logical lexicon from the CGN Annotation[C]// CLIN 2000: volume 37 of Langauge and computers. Tilburg, 2000: 126-143.

［65］MOORTGAT M, MOOT R. Using the Spoken Dutch Corpus for type-logical grammar induction, 2002 [C/OL].]// Proceedings LREC 2002. [2014-01-28].
http://www.labri.fr/perso/moot/moortgatmoot02lrec. Pdf.

［66］MORRILL G. Intensionality, boundedness, and modal logic[R]. Research Paper EUCCS/RP-32, Center for Coginitive Science. University of Edinburgh, 1989.

［67］MORRILL G. Intensionality and boundedness[J]. Linguistics and Philosophy, 1990, 18(6): 699-726.

［68］MORRILL G. Type Logical Grammar[M]. Dordrecht : Kluwer, 1994.

［69］MORRILL G. Discontinuity in Categorial Grammar[J]. Linguistics and Phylosophy, 1995, 18(2) : 175-219.

［70］MORRILL G. Type-logical anaphora[R]. Report de Recerca LSI-00-77-R, Department de Llenguatges I Sistemes Informàtics, Universitat Politècnica de Catalunya, 2000.

［71］MORRILL G, MERENCIANO J-M. Generalising Discontinuity[J]. Traitement Autonatique des Langues, 1996, 37(2) : 119-143.

［72］MORRILL G, LYSLIE N, HEPPLE M, et al. Categorial deduction and structural operations, 1990 [C]// Barry G, Morrill G (eds). Studies in Categorial Grammar. Edinburgh Working Papers in Cognitive Science, Volume 5. Centre for Cognitive Science : University of Edinburgh : 1-21.

[73] OEHRLE T R, BACH E, WEELER D (eds). Categorial Grammars and Natural Language Structures[M]. Dordrecht: D. Reidel Publishing Company, 1988.

[74] ONO H. Proof-theoretic methods for nonclassical logic– an introduction[M]// Masako T, Mitsuhiro O, Mariangiola D (eds). Theories of Types and Proofs. Tokyo: The Mathematical Society of Japan, 1998: 207-254.

[75] ONO H. Substructural logics and residuated lattices– an introduction[J]. Trends in Logic: 50 Years of Studia Logica, 2003, 20: 177-212.

[76] PAN H. Locality, Self-Ascription, Discourse Prominence, and Mandarin Reflexives[D]. University of Texas at Austin, 1995.

[77] PAN H. Constraints on Reflexivization in Mandarin Chinese[M]. New York: Garland Pub./New York: Routledge, 1997/2013.

[78] PARSONS T. Events in the Semantics of English[M]. Cambridge MA: The MIT Press, 1990.

[79] PARTEE B H. Some Transformational Extensions of Montague Grammar[J]. Journal of Philosophical Logic, 1973, 2: 509-534.

[80] PARTEE B H. Syntactic categories and Semantic type[M]// Rosner M, Johnson R (eds). Computational linguistics and formal semantics. New York: Cambridge University Press, 1992: 97-126.

[81] PARTEE H B (ed). Montague Grammar[M]. London: Academic Press, Inc, 1976.

[82] PARTEE B H. Bound Variables and Other Anaphors[M]// Compositionality in Formal Semantics: Selected Papers by Barbara H. Partee. Malden: Blackwell, 2004: 110-121.

[83] PARTEE B H, Mats R. Generalized conjunction and type ambiguity[M]// Bäuerle R, Shwarze C, von Stechow (eds). Meaning, Use and Interpretation of Language. New York: Walter de Gruyter, 1983: 53-95.

[84] QUINE W. Variables Explained away[J]. Proceedings of the American Philosophical Society, 1960, 104(3): 343-347.

[85] REINHART T. Anaphora and Semantic Interpretation[M]. London: Billing & Sons Limited, 1983.

[86] RESTALL G. An Introduction to Substructural Logics[M]. London:

Routledge, 2000.

[87] SCHROEDER-HERSTER P, DOŠEN K (eds). Substructural Logics[M]. Oxford: Oxford Science publications, 1993.

[88] SHIEBER G. An introduction to Unification-based approaches to Grammar[M]. Stanford: CSLI Publications, 1986.

[89] STEEDMAN M. Combinatory grammars and parasitic gaps[J]. Natural Language and Linguistic Theory, 1987, 5: 403-439.

[90] STEEDMAN M. Combinators and grammars[M]// Oehrle T R, Bach E, Weeler D (eds). Categorial Grammars and Natural Language Structures. Dordrecht: D. Reidel Publishing Company, 1988: 417-442.

[91] STEEDMAN M. Gapping as constituent coordination[J]. Linguistics and Philosophy, 1990, 13: 207-263.

[92] STEEDMAN M. Type-raising and directionality in combinatory grammar[R]. Department of Computer & Information Science, University of Pennsylvania, Technical Reports (CIS), 1991a.

[93] STEEDMAN M. Structure and Intonation[J]. Language, 1991b, 67(2): 260-296.

[94] STEEDMAN M. Surface Structure and Interpretation. Cambridge MA: MIT Press, 1996.

[95] STEEDMAN M. Categorial Grammar[M]// Wilson R, Keil F (eds). The MIT Encyclopedia of the Cognitive Sciences. Cambridge MA: MIT Press, 1999: 101-103.

[96] STEEDMAN M. The Syntactic Process[M]. Cambridge, Mass.,2000: MIT Press.

[97] SZABOLSCI A. Bound variables in syntax (are there any?), 1989 [M]// Barsch R, van Benthem J, van Boas P (eds). Semantics and Contextual Expressions. Foris: De Gruyter: 295-318.

[98] SZABOLSCI A. Combinatory grammar and projection from the lexicon, 1992 [M]// Sag I, Szabolsci A (eds). Lexical Matters. Center for the Study of Language and Information: Leland Stanford Junior University.

[99] THOMASON R H (ed). Formal Philosophy: Selected Papers of Richard Montague[M]. London: Yale University Press, 1974.

[100] Xu L. Free Empty Category[J]. Linguistic Inquiry, 1986, 17(1): 75-93.

[101] Xu L. The Antecedent of ZIJI[J]. Journal of Chinese Linguistics, 1994, 22: 115-136.

[102] WOOD M M. Categorial Grammar[M]. New York: Routledge, 1993.

[103] 万德勒［美］. 哲学中的语言学.陈嘉映,译.北京：华夏出版社, 1970.

[104] 程工. 生成语法对汉语‘自己’一词的研究［J］. 国外语言学（1）, 1994a: 34-40.

[105] 程工. 从汉语‘自己’一词的历时性演变看新格赖斯主义语用照应理论［J］.解放军外语学院学报（6）,1994b: 10-22.

[106] 丁胜彬. 范畴语法在自然语义分析中的应用[J].电脑知识与技术(5), 2009: 7728-7729.

[107] 范·本瑟姆［荷兰］著. 范畴语法和类型论［M］. 琚凤魁，译// 刘新文等，译. 逻辑之门-约翰·范本特姆经典著作卷Ⅱ逻辑、语言和认知. 北京：科学出版社，2009.

[108] 方立. 逻辑语义学［M］. 北京：北京语言大学出版社, 2000.

[109] 方立. 范畴语法［J］. 外国语言文学, 2003（3）: 19-28.

[110] 冯志伟. 范畴语法［J］. 语言文字应用, 2001（3）: 100-110.

[111] 冯志伟. 我与语言学割舍不断的缘分[J]. 当代外语研究, 2011(1): 1-11.

[112] 韩蕾. ‘人称代词+称谓’序列的话题焦点性质[J]. 汉语学习, 2009（5）: 39-41.

[113] 韩玉国. 范畴语法与汉语非连续结构研究［D］. 北京语言大学, 2005.

[114] 胡裕树. 现代汉语［M］.上海：上海教育出版社, 1987.

[115] 孔繁清, 满海霞. 类型逻辑语法的词汇主义思想[J]. 哲学动态(2), 2011a: 98-101.

[116] 孔繁清，满海霞. 类型逻辑语法与汉语中的照应省略［J］. 湖南科技大学学报（社会科学版）（2）, 2011b: 35-39.

[117] 黎昌友. 汉语歧义类型及其消除［J］.西南民族大学学报（人文社科版）（7）, 2004: 404-406.

[118] 李临定. 现代汉语句型.北京：商务印书馆, 1986.

[119] 李可胜，邹崇理. 基于句法和语义对应的汉语 CCG 研究［J］. 浙江大学学报（人文社科版）.网络优先发表, 2012: 1-8.

[120] 李艳惠. 省略与成分缺失［J］. 语言科学（3）, 2005: 3-19.

［121］ 李艳惠. 空语类理论和汉语空语类的辨识与指称研究［J］. 语言科学（2）, 2007: 37-47.
［122］ 刘冬宁，汤庸. 自然语言时态句型的模态 Lambek 演算［J］.逻辑学研究（3）, 2008: 51-65.
［123］ 刘海燕，邹崇理. 类型逻辑语法竖线算子的推广［J］.哲学动态（2）, 2011: 90-93.
［124］ 刘丽萍. 汉语截省句［D］. 北京语言大学, 2006.
［125］ 吕叔湘（著）江蓝生（补）. 近代汉语指示代词［M］.上海：学林出版社, 1983.
［126］ 吕叔湘. 现代汉语八百词［M］. 北京：商务印书馆. 1980.
［127］ 满海霞. 类型相配与类型贴合［J］.中国社会科学院研究生院学报（3）, 2010: 59-63.
［128］ 满海霞. 组合范畴语法与其计算特征［J］.毕节学院学报（6）, 2013: 50-56.
［129］ 满海霞. 待发. 乔姆斯基层级与自然语言语法.
［130］ 满海霞，李可胜. 类型逻辑语法［J］.哲学动态（10）, 2010: 103-106.
［131］ 孟琮等. 动词用法词典. 上海：上海辞书出版社, 1987.
［132］ 潘海华，胡建华. 汉语复合反身代词与英语反身代词比较研究. 外语教学与研究（7）, 2002: 241-247.
［133］ 秦莉娟，周昌乐. 面向范畴语法分析的汉语词库的构造及实现. 中文信息学报（3）, 2001: 16-21.
［134］ 荣晶. 汉语截省、隐含和空语类的区分［J］. 新疆大学学报(哲学人文社会科学版)（4）, 1989: 81-87.
［135］ 沈阳. 现代汉语空语类研究［D］.北京大学, 1993.
［136］ 孙红举. "范畴语法"及其在汉语中的应用［J］.现代语文（6）, 2008: 9-11.
［137］ 邢欣. 现代汉语兼语式［M］.北京：北京广播学院出版社, 2004.
［138］ 许红云，史宝辉. 现代汉语动补结构生成研究综述［J］. 现代语文（8）, 2006: 52-55.
［139］ 王丹丹. 解析具有任意指称的主宾的不对称性［J］.语言科学, 2008（9）: 483-491.
［140］ 王道英. '这'、'那'的指示功能研究［M］.上海：学林出版社, 2005.
［141］ 王冬梅. 指代词'人家'的句法、语义考察［J］.汉语学习（4）, 1997:

50-53.
［142］王力. 中国语法理论（上）［M］.北京：中华书局, 1954.
［143］王欣. 类型逻辑语法与现代汉语‘是’和‘的’［D］.北京语言大学, 2009.
［144］吴平. 汉语特殊句式的事件语义分析与计算［M］. 北京：中国社会科学出版社, 2009.
［145］夏年喜, 邹崇理. 论类型逻辑语法的多种表述［J］.哲学研究, 2009（11）: 119-125.
［146］杨敬宇. ‘人称代词+指人名词’结构的歧义［J］.汉语学习, 1998（3）: 55-58.
［147］于江生. 句法范畴的代数结构与演绎系统［J］.中文信息学报, 2001（2）: 9-15.
［148］张秋成. 类型—逻辑语法——一种自然语言语义分析的重要工具［J］.中山大学学报（社会科学版）（增刊）, 2003: 57-66.
［149］赵元任. 北京口语语法［M］.李荣，编译. 上海：开明书店, 1952.
［150］朱德熙. 语法讲义［M］.北京：商务印书馆, 2007.
［151］朱德熙. 语法答问［M］. 北京：商务印书馆, 2007.
［152］邹崇理. 自然语言逻辑研究［M］.北京：北京大学出版社, 2000.
［153］邹崇理. 自然语言逻辑的多元化发展及对信息科学的影响［J］. 哲学研究, 2001（1）: 48-54.
［154］邹崇理. 从语言到逻辑—范畴类型逻辑序列［J］. 重庆工学院学报, 2006a（4）: 1-6.
［155］邹崇理. 多模态范畴逻辑研究［J］.哲学研究, 2006b（9）: 115-121.
［156］邹崇理. 关于非连续量词的类型-逻辑语义处理［J］. 浙江社会科学, 2007a（2）: 123-128.
［157］邹崇理. 处理照应关系的范畴类型逻辑［J］. 浙江大学学报（人文社会科学版）, 2007b（5）: 29-34.
［158］邹崇理. 范畴类型逻辑［M］.北京:中国社会科学出版社, 2008a.
［159］邹崇理. 组合原则［J］.逻辑学研究, 2008b（1）: 75-83.
［160］邹崇理. 关于组合范畴语法 CCG［J］.重庆理工大学学报（社会科学版）, 2011（8）: 1-5.

术语对照表

AB Grammar	AB 语法
β-Reduction	β–划归
Active Formula	活动公式
Adjukiewicz	爱裘凯维茨
Admissible Rules	系统所允许的规则
Anaphor	照应语
Anaphora	照应回指现象
Argument	主目/论元
Assumption	前提
Axiomatic Presentation	公理表述
Bar-Hillel	巴-希勒尔
Binding Principles	约束三原则
Blocking Effect	阻断效应
Bounded Dependency	有界依存
Categorial Grammar	范畴语法
Categorial Type Logics	范畴类型逻辑
Category	（句法）范畴
Catesian Multiplication	卡氏积
Chomsky	乔姆斯基
Combinatory Categorial Grammar	组合范畴语法
Composition Rule	组合规则
Conclusion	结论
Connective	连接词

续表

Contraction Rule	缩并规则
Curry-Howard Correspondence	哈里-霍华德对应
Curry-Howard Isomorphism	哈里-霍华德同构
Curry-Howard Term	哈里-霍华德项
Cut Elimination Theorem	切割消去定理
Cut Formula	切割公式
Cut Rule	切割规则
Decidability	可判定性
Derelativization	去关系化
Derived Rules	衍生推理规则
Finite State Grammar	有穷状态语法
Frege	弗雷格
Functional Composition	函项组合原则
Gapping	缺空
Geach	吉奇
Geach Rule	吉奇规则
Generalized (Boolen) Conjunction	广义（布尔）合取
Gentzen	根岑
Gentzen Presentation	根岑表述
Husserl	胡塞尔
Hypothetical Reasoning	假设推理
Immediate Dominance	直接统治
Intuitionistic Propositional Calculus	直觉主义命题逻辑演算
Labelled Deduction	加标演绎
Labelled Tree Deduction	加标树模式
Lambek	兰贝克
Lambek Calculus	兰贝克演算

续表

Lambek Calculus With Limited Contraction	带受限缩并规则的兰贝克演算
Left Extraction	左提取
Left Rule	左规则
Leśniewski	列斯尼耶夫斯基
Lexicalism	词汇主义
Linear Logic	线性逻辑
Major Inversion	强倒置
Matrix Subject	主句主语
Minor Inversion	弱倒置
Monoid	幺半群
Monostratal	单层结构的
Montague	蒙太格
Montague Grammar	蒙太格语法
Montague Rule	蒙太格规则
Natural Deduction (ND) Presentation	ND 表述
Negation	否定
Non-Constituent Conjunction	非成分并列
Parasitic Gap	寄生语缺
Partee	帕蒂
Permutation Rule	置换规则
Phrase Structure Grammar	短语结构语法
Precedence	居前关系
Predecessor	前驱
Principle of Compositionality	组合性原则
Pro-Drop	代语脱落
θ-Criterion	题元理论

续表

Reflection	镜像
Relevant Logic	相干逻辑
Right Extraction	右提取
Right Rule	右规则
Rule of Proof	证明规则
Rule of Use	使用规则
Rule-to-rule Hypothesis	规则对规则假设
Sequent	矢列
Source Clause	源从句
Spurious Ambiguity	伪歧义
Subformula Property	子公式性质
Successor	后继
Target Clause	目标从句
Trace	语迹
Transformational Grammar	转换语法
Tree Presentatin	树模式表述
Type	（语义）类型
Type Logical Grammar	类型逻辑语法
Type Logical Semantics	类型逻辑语义学
Unbounded Dependency	无界依存
van Benthem	范·本瑟姆
Variable-Free Semantics	无变元语义学
VP Ellipsis	VP 省略句
Weakening Rule	弱化规则